The Anthropo-Historical Ontology | An Outline of My Philosophy

# 人类学历史本体论

中卷

## 认识论纲要

李泽厚 著

人民文学出版社

The
Anthropo-Historical
Ontology
An Outline
of My Philosophy

# 人类学历史本体论

The
Anthropo-Historical
Ontology
An Outline
of My Philosophy

# EPISTEMOLOGY

1930年6月出生,湖南长沙人。1954年毕业于北京大学。中国社会科学院哲学所研究员。1988年当选为巴黎国际哲学院院士。1992年客居美国,先后任美国、德国等多所大学的客席讲座教授等。1998年获美国科罗拉多学院人文学荣誉博士学位。2010年入选世界权威的《诺顿理论和批评选集》。

主要论著有《批判哲学的批判》《中国古代思想史论》《中国近代思想史论》《中国现代思想史论》《美的历程》《华夏美学》《美学四讲》《论语今读》《己卯五说》《历史本体论》《实用理性与乐感文化》《伦理学纲要》《哲学纲要》《中国哲学如何登场?》《由巫到礼 释礼归仁》《伦理学纲要续篇》等;结集有《李泽厚十年集》《李泽厚论著集》《李泽厚集》《李泽厚对话集》等。

### 李泽厚

中国当代著名思想家,在哲学、思想史、伦理学、美学等多个领域均有重大建树,其原创性思想系统为"人类学历史本体论"。

# 目 录

序 ___001

## 主体性（subjectality）哲学认识论（1979、1984） ___003

关于逻辑和数学的根源___003

时空的实践基地___016

因果观念从何而来___022

什么是"我思"___036

核心是主体性（subjectality）的内外结构___052

## "度"的本体性（2001） ___057

"度"来自生产技术___057

历史建理性与"以美启真"___067

## 实用理性的逻辑（2004） ___079

度的操作本性___079

度的辩证智慧___089

度与个体创造___109

## 答问（2008、2010） ___128

"度"与"数"___128

发现与发明___137

阴阳五行与辩证逻辑___142

秩序感___147

## 阴阳五行：中国人的传统宇宙观（2001） ___ 161

中国辩证法来自兵家：行动第一 ___ 161

反"反二元"：度 ___ 165

五行特点：功能与反馈 ___ 174

阴阳五行与后现代 ___ 180

对话 ___ 182

## 关于"理性内构"（2015、2018） ___ 203

走出语言与默会知识 ___ 203

普遍必然性与客观社会性 ___ 209

要重视个体心理的独特性 ___ 215

几个要点 ___ 220

# 附录 ___ 225
# 六十年代残稿 ___ 226
# 人类起源提纲（1964） ___ 242
# 八十年代主体性哲学论纲系列（1980—1989） ___ 250

# 序

书名是夸张了,为对应《伦理学纲要》而拟,实际只是对认识论某些问题的看法而已。《答问》《关于"理性内构"》两篇为未曾发表的存稿,这次作了好些补充。《主体性(subjectality)哲学认识论》乃《批判哲学的批判:康德述评》的有关摘录,卅年旧作,不易变更,与今观点,自有异同,虽勉力改删,仍难如人意,但毕竟同远大于异,录存此书,以供参阅。

由于是"生存的智慧",我一直认为中国实用理性有忽视逻辑和思辨的缺失而颇待自我改善。"度"作为第一范畴在认识论需重视"数"的补充,阴阳、中庸和反馈系统的思维方式需强调抽象思辨之优长以脱出经验制限。我很少在哲学中谈论过于具体的问题,这里愿破例强调,在中学设立独立的形式逻辑课程很为重要。在理论上,"默会知识"、"秩序感"、"形式感"与"以美启真"和"自由直观"等等,更需要作深入探究。

问题艰难,无门进益。但如所提问题能引人留意,则衰朽残年发此粗陋不堪之作,虽汗颜之至亦无所辞焉。

此序。

2010 年 5 月撰写,2015 年 12 月改订

人类学历史本体论

认识论纲要
EPISTEMOLOGY

# 主体性（subjectality）哲学认识论（1979、1984）

## 关于逻辑和数学的根源

Kant 的先验论之所以比经验论高明，也正在于 Kant 是从作为整体人类的成果（认识的心理形式）出发，经验论则是从作为个体心理的感知、经验（认识的具体内容）出发。Wittgenstein 以及现代哲学则更多地从语言出发。语言确乎是区别于其他动物的人类整体性的事物，从语言出发比从感知、经验出发要高明得多。但问题在于，语言是人类的最终实在、本体或事实吗？现代西方哲学多半给予肯定的回答，我的回答是否定的。人类的最终实在、本体、事实是人类物质生产的社会实践活动。在这基石上才生长起符号生产（语言是这种符号生产中的主要部分）。当然，语言与社会实践活动的关系是异常复杂的，Wittgenstein 也已明确指出，语言是由社会生活和社会性的实践活动所决定，并且是由社会性的语言决定个体的感知，而不是相反。这一切都相当正确，现在的课题是如何来探讨和确认人类原始的语言-符号活动与社会实践活动（其中又主要是维持集体生存和延续的物质生产活动）的关系和结构。从哲学上说，这也就是，不是从语言（分析哲学）也不是从感觉（心理学）而应从实践（人类学）出发来研究人的认识。**语言学、心理学应建立在人类学（社会实践的历史总体）的基础上**，这才是我所主张的实践论。真正的感性普遍性和语言普遍性只能建筑在实践的普遍性之上。Marx 说："凡是把理论导致神秘主义方面去的神秘东西，都能在人的实践中以及对这个实践的理论中得到合理的解决。"[1] 而只有对实践的普遍性有正确理解，也才能解决 Kant 提出的"先天综合判断"，亦即理性和语言的普遍性。

世上事物本没有什么绝对的普遍必然，Kant 当年心目中的那些所谓普遍必然的科学知识，也都是相对真理，只是在人类社会实践的一定水平意义上具有普遍必然的客观有效性。这个有效性随着人类社会实践的不断发展而不断扩大、缩小、修改、变更。[2] 由欧几里德几何(Euclid of Alexandria)到各种非欧几何，由牛顿力学(Newton Mechanics)到 Einstein 相对论和量子力学，都说明 Kant 当年看作普遍必然、一成不变、绝对适用的科学真理，很明显地只适用于一定的范围和条件、时期之内，

---

[1] 《关于费尔巴哈的提纲》，《马克思恩格斯选集》第1卷，1972年版，第18页。

[2] S.Korner 也认为并没有绝对的"先天综合"，它们是随科学进步而成为相对的（《康德》第1章）。分析哲学从语言的角度也强调凡经验命题（即科学知识）均有可假性。

只在这个限度内具有普遍必然性。可见，所谓"普遍必然"，在根本上被决定于人类社会实践在一定历史时期内所达到的一定水平、范围或限度，它无不打上社会性的烙印。这种社会性是客观社会性，因为它不是来自人们主观观念的联想，不是某种人为的约定，不是先验的规范，而是来自**作为主体的人类社会实践的客观性的物质活动**。外在自然界的种种规律是为社会实践所发现、所掌握、所利用、所认识，它们在一定时期一定范围内的所谓普遍必然的客观有效性，是由社会实践所提供、所开辟、所证实。正是社会实践，通过技术与工艺，将复杂多样、变化多端的自然界各种外表现象（很少普遍必然），与其相对稳定的本质规律（更多一些普遍必然）逐渐区别开来，从前者中将后者逐渐抽取出来，再运用于广大的对象和领域。Jean Piaget 从发生认识论论证了认识的普遍性与客观性同动作的社会协调密切相关。没有后者也就没有前者。所谓普遍必然性的逻辑思维也以社会生活中的协同动作作为前提。

我上面所说的，只是从人类历史总体的宏观角度来替代 Piaget 的发生认识论的经验心理学的微观角度。随着社会实践水平的不断提高，人类所掌握、所认识、所抽取的，也就愈来愈具有更大的普遍必然的客观有效性。所以，**所谓普遍必然性便无不包含着一种特定的客观社会性质**。这种社会性质正是一定时期社会实践的理论尺度。而所谓社会实践，首先和基本的便是以使用工具和制造工具（这里讲的工具是指物质工具，例如从原始石斧到航天飞机，也包括能源——从火到核能）为核心和标志的社会生产劳动，最后集中表现为近代科学实验在认识论上直接的先锋作用。有如大家所熟知，先有古代测量土地等等实践，而后有 Euclid 的几何；先有资本主义工厂手工业以及各种简单机械的使用等实践，而后有牛顿力学（Newton Mechanics）和当时的数学；先有近代工业和巨大规模的科学实验，而后有各种非欧几何、相对论、量子力学和基本粒子的理论。另一方面，这种种科学—技术理论又不断地独立发展，并不依从于人们一般的生活实践，却转变为日新月异的工具，转变为直接的社会生产力。

包括 Kant 哲学认识论中突出的所谓"向自然立法"的著名思想，仍然是当时科学实验的新特征的反映。自 Galileo 以来，科学家普遍运用主动的实验向自然提出问题，使自然作出回答，以检验、修正和发展所提出的假说和理论，而不是简单地观察、描述和归纳。Kant 自己对这一点是非常明白的。在《纯粹理性批判》第二版序言中，Kant 说："当 Galileo 把他的圆球在他选定的重力作用下沿斜面滚下时，或当 Torricelli 使空气携载他事先已知的水柱重量相等的重量时，或当更近时期 Stahl 以撤去金属中的某成分，保存某物的方法，使金属变为石灰，石灰又变为金属时，一线光明就给所有自然的研究者打开了。他们认识到，理性所能洞察的只是它根据自己的计划所产生的，又认识到，理性必须不让自己好像由自然用绳子牵着走，而必须以建立在一定法则上的判断原理展示自己的途径，强迫自然回答理性规定的问题。偶然的观察，不是服从于事先思想好的计划，不会有必然规律的联系，而这种规律却是理性所追求和所需要的。理性,一手带着原理,只有与此原理一致的现象,才能看作规律;一手抓住实验,这种实验是依据这些原理设计的,它去接近自然是为了受自然的教诲,但这种受教并不像学生那样事事坐听教师所讲,而应如法官一样,强迫证人回答他所提出的问题。"[1]

正是在近代科学实验的基础上,由自然科学方法论上所展示出来的这种人的认识主观能动性,才可能产生 Kant 这种"向自然立法"的哲学思想。为 Kant 强调的这一特征,到现代已愈来愈突出,愈重要,这又正是以空前规模的工业技术和科学实验等社会实践为根本基础的。

可见,科学方法论本身也是被制约于一定社会发展水平的。K.Popper 的强调理论假说的证伪法,以及 T.Kuhn 强调的反量的积累的科学范式(paradigm),都只能产生在已经累积了不少知识,已经可以摆脱一般经验的现代科学水平的情况和条件下。正如 Bacon 的归纳法只能产生在冲破中世纪的愚昧教条,科学真正开始面向经验世界的时代一样。所以前者才着重于去伪,在排去伪说中,科学理论不断前进。而后者强调存真,在经验知识的获得中不断接近真理。Kuhn 曾说"大量科学知识是最近四个世纪的欧洲产物"[2],倒正好说明了这点。所以他们都强调科学不是从观察——感知开始,感知、材料、观察都是在假说理论或观念的指导下选择的结果。而后者当然又与一定的社会生活和观念相联系。

---

[1] 《纯粹理性批判》Bxiii (A 表示德文初版本,B 表示德文第二版,后为页码),参看蓝公武译本,第 10—11 页。

[2] T.Kuhn:《科学革命的结构》第 13 章。

这里强调科学的普遍必然性（自然科学的真理）与客观社会性（人类历史）的联系，并不意味否认科学发展的内部逻辑。科学分化得愈专门，愈特定，就愈不需要依靠包括社会在内的外在的动力。数学和现代理论物理等等便是证明。所以这里所强调的都只是**就其最本源的情况**而说的。

数学不是逻辑，它与感性有关。但不是与 Kant 的感性先验直观有关，而是与人类的感性实践有关。有如 Hegel 说，数学的抽象仍然是感性的，[1] 但这个感性主要不是感性对象，而首先是感性活动，其根源早在人类原始社会的实践活动之中。与新康德主义 E.Cassirer 把数说成是"思维的原始动作"[2] 恰好相反，我以为，数的根源在于人类实践的原始动作，即在以使用和制造工具为根本特征的劳动活动的原始操作中。数学的根源首先不在对外在感性事物的归纳而在对主体感性活动的抽象。数学的纯粹的量等等基本形式不是从归纳外在事物而来，而是从抽象主体活动而来。它所表达的，不是我们与外界世界的静观感觉关系，而是为 K.Godel 所模糊感到的所谓"另一种关系"[3]，即

---

[1] Hegel 论几何学："综合方法的光辉范例是几何学。……这个抽象的对象另一方面又还是空间，一个非感性的感性东西，——直观被提高为自己的抽象——这个直观是直观的形式，但还是直观"（《逻辑学》中译本下卷，商务印书馆，1976年版，第516页）。

[2] Ernst Cassirer：《实体与功能》第1章。

[3] "它们（指'支配数字的那个"给予的"东西'）也可能代表客观实在的一个方面。但是与感觉相反，它们在我们内部出现，也许是由于我们自身和实在之间的另一种关系。"（K.Godel：《什么是康托尔连续统问题》，引自《数学哲学选集》）此外，Beth 的某些看法（也很含混）亦可注意，如他认为数学要素中包含由原始感性经验产生出来的"第二性对象"问题，实即感性对象间的超感知（理性）的关系作为数学要素的问题（见他的《数学思想》，1965年）。

通过人类社会的最原始最基本的一些实践活动（主要是劳动操作）的感性形式和关系，所揭示出来的外在世界包括数量在内的某些结构。我们规定1+1=2,1+1+1=3，表面看来似乎是分析（定义），如Russell所认为；但它实质上是综合，起源于对原始实践活动，例如计数的规定和描述。此外，对操作本身的可分离性、可结合性、可逆性、恒等性、对称性、无穷进行……的运用和把握等也如此。这种种活动最初是对某些实物的实际操作，其后才衍化为符号的操作，而所有这些操作当时大体上是采取巫术礼仪的神秘形式在人心中而不断巩固和传递给下代的。

数学之所以主要是一种认识的手段，具有某种超具体时空和非经验因果的形式特征，而与所有以经验事物为对象的科学大不相同，后者总需要以观察、实验为基础，前者的无矛盾性便是它的保证，其根本原因也就在这里。所以，数学是人所有的特种认识工具和符号语言，如同人的物质工具一样，但它以最纯粹的形式体现了人的认识主观能动性。这种认识能动性，从哲学上看，又仍然是人类的实践能动性的高度的抽象化。数学的原始概念应从这里去考虑和研究。数学的构造本性也应从这里来理解。因之，数学的普遍必然，从根源上讲是抽象化了的实践活动（劳动操作）形式本身所发展出来的普遍必然。[1]我们的实践（包

[1] 例如，"无穷"并不是指现实世界的事物、对象的无穷（无论是无穷大、无穷小），而首先是意味人（人类）能无穷地（只要人类存在）把操作继续进行下去，它终于反映在人类思维中，成为数学的一个不可缺少的基本概念。而人类所以能无穷地进行操作，又正是由于包括人的宇宙客观世界是无穷的缘故，所以无穷这一数学概念又可以适用于客观世界。

括现代的天文观测）所达到的任何宏观世界或微观世界，不管它们独特的经验环境如何，2+2=4，7+5=12，仍然有效，原因就在这里。数学所以能作为人类的强大工具（现代科学广泛运用数学所获得的巨大成就不断证实着这一点），其哲学上的道理也在这里。Leibniz 说数学是上帝的语言，其实数学是人类的骄傲。

如果分析一下充分体现数学本质的所谓最简单的"纯粹数学"，便可发现，它基本上是由两个成分组成的。一个成分是形式逻辑的不矛盾律（同一律）等。另一个成分是如加（+）、减（−）、等于（＝）、自然数等。这两个成分和两个方面都是人类社会原始劳动操作（实践）的反映。例如，加（+）、减（−）、等于（＝）、"无穷"等，来源于原始劳动操作的合、分、可逆、恒等、对称、进行的无限可能性等等最基本的结构和形式。自然数在根本起源上，是由劳动操作中产生和把握的抽象的量的同一性（即所谓"纯粹的量"）发展而来。对上述操作形式、结构、量的同一性等等的把握，是人类认识的一个极大飞跃，从此，世界开始被人类从量和关系的高度抽象的形式、结构方面精确认识，在这基础上，联结人类对感性世界所产生的自由直观能力，不断创造出**自由地理想化**地构造关系、结构的能动观念和系统（大多远离现实原型，像纯粹是从观念世界里推衍出来似的），成为一种无比锐利的工具。正如人不断创造出现实中没有原型的物质工具一样，数学作为特种符号工具和作为对宇宙现实结构的反映，这二者的关系仍是一个值得深入探索的问题。

总之，从根源上说，经过漫长的历史行程，把本是与劳动操作活动的有关形式方面，加以对象化，并不断抽象和转化为符号操作的一些基本演算规定，如 Piaget 强调的操作可逆性（A+B=B+A）、守恒性（A=A）等等。（与客观经验对象直接相关的部分则变为逻辑的量词和"属于"等观念、符号。）数学本性具有这种综合性质，似应可肯定。逻辑和数学的不同，就在于**前者是实践操作活动自身的形式抽象，后者则是实践操作与感性世界联系方式的形式抽象**。所以前者是分析，后者是综合。数学中形式逻辑的成分，以及形式逻辑本身，其本质则是原始劳动操作本身所要求的相对稳定性，如这样做就不不这样做（$A \neq \bar{A}$）等等。它们也是经过**漫长的历史行程，由实践动作所要求的相对稳定性，通过"自觉注意"这一人所特有的重要心理功能**（见后），**转化为语言、思维所要求的概念、语词的相对稳定性，以至似乎成了思维的"本性"、语言"自身"的规律**。在这个转换的抽象提升的过程中，又正是通过社会的强制（最初由原始的巫术礼仪来保证和集中化，如巫术中的一定步法、手法、姿态、咒语、次数、序列等等，都是极为严格的）而达到的。我以为，原始社会的人们对主体实践活动同一性的严格要求，表现为一种**巫术礼仪→道德伦理的社会指令，表现为礼仪、道德必要性**。正是通过这种意识形态的强有力的活动，原始人群那种混沌不清、是非同一、梦幻般的先逻辑思维阶段才能逐渐摆脱，而过渡到以遵守概念的同一性为特征的逻辑思维阶段。这是一个极为漫长的历史行程。这个行程的成果最后才构成了数学的分析方面。总之，原始实践劳动操作活动的结构和形式特性，在漫长的时间中，抽象、提取、内化、反映为语言、思维、逻辑、数学的本性，使它们具有了所谓普遍必然性。

可见，数学不是先天分析（Hume、逻辑实证论），不是一般的经验归纳（Mill），也不是"先天综合"（Kant），而是以实践为基础、以综合为本性的分析与综合的统一。计算机的出现使某些分析部分（如证明）可交给机器，将更突出数学的综合——发现、发明的本性。当代数学哲学中的经验主义思潮是值得注意的。

如上面所不断提到，我以为，在现代文献中，关于这个问题最值得注意的是 Piaget 的一些观点。这位心理学家以儿童心理的大量实验作例证，反对逻辑实证论，认为逻辑不能从语言中来；也反对了 Noan Chomsky，认为逻辑不是什么内在的理性深层结构；他强调逻辑和数学都只能从原始动作中得来。"不是从所动作的对象抽象，而是从动作自身抽象。我认为这就是逻辑和数学抽象的基础"。[1] 他区分出两种动作，指出"所有这些协作形式在逻辑结构中有其相平行者，动作水平的这种协同动作就是以后思想中的逻辑结构的基础"。[2] 他从儿童心理角度指出 Bourbaki 三个"母体结构"都来自感知运动的协作[3]等等，都是很有哲学价值的。这种所谓协作结构正是一种"综合"，可逆、次序、拓扑、交换律、联合律……这些数学基本形式特征，正是这种协同操作特征的抽象

---

[1] Piaget：《发生认识论》第1讲。
[2] 同上。
[3] Piaget：《结构主义》第2章。

提取。Piaget 强调动作、操作形式，就比用感知经验或语言作为根本来解说一切的逻辑实证论者和用理性内在结构来解说语言的 Noan Chomsky 要胜过一筹。可惜的是，尽管他从心理学看出动作、操作在形成人的逻辑思维和原始数学观念过程中的基础作用，却不能从**人类学**的社会**历史整体行程中**来说明它们，从而把动作、操作作了离开作为历史总体的社会实践这个根本要点的解说。具体地说，他没有充分注意使用工具在操作动作中的巨大意义和特性，工具作为中介所带来的外在世界的因果规律性的联结和渗入，等等，从而不可避免地最终在一定程度上归宿于生物机制，有意无意地冲淡了人的认识能动性与动物的根本区别，忽视了强制教育对人类特别是对儿童的巨大作用。

实用主义者也讲工具、操作、实践等等，认为认识是主体与境遇（situation）的相互关系，思维实质上是动作活动，而概念不过是一组操作的规定（如操作主义者 Bridgemann）。Dewey 说"法则乃是经由操作……去决定的工具"[1]，逻辑是实验的探究活动将混沌质料构造出知识来。C.I.Lewis 说"一个客观事实意味着通过我们的活动而可实现的经验的特定可能性"[2] 等等。他们用所谓实践操作，代替 Kant 的先验形式，作用于对象以构成知识。但是，实用主义所讲的实践、操作等等，从根本上讲，并不是历史性质的人类社会实践，而是适应环境的生物性的活动。实用主义虽强调工

---

[1] Dewey：《逻辑》。
[2] C.I.Lewis：《知识和价值的分析》。他也是反对 Kant 的"先天综合"的。

具的重要地位和作用，但是，实用主义讲的工具是包罗万象的东西，他们把理知、思维也当作工具。这就恰恰掩盖了人类**使用和创造物质工具的历史性的意义**，忽视了物质性的劳动操作活动（物质生产）在**人类起源和社会发展中的基础意义**，没有把握住人的现实感性活动的根源所在。实用主义在工具的名号下，把物质工具与思维工具、实践活动与理知符号活动混为一谈，不认识物质工具对实践的根本性的规定意义。

作为实证主义的一个派别，与其他派别把一切认识归结为感觉材料一样，他们最终也是把"先天综合判断"归结为生物反应。我所主张的实践论与此相反，恰恰是要承认和强调人类的实践活动的超生物性质，这样，才可能使人的认识有超生物的性质。这种超生物性质首先是通过使用和制造工具才取得的，正是这种劳动活动（实践）使猿变成人。

应当"纠正、加深、概括、扩大"[1] Kant 的论点，所谓"纠正"在这里就是把 Kant 所强调的普遍必然性问题要放在具有一定客观社会性的人类整体历史的基础上来考察。即使是自然科学，也要和社会历史联结起来。例如上述似乎与社会生活和经验世界毫无关系的独立自主的真理形式（如数学），其最终根源也仍在社会实践的最初基本形式——原始操作活动中[2]。如同物质生产——

---

[1] Lenin：《哲学笔记》，1974 年版，第 190—191 页。
[2] 在 Kant 研究注释者那里，也向来有两种倾向。主要的倾向是把 Kant 完全拉向唯心主义，把人的主观能动性完全说成是精神的力量。也有人企图作实在论的解释，最早如 A.Rihl，但最多仍只能达到旧唯物主义的水平。总之，不懂人的实践能动性，也就不能解释 Kant 提出的认识能动性。

劳动操作展现了人类实践的能动性一样，符号操作—数学构造正好展现着人类所特有的认识能动性，而这种能动性便正是人类主体性的文化心理结构的一个重要方面，即人类的文化-智力结构中的一个基本因素。从心理学上讲，它也正是由实践—操作活动的内化而成的。我所讲的"人类的"、"人类学"、"人类学本体论"，不是西方哲学人类学的那种离开具体的历史社会即生物学的含义，恰恰相反，这里强调的正是，**作为社会实践的历史总体的人类发展具体行程。它是超生物族类的社会存在**。所谓"主体性（subjectality）"，也是这个意思。人类主体性既展现为物质现实的社会实践活动（物质生产活动是核心），这是主体性的客观方面即工艺-社会结构亦即社会存在方面、基础的方面。同时主体性也包括社会意识亦即文化-心理结构的主观方面即主观性（subjectivity）。从而这里讲的主体性心理结构，首先是指作为人类集体的历史成果的精神文化：智力结构、道德心理、审美享受，概而言之即人性能力。研究 Kant 哲学，正是应该把 Kant 说成是先验形式的认识范畴、纯粹直观、绝对命令、审美共通感等等，还它们以本来面目，即给予它们以社会历史的具体根源及其具体发展的过程，这就正是研究人类学本体论和主体性问题的一个（当然也只是一个）重要方面。

### 时空的实践基地

Kant 的时、空观实质上是接受了 Locke 两种性质的区分。[1] 但如 Schopenhauer 所指出，Kant 是把它们都放在现象界之内，否认是"物自体"的性质。在 Kant 看来，"第一性质"所以比"第二性质"（主观感觉）具有普遍必然的客观性质，是由于它有先验的时、空形式和知性范畴。Berkeley 把 Locke 的"第一性质"统统都拉到"第二性质"的范围内，从而都是主观感觉，是经验论的唯心主义。Kant 看到两者的区分，却把"第一性质"的物质性取消，把时、空归为先验形式。这是进一步的抽象，是形式论的唯心主义，如同 Kant 自己所承认的那样。从 Berkeley 到 Mach，宣扬的是感知经验的主观唯心主义。Kant 提出的，则是认识形式的唯心主义。一个突出心理的具体感知，一个突出认识的普遍形式。时、空与其他感知确乎不同，这种不同，如前所述，乃在于时、空表象不仅通

---

[1] Kant 虽也直接继承 Locke，也把 Locke 的"第一性质"归于现象，似与 Berkeley 把"第一性质"归于"第二性质"有相同之处，但由于 Kant 强调"提供现象之物的存在并不因之消灭"（《导论》第 13 节，附录 2），即强调"物自体"之存在，因而不同于 Berkeley（参看《批判》第七章）。Kant 由于人们把他等同于 Berkeley 十分气愤，说"它出自一种有意的无可饶恕的误解，好像我的学说把感性世界的一切事物都变成了仅仅是假象"（同上，附录 3）。此外，Kant 在《判断力批判》中还分出客观感觉和主观感觉，前者如绿色草原，后者如这草原在心中所引起的愉快，前者与知觉相联，后者与情感相联。这大概是从 Shaftebury、F.Hutchson 的所谓"第三性质"而来。Kant 哲学中的英国经验论的影响非常突出，应重视这一因素。

过人的个体感官,而且更重要的是从社会实践获得的。时、空所以成为人类的认识形式,人所以只具有时、空这两种感性框架(表象、观念),是因为人的社会实践活动作为物质世界的一部分,是以一定的先后延续和上下左右的活动场所来表现其现实的存在的。因之它最早要求一种社会客观的规定。时、空表象或观念丝毫没有先验或先天的性质,它们是社会实践向我们主观意识中的积淀和移入。这里,社会(非个体)实践(非感官知觉)是关键性的中介环节。所以,尽管动物也可以有某种定向反应之类的时、空感觉,但那与人的时、空表象或观念,仍有本质的不同。时、空表象所以与声、色、香、味以及动物生理的感觉根本不同,也是这个缘故。

个体感知性的反映,主观性和差异性很突出。对时、空的反映,却要求语言符号的社会性的严格规范。尽管个体对时、空的心理感受,也可以有如对声、色、香、味以及冷暖等等同样的主观性和差异性。例如,时间便有很不相同的主观体验。"对于个人,存在着一种我的时间,即主观时间"。[1]"真实的"时间本是一种个体的、主观的、不同质的,但这一方面除了在艺术中和某些日常生活中,一般处于次要的地位。更重要的是,它们在社会生活和科学认识中的一致性。时间所以取得一种同质性的规定,正是社会的缘故。即使是强调时间的所谓"绵延"(duration)特性(时间相互渗透,不

[1] Einstein:《相对论的意义》,《爱因斯坦文集》第1卷,许良英、范岱年译,商务印书馆,1976年版,第156页。

可分割为过去、现在、未来)的直觉论者 Bergson 也承认,与他着重心理感受刚好对立,社会生活的要求产生了时、空的科学观念。Bergson 说,"我们的知觉、感觉、情绪、观念却呈现两个方面。一方面是清楚准确的,不属于任何个人;另一方面是混杂紊乱的,变动不停不可言状的";"语言把后者变成前者,成为公共的东西";"这是由于……社会生活实际上比我们内心生活和私人生活更为重要,我们本能地倾向于把印象凝固化,以语言表达之";"科学要从时间中去掉绵延,从运动中去掉可动性,才能处理它们"。[1] Bergson 企图贬低这一方面的哲学意义,认为它们不是时间的"本质",真正具有本质意义的时间是那种不可言状的个体主观时间。但是,它却恰恰相反地说明了,时、空的观念本质正在于它们的客观社会性。也正是社会给时、空一种规范式的表现方式,如年月、钟表、舆图、指标等等,使人们在生活、实践中协调一致,正是这一方面具有人类学(历史总体)的深刻哲学内容和意义。

但是,这并不如现代某些人所说的那么简单,"由于使用了一个钟,时间的概念就变成客观的了"。[2] 时、空概念不是人为的约定,不是"整理感觉经验的工具"[3] 或"为了更容

---

[1] Bergson:《时间与自由意志》第 71、79、80 节。Bergson 对时间问题的一个重要贡献,在于他突破了 Newton 那种静止的、无限可分的、与实体无关的空盒子式的时、空观,强调了时间的每一瞬间均有其与实体事物不可分离的个性性质。它不是电影的胶片(每一片只存在于一瞬,彼此排斥而相继,即分割隔离空间化了),而是电影本身(不是平行相继,而是后包含前,有因果联系)。当然,Bergson 是用主观唯心主义来论证这一切的。Einstein 科学地论证了时、空与物质(实体)的存在(运动)不可分割。

[2] Einstein、L. Infeld:《物理学的进化》。

[3] Mach:《力学及其发展的历史批判概念》。

易理解我们的感觉经验而设计的手段"，[1] 或"空间的一致性是一个定义问题，同样，时间的一致性也是定义问题"[2]。事实上是通过不同时期的社会实践，才形成不同历史时期的人们时、空表象和观念。从牛顿那种空盒子式的时、空观（那种空间化的时间观）到今天相对论的时、空观，表现为人们的时、空观通过社会实践的不断前进发展。[3]

所以，空间化的时间观，尽管似乎不符时间本性，但在历史上有其合理的存在根据。在远古，原始人们的时、空观是如孩童般地混杂不清、"绵延"一片的。随着社会的进步，才开始有了初步的区分形式，但古代人们的时、空观也还经常与现实生活或某些特定事物密不可分地相联系，与特殊的内容纠缠在一起，还没有什么普遍的形式。例如，时间与季节或节令，空间与方位（中国古代东、南、西、北、中与农业生产的关系等）。原始人与儿童的时、空观的狭隘性和具体性，更是众所周知的。它们都表现出人们对客观时、空的认识和把握，制约于社会实践的历史性质。它们相对的普遍必然性，正是一定的客观社会性的表现。

从而，Kant 讲的那种绝对的普遍必然的先验时、空形式就并不存在。Kant 用数学来论证，也是枉然。历史说明，最早的希腊算术是从处理羊、水果等的

[1] Einstein：《狭义与广义相对论浅说》。
[2] Hans Reichenbach：《科学的哲学的兴起》第 9 节。
[3] 关于 Kant 的时、空观与现代物理学，可参看 Cassirer《实体与功能》、C.B.Gamett《康德的空间哲学》。前者认为 Kant 与 Einstein 不但不矛盾，而且相一致，后者强调《纯粹理性批判》一书中感性论与分析论中的时、空观有所不同，分析论中的时、空观可与现代物理学符合，感性论中的时、空观则否。

计数活动中,几何是从测量面积体积等实践活动中开始形成的。"数和形的概念不是从其他任何地方,而是从现实世界中得来的。人们曾用来学习计数,从而用来作第一次算术运算的十个指头,可以是任何别的东西,但是总不是悟性的自由创造物。……形的概念也完全是从外部世界得来的,而不是在头脑中纯粹的思维产生出来的"。[1] 算术所以与时间紧密相关,是由于自然数以及加减等连接词,主要是主体在时间中的活动操作(如不断重复的同一动作与形成数字1的观念有关,加减与作为主体劳动操作的基本形式的分与合有关等等)而获得。2+2=4,7+5=12,如上一节所指出,不可能是观察外物归纳而来,它是对原始操作活动的符号化的规范,所以与时间相关。反过来看,时间观念的形成又恰好建立在用数来计算、测度的实践活动基础之上。[2] 几何所以与空间相关,也主要是由于如位置、直线、曲线等等,通过主体使用工具、制造工具的劳动活动,对空间的**支配**、**利用**而获得。初生婴儿、原始人群便不能有这种空间观念。总之,人们不是在静观的对外物的观察归纳中,也不是在先验的纯粹直观中,而是在能动地改造世界的劳动操作实践中,去把握时、空,并逐渐把它们内化、移入为包括时、空在内的人们一整套认识形式和心理-逻辑结构。这就是我所谓的"理性的内构"。人们实践活动的规律变为主

---

[1] 《反杜林论》,《马克思恩格斯选集》第3卷,1972年版,第77页。

[2] "致命的错误在于:认为先于一切经验的逻辑必然性是欧几里德几何的基础,而空间概念是从属于它的。这个致命错误是由这样的事实所引起的:欧几里德几何的公理构造所依据的经验基础已被遗忘了。"(Einstein:《物理学和实在》)

体的认识工具和手段，正是意味着活动、实践在改造客观世界的同时，也改造了人们的主观世界。认识内容如此，认识形式和结构，也如此。数学便是这种形式结构的一个极为重要的方面，也是人们认识世界形式结构方面的强大武器。

与时、空在根源上有密切联系的数学，虽然来自现实世界的实践活动基本规范。但也如 Engels 所指出，"从现实世界抽象出来的规律，在一定的发展阶段上就和现实世界脱离，并且作为某种独立的东西，作为世界必须适应外来的规律而与现实世界相对立"。[1] Kant 的先验唯心主义就是这样，它把从现实抽象出来的规律说成为世界必须适应的先验规律，"两点之间直线最短"，本来来自亿万次人类实践活动，获得了"自明"公理的性质，Kant 却说成是自然界必须适应的、由人类理性颁布的"先验"形式。实际上，从数学发展历史看，数学与感性时、空，由直接关系发展到没有直接关系，**由可感知的超感知关系发展为一整套超感知的形式结构**，正是对现实关系的深入把握，同时也开拓了认识深化的途径。Einstein 一再明确指出，几何空间是由物理固体的间隔性、由物理空间发展而来。而近代工业技术和科学实验的实践活动，产生了各种非欧几何，更是如此。由日常生活中的欧几里德空间(Euclidean Space)到似乎很难感知和想象的非欧几何空间，这并不只是逻辑的可能进展，同时更是我们对各种关系深入发明的重要

---

[1] 《反杜林论》，《马克思恩格斯选集》第3卷，1972年版，第78页。

途径。[1]

上下左右的空间表象，先后相继的时间表象，以及从演算、几何到今天各门数学科学，从牛顿力学（Newton Mechanics）的时、空观到相对论的时、空观，都经历了一个由狭隘到广阔、由简单到复杂、由初级到高级的发展过程。随着社会实践的不断前进，它们还将不断前进。所以，Kant时、空观中特别有意思的是，它强调了时、空与感性直观的联系，这一点我以为至为重要。时、空不是概念、理性，也不同于被动的纯感觉如色、味、香、暖之类，而在于这种**感性直观中积淀有社会理性**，因之对个体来说，**它们似乎是先验的直观形式，无所由来**；然而从人类整体说，它们仍然是社会实践的成果。这种成果便不同于如形式逻辑那样，只是操作活动的"内构"，即外在实践活动转化为内在理性结构；而更是**积淀**，即社会理性积累沉淀在感性知觉中。前者（内构）是逻辑，后者包含与审美相关的"自由直观"的因素，它可以"以美启真"，有一种自由创造的性质。数学的发生和发展有赖于这两个方面。这个过程还有待心理学的具体研究，特别是它与Piaget所说"内化"的关系等等问题。这里只是从哲学上提出这个观念而已。

---

[1] 但即使是种种符号演算的形式系统，最终又仍与欧几里德空间，也即是与人类日常实践活动的空间，并不完全脱离关系，包括符号演算本身就在欧几里德空间之内。

## 因果观念从何而来

在Kant那里，因果范

畴之于自然科学（物理学）犹如时、空感性直观之于数学，它们是保证这些科学成立的"先验"要素。因果问题恰恰也是现代物理学理论的重要课题。围绕着这个问题，有过影响颇广的一些观点和争论。在这些观点和争论中，Kant 不断被人提到。现代西方自然科学的哲学著作中，几乎没有不提及或追溯到 Kant（却绝少或根本不提 Hegel，Hegel 巧妙地避开了因果问题）。[1]

Heisenberg 说："Kant 说，每当我们观察一件事件，我们都假设有一个居先的事件，跟着那个事件必有另一个事件按着某种规律发生，这如 Kant 所论述，是一切科学工作的基础。……由此可见，因果律归结为科学研究方法，它是科学能够成立的先决条件"。[2] 但 Heisenberg 紧接着指出，这在现代物理学中是行不通的。因为在微观世界中，古典的机械因果的决定论已经为统计性的几率所替代。于是说因果律不存在了，甚至说电子有"自由意志"等等。因果问题与存在（实体）问题本是联系在一起的，对因果律的否定，也是对不依存于观察者主体的外在世界的否定。Heisenberg 说："原子和基本粒子本身也不像是真实的。与其说它们构成一个物和事实的世界，不如说构成一个潜能或可能性的世界。"[3] N.Bohr 则提出互补原理作为统一人类知识的认识论，强调"客观和测量仪器之间的不可控制的相互作用"，主客体界限不能确定从而可以任意划分，心理学的东西与物理学的东西彼此"互补"，以

[1] 参见 Hegel：《哲学全书·逻辑》。
[2] Heisenberg：《物理学和哲学》第 5 章。
[3] 同上，第 9 章。

及由知觉的主体创造出客体。Bohr 说,"任何观察都需要对现象过程进行一种干扰,这使我们失去因果描述方式所依据的基础。从而自然本身对我们所谈论的客观存在的现象的可能性加上了限制……";"因果性可以认为是我们用来将感官印象加以条理化的一种知觉形式";[1] 如此等等。

逻辑实证论者 Aebi 斥责 Kant 的因果必然思想导致了 Hegel 的决定论。Reichenbach 反对 Kant 的"凡事总有原因"的因果先验范畴。他说:"这个论证是谬误的。如果我们要寻找一个特殊的原因,我们不必一定假设一个原因存在。我们可以让这个问题挂着。正好像到底是什么原因那个问题一样。"[2] "经验论者 Hume……高出于唯理论者 Kant……"[3] "时常有人说,这专门是量子力学中的问题……然而这是对问题性质的误解。即使在经典物理学中,我们也要解决观测之外事物的本性问题。……假定我们看到一棵树,然后我们把头转开去,我们怎能知道这棵树我们不去看它时仍旧在它的位置上呢?"[4] 这很明显是巴克莱主义了。

情况是复杂的。在由 Kant 退到 Berkeley 的总倾向中,也可以看到一些人的观点是徘徊在 Hume 与 Kant 之间,或不断由 Hume 走向 Kant,并且后一种倾向愈来愈在替代前一种。量子力学的现代文献承认了因果性。量子力学著名人物 M.Born 认为,

---

[1] N.Bohr,《原子论和自然描述》。
[2] Reichenbach,《科学的哲学的兴起》第 2 部分,第 7 节。
[3] 同上。
[4] Reichenbach,《量子力学的哲学基础》,中译本,第 30 页。当然,Reichenbach 还有一些观点,不满意于逻辑实证论,认为理论不能完全还原于"观察命题",表现出肯定某种独立的物理世界的实在论倾向。

"因果性就是这样一个原理,我们把它定义为一个信念,即相信可观测情况相互之间存在着物理依赖性";"它们的确在物理学之外,并且要求信仰的活动"。[1] 逻辑实证论者 Ayer、H.Fiegl 也都在不同程度上有由 Hume 走向 Kant 的趋向,即逐渐承认并不能把一切科学归结为经验(感觉材料)。Ryle 等人也注意到范畴涉及的并不是语言运用的问题。连 Russell 后来也承认有非分析(逻辑)、非经验的某种东西。尽管他们在表面上激烈地驳斥和反对着 Kant,实际上却趋向于承认 Kant 的"先天综合"。他们提出的逻辑(分析)如何能应用于经验(综合),科学中的概念成分与经验成分如何可能结合等问题,这些都可说是变形了的"先天综合判断如何可能"。

包括 Einstein 的某些哲学观点,也是如此。作为伟大科学家和思想家的 Einstein,坚持有不依存于人的客观世界及因果规律的存在,颇不同于量子力学的哥本哈根学派[2]。但他又认为,尽管如此,因果仍是一种无法加以证明的"信念"。Einstein 一方面说,"相信一个独立于感知主体的外在世界是一切自然科学的基础。"[1] 另一方面,他又认为,概念虽

---

[1] M.Born:《关于因果和机遇的自然哲学》,中译本,第 127 页。Russell《人类的认识》:"对某一类外部因果性的确信,是一种原始的、在一定意义上是动物行动所固有的信念。"

[2] Einstein 不承认几率在微观世界中的意义是不对的。但他在哲学上却比量子力学的那些代表人物要清醒得多。他痛斥"自由意志"为胡说,同时他也指出,"我们目前应用因果原理的办法是十分粗糙和肤浅的……量子物理学向我们揭示了非常复杂的过程,为了适应这些过程,我们必须进一步扩大和改善我们的因果性概念。"(《关于因果性和自由意志的对话》,参看 Planck:《科学往哪里去》)

由经验提示，但并不是由经验归纳而来；相反，感觉经验是被我们的概念所组织整理而成为知识的，这些概念是"自由的创造"，但它们之所以有认识价值，又仍然必须与一定的感性材料相联系。

Einstein 一再地说：

> 我们的一切思维和概念都是由感觉经验所引起的，所以它们只对于这些感觉经验才有意义。但另一方面，它们又都是我们心灵的自由活动的产物，所以它们绝不是这些感觉经验内容的逻辑推论。[2]

> 在我们的思维和我们的语言表述中所表现出来的各种概念，从逻辑上看来，都是思维的自由创造，而且都不能从感觉经验中通过归纳而得出来。[3]

> 即便看起来，观念世界是不能用逻辑的方法从经验中推导出来的。在某种意义上，它是人类心智的创造，并且要是没有这种创造，就不可能有科学。但尽管如此，这个观念世界还是一点也不能离开我们的经验本性而独立，正像衣服之不能离开人体的形状而独立一样。[4]

Einstein 在这里几乎完全重复 Kant。差别仅在于，Einstein 强调的是任何概念（而不只是 Kant 所固

---

[1]《马克斯威尔对物理实在观念发展的影响》，见《马克斯威尔纪念集》。
[2]《空间 – 时间》，见《英国百科全书》，1955 年版。
[3]《论罗素的认识论》，见 Schipp 编《罗素的哲学》。
[4]《相对论的意义》。

定不变的十二范畴），是"自由创造"（而不是 Kant 的"先天"）。这种差别当然是非实质的。正如 Einstein 自己所承认："这里所主张的理论态度和 Kant 态度的差别，仅仅是我们并不认为'范畴'是不变的（受知性的本性制约的），而认为它（在逻辑意义上）是一种自由约定。如果不一般地规定范畴和概念，思维就会像在真空里呼吸一样，是不可能的，仅在这一点上，这些范畴才好像是先天的。"[1]

Kant 如果活在今日，大概也会赞同 Einstein 的上述观点。Kant 所以提出既不同于分析也不同于综合的先天综合判断，与 Einstein 这里提出的既非逻辑推演也非经验归纳的"自由的想象"，在某种意义上可说是同一个问题，即人的创造性的认识活动和功能。这种功能和活动究竟是怎样的，是至今并不清楚而亟待研究的哲学和科学问题。现代自然科学的重大特征之一，正如 Einstein 强调反对以可观察量（经验实在性）为准绳，并认为理论不是发现而是发明；先有理论，后有观察，而任何真正系统的理论总有不可观察、非经验所能确证的方面、内容或因素一样，是通过高度的数学抽象与特定的经验材料相联系主动地建构抽象理论和理想模型，能先于经验和观察而推演和预见出新的现实。人的创造性心理功能日益在这里现出它的作用和威力，深刻地展示了人的认识能动性，这不是经验论的归纳法或逻辑主义所能解释的。所以康德主义在自然科学家的思想里浮动，便完全可以理解了。量子力学和 Einstein

[1]《回答》，见 Schipp 编《爱因斯坦，哲学家－科学家》。

正是有代表性的例证。在三十年代，Paton 已看出："……在量子力学和相对论中，科学家们自己发现了悖论和矛盾……甚至断言：时间只是人类观察事物的方式，它不能在物理世界中发现；我们只有测量，而并没有我们所测量的对象。这些断言都是完全独立于 Kant 的影响下出现的，却非常像是 Kant 学说的复活。"[1]

Engels 早就说过："在哲学中几百年前就已经提出了的、早已在哲学上被废弃了的命题，常常在研究理论的自然科学家那里作为全新的智慧出现，而且在一个时候甚至成为时髦的东西。"[2] 事情不正是如此吗？何况 Kant 提出的这个命题尚未完全废弃。

另一些更老的新康德主义者，则企图把因果归结为一种进化而来的先天生理结构。F.A.Lange 说："也许有一天，因果概念可以在身体的反射运动及同情兴奋的机制中找到，这样，我们就当把 Kant 的纯粹理性批判翻译为生理学。"[3] 认为因果观念是进化而来的先天生理结构，至今也仍为一些人所喜爱或探究[4]，虽然这

---

[1] H.J.Paton：《康德的经验形而上学》第 2 章。又，Wolman 说："理论物理学家，在他们之中有 Bohr、A.Broglie、L.Eddington、Einstein、Heisenbery、Jones、Planck、Schrodinger，都是今天物理科学的杰出的哲学领导者。他们并不相信 Mach 和 Wittgenstein, Planck 尖锐地批评过逻辑实证论，Einstein……并不管 Carnap 和 G.Ryle，他的认识论不是逻辑实证论的继续……"（《基于心理学与科学的哲学》，见《心理学手册》，1973 年）这些理论物理学家的哲学倾向并不一样，如 Planck 的实在论倾向与 Schrodinger 的主观唯心主义，但共同反映了立足于现代物理科学的这些人的哲学倾向已非休谟主义（逻辑实证论）所能笼住，许多人在走向康德主义。参看《批判》第一章。

[2] 《自然辩证法》，《马克思恩格斯全集》第 20 卷，1971 年版，第 383 页。

[3] 《唯物论史》下卷，第 2 章。

[4] 例如 Heisenbery 便同情地谈到遗传的观点。又如一些语言哲学家认为语言结构的根源可能是生物学的，也可参看 Noan Chomsky 的深层结构说等等。

很早曾为人所驳斥[1]。不过这仍是**很值得重视的**。因为历史的进化在人们大脑皮层等生理结构中可能会留有某种影响,这是值得探索的生理科学的艰难课题。特别从积淀的哲学观念来看,正是需要生理学—心理学来**具体地、科学地找出由社会(历史)到心理(个体)的通道。**也可以说,**由深层历史学到深层心理学**,由社会实践和历史成果到意识和无意识的心理机制,也许正是未来哲学和科学的前进方向之一。而这,也是彻底解开 Kant 先验论之谜的科学前提。当然从哲学认识论来看,遗传只是一种生理学的潜在可能性,要它转化和发展为现实性,又还得通过社会实践(对个体来说便是**教育**)才能真正展现出来。

Engels 非常注意因果问题,曾经一再讲到它。Engels 说,"单凭观察所得的经验,是决不能充分地证明必然性的。post hoc(在这以后),但不是 propter hoc(由于这)。……但是必然性的证明是在人类活动中,在实验中,在劳动中:如果我能够造成 post hoc,那么它便和 propter hoc 等同了。"[2] "由于人的活动,就建立了因果观念的基础,这个观念是:一个运动是另一个运动的原因。的确,单是某些自然现象有规则的依次更替,就能产生因果观念:随太阳而来的热和光;但是在这里并没有任何证明,而且在这个范围内 Hume 的怀疑论说得很对:有规则地重复出现的 post hoc(在这以后),决不能确立 propter hoc(由

---

[1] 例如日本人桑木严翼在其通俗的《康德与现代哲学》一书中便指出用进化论来解释这点,是根本没有了解 Kant 先验论的哲学含义。

[2] 《自然辩证法》,《马克思恩格斯全集》第20卷,1971年版,第572页。

于这)。但是人类的活动对因果性作出验证。如果我们用一面凹镜把太阳光正好集中在焦点上,造成像普通火一样的效果,那么我们因此就证明了热是从太阳来的。"[1] 所谓因果,就是指事物之间具有的必然联系,这种联系的发现和形成因果观念,的确不是通过一般的感知、观察、归纳所能得到,所以它不是动物所能具有。它必须通过漫长的人类集体的社会实践活动才能得到,是人所特有的理性认识方式。

**认识如何可能,根本上源起于人类如何可能**。只有从后一问题出发,从人类的社会存在来看人类的社会意识,包括因果之类的认识范畴,才能历史唯物主义地解答问题,也才是贯彻"不离开人的社会性"这一实践论的观点。从起源说,人的实践活动不同于动物的生存活动的最根本之点,在于他使用工具、制造工具以进行劳动。人所独有的双手和直立姿态便是使用工具的成果。[2] 人类使用工具、制造工具的劳动实践活动的特点,不但在于伸延了肢体器官,更重要的是它开始掌握外界自然规律来作用于自然。首先,使用工具、制造工具的**实践活动的多样性特点**(不同性能不同形状的木棒、石器、骨器的**多样**,把持使用方式的多样,操作动作姿态的**多样**……),从根本上打破了任何动物种类的既定肢体、器官和能力的固定

---

[1]《自然辩证法》,《马克思恩格斯全集》第20卷,1971年版,第572页。

[2] Kant认为人的直立姿态不是自然形成而是理性的人为。他说,自然把人作为动物保存,人的理性却使人直立,直立对于作为生理姿态并不有利,但这样却符合人的目的,使他大大优越于动物(《对人与动物构造区分的评论》,1771年)。这个两百年前的素朴观点是很有意思的。

性、狭隘性、特殊性，是任何动物的任何肢体、器官的活动（无论是锐牙、利爪、飞腿、双翼）或任何能力（无论是跑、捕、攀）所根本不能比拟的。后者作为动物的生存活动，只能**把自己的活动及活动的肢体、器官、能力束缚在、局限在、固定在若干极其狭窄的客观因果联系之中，使这些少数的、特定的因果联系逐渐变成本能性的东西，一代代遗传下去。**前者却大有不同，它由于**对现实世界主动地造成极为多样和广泛的大量客观因果关系**，现实物质世界的各种各样的客观因果联系便作为属性、规律被日益深入和广泛地揭示和发明出来，**保存在、巩固在、积累在**这种劳动实践活动之中。这里可以鲜明地看到由量到质的转换和飞跃。由少量的、本能式的到大量的、非本能的使用和制造工具，在自然史上开始了由猿到人的伟大过渡，这个过渡的根本基础，正是这种原始的劳动活动。这个过程中，原始操作提炼凝缩为动作思维，再与言语联接，逐渐转化为语言—思维的观念系统（如前面已一再强调，原始巫术礼仪在这个转化中起了决定性的中介作用）。

因之，究其最终根源，客观因果规律之能为人所发明、掌握，成为因果观念之类的认识的重要范畴，首先是由于人类社会实践活动的结果，而不是静观的感知、观察、归纳的结果。Engels说，"随着手的发展、随着劳动而开始的人对自然的统治……他们在自然对象中不断地发现新的、以往所不知道的属性。"[1] 因果就是这样经过原始语言，逐渐反映在人的意识之中。它本身

[1] 《自然辩证法》，《马克思恩格斯全集》第20卷，1971年版，第512页。

又有一个由具体到抽象的提升发展的历史过程。开始因果观念是极为具体地与特定事物和观念密切联系在一起的（可参看原始民族原始社会的大量研究材料）。由这些具体因果观念再逐渐概括和抽象为"凡事总有原因"的因果范畴，更经历了漫长的历史时期。[1] 它在本质上不能等同于一般的归纳，而是人类实践的必然产物。至于因果作为辩证范畴正式提出和使用，正如阴阳五行、"相反相成"、矛盾统一的范畴一样，是在晚得多的时候。

Engels 说："辩证的思维——正因为它是以概念本性的研究为前提——只对于人才是可能的，并且只对于较高发展阶段上的人（佛教徒和希腊人）才是可能的，而其充分的发展还晚得多，在现代哲学中才达到。"[2] 总之，范畴不是一般感性的经验归纳（经验论），也不是理性的先验演绎（Kant），不是逻辑假设和情感信念（逻辑实证论），不是操作的规程（实用主义）[3]，不是生理的结构（F.A.Lange）。它们不是任何个体的感知或经验的归纳，而是人类社会的历史实践的内构成果。从无意识的原型到有意识的符号，到抽象的辩证观念，都只有建立在这种有着社会历史内容的实践基础上。对实践作实证的（等同于感知经验）和主观主义的解释，便不能说明这点。

不只是辩证范畴，一般地说，由感觉、知觉等感性阶段上升为普通的概念、判断等理性认识，已

---

[1] Piaget 从儿童心理学研究因果等观念的发生发展，其中有许多正确论断。

[2] 《自然辩证法》，《马克思恩格斯全集》第20卷，1971年版，第565—566页。

[3] 参看《批判》第二章。

是人类独有的认识中的飞跃,是认识能动性的具体表现。这个飞跃也是以实践为基础,通过语言符号在人类社会的集体中完成的。因此具有语言符号为外壳的概念(词)和判断、推理形式,对一个个体(例如儿童)的感知来说,似乎是"先验的"知性形式,好像 Kant 讲的"先验的"知性概念加在个体的感性经验上以形成认识一样。[1] 但是对个体似乎是"先验的"东西,却是人类集体从漫长的历史经验中抽取提升出来的。它们虽然不能从个体的感知中直接归纳出来,却能够从感性现实社会实践的漫长历史活动中产生出来,并保存在人们的生活、科学、文化之中,不断积累发展着,使人的认识能力日益扩大。它们的确成了不仅认识世界而且创造世界的思维的主体或主体的思维。因此,也才说,"……作为拥有自由时间的人的劳动时间,必将比役畜的劳动时间具有高得多的质量"[2];"不是把人当作某种驯服的自然之力来驱使,而是当作主体来看待,这种主体……作为支配一切自然之力的活动出现在生产过程里面"[3]。这种主体正是以其创造性的理性认识的活动,并不是以其有限的自然体力的活动来征服世界。人类正是一代一代地把这种理性的财富如同物质的财富那样传递、保存下来,并不断发展。这些理性形式,对个体来说,便似乎是"先验"的结构了。Kant、Einstein、Piaget,提出的问题都只有从人类

---

[1] 当然,Kant 并不认为一般概念是先验的,而只认为十二范畴才是先验的"知性纯粹概念"。
[2] Marx:《剩余价值理论》,《马克思恩格斯全集》第 26 卷 Ⅲ,1975 年版,第 282 页。
[3] Marx:《政治经济学批判大纲》,中译本,第 3 分册,1963 年版,第 250 页。

学本体论的基本观点来作进一步的研究。

Kant 提出范畴问题，要点在于指明主体借以进行认识的能动性。他看到人对任何事物的认识离不开范畴，尽管一般并不一定自觉意识到。例如，当认识 ×× 是 ×× 时，在这个一般判断中就包含有实体与属性种种范畴的作用在内。Kant 看出范畴与一般概念有所不同，它们在认识中很重要。这比某些逻辑实证论者认为这些抽象概念、范畴毫无用处，应予废除，要高明。马克思主义哲学也重视范畴在认识中的能动意义和枢纽作用。当然，因果范畴的具体形态将随着科学的发展而变化，它可以是古典式的线性单一途径，也可以是现代具有回馈功能的网状结构体。可以有古典型决定论的因果，也可以有现代几率型和非机械决定论的因果。它的具体形式将不可能是一定不变的先验，只是它作为抽象哲学观念则具有某种特定的守恒性，这如同物质概念的具体形态可能变化而作为哲学的实体范畴将有守恒性一样。

构架（schema）更是如此。构架具有依据规律进行形式构造的特征。它们作为上升到纯粹科学理论的必要阶梯，或作为付诸现实的中介设计（如模型、蓝图、表格），在认识中是非常重要的一环，在科学理论、发明以及设计中，都有极重要的意义，甚至占有中心的地位。像 Mendeleev 那种化学元素周期表本身不仅是构架，而且也是理论，突出地表现了这一点。现代在实验现象与严格理论之间，作为桥梁和中介的各种"物理模型"，也是这样。

理论模型是现代科学方法论的重大问题[1]，它比经验观察远为重要，Kant归之于"创造的想象力"所产生的构架，理应看作与此题目密切联系，很需要深入探讨。它与现代科学认识论的能动性特点（由感知经验论走向模型结构论）有关。

范畴的构架为何只是时间，Kant未加任何清楚的说明。有人认为，这是因为思想（知性）只占时间的缘故。Kant也的确认为，时间只是内感觉的形式，这样，外在对象的存在就依存于内省的时间感知中。这正是有些人把Kant等同于Berkeley的重要依据。其实作为所谓"先验构架"的时间，实质上乃是由于人类实践将客观活动过程空间化和内构为人们认识形式的"网上的纽结点"（范畴），这一过程必须通过漫长的实践历史才实现。时间所以在Kant（认为动物只有外直观而无内直观，所以没有变化的意识，即无时间）、Hegel（认为自然界没有时间中的发展，只有空间的重复）的哲学中，占有比空间远为重要的地位，实际上都与人（社会）有关。时间是一个深刻的科学和哲学问题。时间与数学的关系、时间与数学在构架中的重要意义、时间的同质化和纯粹的量的同一性的关系、部分与整体的关系等等，都具有重要的科学和哲学内容。

Kant以唯心主义形式，把问题颠倒了：本来是人类的社会实践将客观世界的规律，通过漫长的历史，内构为范畴，被Kant说成是"先验的"范畴，经过时间构架，应用于感性。Hegel也是这样，不是人类在历史

---

[1] 可参看Ernest Nagel的《科学的结构》，1961年。

实践中形成了辩证法的各种范畴,而是人类历史成了绝对理念在时间和各范畴中的展开了。

由此可见,实践论要把先验论颠倒过来,以找出它的现实的物质根基。Kant 的先验论认为,范畴是先天理性的产物。实践论认为,范畴是把握客观世界的历史性的产物。先验论认为,构架是用以联结感性或组织经验的先验想象。实践论认为,它作为感性的抽象,仍然是对世界的创造性的概括。

## 什么是"我思"

总结上面,Kant 认为,我们所以能由知觉、想象、概念而认识一个对象,杂乱无章的感觉印象所以能够通由知觉、想象、概念的综合而形成一个统一的对象,完全是由于主体意识中有一种所谓主动的统一性将它们联结综合起来的缘故。对象的统一来源于构造它们的主体意识的综合统一性。这个意识的统一性就是"我在思维",即"我思"。即是说,在整个综合活动和过程中,"我思"保持了它的连续性、同一性。必须有这个"我思"为基础,才可能有上述各种综合活动的一贯和不变。也就是说,必须有一个常住不变的"我思"来作为所有知觉、想象、概念进行综合的根基。这就是所谓"统觉"、所谓"本源的综合统一性",亦即"自我意识"。

Kant 反复强调,没有这个"统觉的综合统一"("自我意识"),则一切概念的综合、想象的综合、知觉的综合都不可能。所有直观杂多只能是些莫名其妙的感知,一堆零杂的色彩、软硬、轻重等等,不能联结综合而成为认识对象。从而,任何经验对象便不可能存在,任何知识也不可能获得。Kant说:"'我思'必须伴随我的一切观念……一切直观的杂多,在它们被把握的那同一主体里,与'我思'有必然的关系。但这种'我思'观念是主动性的活动,即不能看作属于感性的。我叫它为纯粹的统觉……"[1]从直观感知一开始,就必须使这些感性材料联结、综合、统一起来。这些感性材料不会自动地这样做,可见有一个能动的主体始终保持在这个综合统一的过程中,使感知(声、色、香、味等等)能够上升到概念,形成一个经验对象(糖、花、桌子等等)。这样一种功能的主体和主体的功能就是"我思",亦即"自我意识"。这个"我思"即认识过程的统一性,是动物所没有的。"动物有理解,没有统觉,因之不能把它们的表象变为普遍的","动物的理解是没有意识的"[2]。在Kant看来,这种"自我意识"便是人的认识的根本特点,而所谓想象力、知性都不过是主体这种自我意识在不同情况下的表现。在知觉、想象中,这个自我意识还是盲目的,在概念中则是自觉(即意识到)的。

"主观演绎"就是这样企图由内感觉-时间意识的经验事实出发,从心理学角度,论证经验的自我意识,从而再进一步论证先验的自我意识。这个部分值得注意的是,它强调了在人的认识的心理过程中,

[1] 《纯粹理性批判》B131—132,参看蓝译本,第100—101页。

[2] 转引自Kemp Smith:《"纯粹理性批判"释义》的导言。

主体具有重要的能动作用。即使是最简单的知觉，也包含认识的主动性在内，它常常是一种构成物，而决不是纯被动的反映。现代心理学的许多材料，也说明这个方面的种种特点，例如人的感知有巨大的选择性，又如感知经常在概念支配下进行，又如所谓"人只看到他所知道的东西"[1]，等等。其中，特别值得提出来的是"自觉注意"问题，Kant讲的感知中杂多的联合，"直观中把握的综合"，都在某种意义上与这问题有关。所谓"自觉注意"不是由外界对象对主体本能需要的吸引而引起，这样产生的"注意"是"自发注意"。我以为，**"自觉注意"恰恰是抑制了这种注意和本能要求而产生的最早人类能动性的心理活动**。这种注意的对象与动物性的本能欲望、利益、要求无关。[2] 它经常不是如食物等的外界对象，而是人的主体实践活动——如劳动操作自身，亦即在最早的劳动操作实践活动的漫长过程中，对**这种活动、操作自身的自觉意识和强迫注意**，视觉在这里与动觉、触觉获得联结、综合的统一。也只有这样，才可能使自己的劳动操作逐渐严格符合客观规律（物理的、几何的等等）而达到为族类生存服务的目的（如获取食物），所以这种人所独有的最早的能动心理特征正是产生在使用工具、制造工具的劳动创造人类的过程中，是这一过程所获得的最早心理成果，**是人不同于动物的最早的"理

---

[1] 关于狼孩（由狼或其他动物抚育的人类小孩）的报告很能说明这点。狼孩对许多事物没有感觉，即使刺激很大，也丝毫不引他注意。
[2] 可参看 Th.Ribot,《注意心理学》(1890年)。遗憾的是，现代心理学在精密化的科学条件下，反而没有重视这个问题，也未作出新的成果。

知状态"。正是在这一基础上,劳动操作中的客观因果联系(如利用工具去取得食物)才有可能在漫长的历史过程中,最终内化为主观的因果观念。

猿类在自然条件或实验室的条件下都可以产生使用甚至制造"工具"的活动(参看 Wolfgang Kohler 的著名试验等),但由于这种活动只是个体偶发性的,并非具有必然性的大量族类活动,不能在心理上留下和产生像"自觉注意"这样一些能动的心理和能力,不能最终形成因果的观念联系,亦即不能领悟使用工具在主体获取食物这个因果链中的地位、意义和作用,从而也就不去要求保存或复制工具,用完了就丢。所以,就人类意识来说,**对主体自身使用工具、制造工具活动的"自觉注意",即持续地联结、综合、统一感知以保持对对象的同一性意识**,使之成为对一个客观对象的自觉感知,这才是要害所在。这个所谓"先验统觉"是人类劳动的产物,并通过原始巫术礼仪等模仿活动而提炼保存下来(实验证明,猿类只有对对象的注意,不能形成对自己活动的自觉注意)。对儿童来说,则是在社会环境和教育下所形成的能力。(所以**从婴儿起培养这种与本能需要无关的注意力**是重要的教育内容,它与人类另一特有能力——**自制力**也密切相关)。认识(包括感知)的能动性历史地来源于实践(人类劳动)的能动性。

在"自觉注意"之后,想象便是人类心理能动性的第二重要特征。它既是与个别事物有关系的感性意识,同时又是具有主动支配性质的综合统一的感性意识。它的内容极为复杂,这里不能谈了。至于再进一步,到概念、语词的认识能动性,则是人所熟知,不必多谈。至此完成了以能动性为特征的人类独有的心理发展道路。

研究人类心理,应不同于研究动物心理,应从这些由社会实践产生的心理结构和特征出发,回过头来研究考察感觉、知觉。**由于人的实践不同于动物的生活活动,人的感觉知觉才不同于动物的感觉知觉**。现代心理学在这方面已积累了不少原始素材,但由于哲学观点的谬误,不但没能进一步说明问题,反而走向了相反的方向,把人类心理生物学化,或忽视或抹杀人类能动性的心理特点,不能重视区分和处理在语言阶段之前的人与动物在心理上的本质差别。包括 Pavlov 的两种信号系统学说,也有这个缺点。它们大都脱离开人类社会历史的根本基础来解释人类心理,未注意从人类社会实践活动(特别是人类起源时期和原始社会这一漫长的数百万年甚至更长的历史中)去探求人类心理的最终基础和具体起源。我愿再次指出,人类心理特征的原始根源在于使用工具、制造工具的劳动活动,并且是通过一系列极为复杂和重要的巫术、礼仪等社会意识形态的活动,在群体中固定、巩固起来,最终才转化为心理-逻辑的形式、功能和特点的。离开了人类学,不可能解决心理学的问题。在这里值得一提的是以 L.White 为代表的文化学基本观点。White 正确地反对了把文化归结为心理的错误潮流[1],强调工

---

[1] 参看 L.White:《文化的科学》,1949 年。

具和符号（语言）在形成超个人超心理的社会文化中的根本作用，指出技术（例如能量和工具）的基础地位，但他混淆了物质生产与物态化的精神生产（意识形态、符号的生产），同时也没有重视制造工具、使用工具的物质生产对形成人类特有的心理结构的重要关系。这就使他的文化人类学具有庸俗化和片面性的特征。总之，Kant的"主观演绎"从心理学角度提出人的认识能动性，仍然是今天并未研究清楚的重要问题。

任何经验心理学也代替不了认识论。单从"主观演绎"来论证"先验统觉（"我思"），说明综合统一全部认识过程的心理功能，并不能解决认识的客观真理性的哲学问题。于是，Kant在第2版上突出"客观演绎"。"主观演绎"基本上是从如何形成一个认识对象的过程来论证必须有纯粹统觉的能动"我思"作为全过程的基石。"客观演绎"则抛开这个过程来论证知性如何能与对象相一致，范畴如何可能具有客观性，也就是提出人的认识形式与经验内容、意识统一与感性杂多、自我意识与对象意识的关系问题。基本在心理领域之内的"主观演绎"，从哲学上简单说来，亦可说只是"我是我"这样一种"分析的统一"，它说的是"我所有的表象都是我的表象"。更重要的是"综合的统一"，即不同于"我"的直观杂多如何能被连结统一在我的意识中，并获得真理的性质。这即是"客观演绎"。

德国古典哲学唯心主义将人等同于神（上帝），将自我意识作为认识世界（Kant）和改造世界（Hegel）的原始动力，极大地高扬了人的价值和地位[1],但同时,却又是唯心主义地抽象地"高扬"了。首先,这是抽象的人,不是历史具体地属于一定社会的人;第二,这是思辨(精神)的人(自我意识),不是现实的人。在 Hegel,"自我"与思维是同一之物,一切皆蕴藏于"自我"之中。作为被高扬的主体"自我"只是思维。能动的"自我",只是思辨的精神。物与我、存在与思维的依存与转化,统统只是精神——思辨领域内的活动,而不是感性现实的活动。劳动、生产都只是思辨,历史只是思维的自我即自我意识的异化和复归。Marx 说:"Hegel 认为,人的本质、人等于自我意识。从而,人的本质的异化不过是自我意识的异化。"[2] 它用抽象的人代表历史具体的人,特殊地说,它用思辨的"人"即人的思辨来统治现实世界。

唯物主义者 Feuerbach 企图恢复人的感性和感性的人。Feuerbach 指出,唯心主义就在于把一般、思维、名称、语言当成上帝,说成是普遍必然的永恒本质,而将感性等同于个别的、偶然的、暂时的现象。他指出,"Kant 哲学乃是主体和客体的矛盾,本质和现象的矛盾,思维和存在的矛盾"。[3] Fichte、Schelling、Hegel 则将这矛盾统一于思维、自我、绝对。Feuerbach 认为,"只有人才是 Fichte 的自我根据和基础,才是 Leibniz 的单子

---

[1] 如 Lacrinx 认为,Kant 三大批判都是围绕人在宇宙中的地位这个问题展开的(Kant 的先验自我也是伦理学的本体。详《批判》第9章)。
[2] 《经济学—哲学手稿》,参看何思敬译本,1963年版,第129页。
[3] Feuerbach:《未来哲学原理》第22节,见《费尔巴哈哲学著作选集》上卷,三联书店,1959年版,第151页。

根据和基础，才是'绝对'的根据和基础"[1]；"因此新哲学的认识原则和主题并不是'自我'，并不是绝对的亦即抽象的精神。简言之，并不是自为的理性，而是实在的和完整的人的实体。实在、理性的主体只是人。是人在思想，并不是我在思想，并不是理性在思想。……因此，如果旧哲学说，只有理性的东西才是真实的和实在的东西。那么新哲学则说，只有人性的东西才是真实的实在的东西。因为只有人性的东西才是有理性的东西"。[2] Feuerbach 的所谓"新哲学"，是企图以现实感性的人来代替唯心主义的思辨精神的"自我"、"绝对"，用感性的普遍性来代替理性的普遍性。Feuerbach 说："新哲学是光明正大的感性哲学"；[3]"思维与存在的统一，只有在将人理解为这个统一的基础和主体的时候，才有意义，才有真理"。[4] 所以，Feuerbach 的哲学的确是对从 Kant 到 Hegel 高扬理性自我的普遍性的批判。Feuerbach 强调的是，超感性的神来自感性的人，理性的东西来自感性的东西，只需要不将"理知与感觉分开，便能在感性事物中寻得超感性的东西，亦即精神与理性"。[5] "不但有限的、现象性的东西是感觉的对象，真实的、神圣的实体也是感觉的对象"[6]，即是说，感性自身便能认识真理。

[1] Feuerbach：《关于改造哲学的临时纲要》，见《费尔巴哈哲学著作选集》上卷，三联书店，1959年版，第118页。
[2] 《未来哲学原理》第50节，见《费尔巴哈哲学著作选集》上卷，三联书店，1959年版，第180—181页。
[3] 同上书，第36节，第169页。
[4] 同上书，第51节，第181页。
[5] 同上书，第42节，第174页。
[6] 同上书，第39节，第171页。

但是，Feuerbach这个所谓恢复感性地位的"新哲学"，在根本上并没有超出Locke和法国唯物主义，所谓理性的东西必先在感性中等等，几乎讲的是与Locke（见《批判》第一章）同样的话。它与Kant以前的唯物主义并无本质的不同。"他把人只看作'感性的对象'，而不是'感性的活动'，……他从来没有把感性世界理解为构成这一世界的个人的共同的、活生生的、感性的活动。……当Feuerbach是一个唯物主义者的时候，历史是在他的视野之外"[1]。Feuerbach的"人"仍然是非社会、超历史的自然生物的存在，他的所谓人的感性仍然是被动的感知，是"离开人的社会性"的静观（"离开人的社会性"与所谓静观、被动的感知是一回事）。这种感性是否有普遍性，或这种感性普遍性具有何种意义，便大成问题。Kant的出发点正是揭露旧唯物主义从感觉出发不可能理解认识的能动性，不能保证认识的普遍必然和客观有效，而建立其先验唯心主义的。Feuerbach使哲学从唯心主义回到唯物主义，从自我意识回到感性的人，但由于他的这个感性的"人"仍是这种性质，就仍然不可能解决人的认识所特有的主观能动性，及由之而来的科学知识的真理性亦即它的普遍必然的客观有效性的问题。Feuerbach这种"直观的唯物主义，即不是把感性理解为实践活动的唯物主义"[2]，是不能说明人的认识的能动性的。对Kant来说，Feuerbach没有前进，反而倒退了。

这个问题的解决历史

[1] 《德意志意识形态》，《马克思恩格斯选集》第1卷，1972年版，第50页。
[2] 《关于费尔巴哈的提纲》，《马克思恩格斯选集》第1卷，1972年版，第18页。

地属于实践论的范围。

Marx 指出,"Feuerbach 不满意抽象的思辨而诉诸感性的直观;但是他把感性不是看作实践的、人类感性的活动。"[1] 其实这两种感性的不同,正是人与动物的根本不同。动物的生活活动与其对象是同一个东西,受同样既定的自然律所支配。Marx 说,"动物和它的生活活动直接是一个东西"[2];"动物不对什么东西发生关系,而且根本没有'关系'。对动物说来,它对他物的关系不是作为关系存在的"[3]。所以,主客体之分对动物是没有意义的,从而动物是不可能有人所特有的认识能动性的。以使用工具、制造工具的活动为特征的原始人类的实践,突破了这个限制。它不再是原来动物性既定的族类生活活动,而是在特定社会结构的制约下,通过对客观自然界种种事物日益广泛和深入的掌握,从而**具有无限发展可能地去支配自然、改造自然的客观性的现实活动。这就与动物适用环境的本能性生存活动有了根本的区别。在这里,主客体之分才有真正意义。**社会实践面对着自然,区别于自然,利用自然本身的形式以作用于自然,使自然服务于自己。同时它自身的存在和发展也有不同于自然的独特现象(社会发展)。这样就构成了与客体自然相对立的主体。像 Feuerbach 那样"把人的本质理解为'类',理解为一种内在的、无声的把许多个人纯粹自然地联系起来的共同性"[4],是不能解释

---

[1] 《关于费尔巴哈的提纲》,《马克思恩格斯选集》第1卷,1972年版,第17页。
[2] 《经济学—哲学手稿》,1963年版,第58页。
[3] 《德意志意识形态》,《马克思恩格斯选集》第1卷,1972年版,第35页。
[4] 《关于费尔巴哈的提纲》,《马克思恩格斯选集》第1卷,1972年版,第18页。

区别于客体自然界的人的主体的。而把作为生物体的人群塑造为区别于自然界的主体，正是以使用工具—制造工具的实践生产活动为中心的社会存在和以使用语言和符号系统为特征的社会意识。离开这个根本讲实践和语言，实践就会等于动物生活活动和动物心理意义上的感知状态。而语言则成为无所由来的神秘结构或生物性的先验本能了。

在当代马克思主义文献中，"实践"一词已经用得极多，它泛滥到几乎包容了一切人类活动，从日常生活、饮食起居到理论研究、文化活动等等，以至变得几乎等同于"人的活动"而毫无意义。其实这来源于 Marx，在 Marx 早年手稿以及《关于费尔巴哈的提纲》等著作中，的确强调的是理论与实践相统一的感性的人的活动即 praxis(实践)，praxis(实践) 一词也确乎包括了人类整个生活活动。但也是从早年起，Marx 同时强调了劳动、物质生产、经济生活在整个人类社会中的基础地位和决定性的意义，日益认定物质生产是整个社会生存、社会生活即社会存在的根本，特别是自 Marx 历史具体地探讨了社会生产方式诸问题，明确提出唯物史观学说后。因之，应当明确在形态极为繁多的人类实践活动中，何者是属于决定性质具有根本意义的方面，我以为这就是唯物史观强调的经济基础，而其中又以生产力为根本。而生产力——这不就正是人们使用工具制造工具以进行物质生产的实践活动么？正是由于这种活动，才有人类的发生和发展。这是第一性的、根本的方面。人类的这种活动从历史总体说，是由非意识、非目的的偶发性进到有意识、有目的，从而具有必然性的过程，也是在这个过程中，产生了语言、意识、符号、思维等等。而如何由工具到语言，以及物质工具与符号工具（语言）之间的发生学关系等等，都是很需要进一步探索的要点所在。我之所以再三提及 Piaget，正是因为他从儿童心理学的微观角度接触和阐明了操作对逻辑、思维的基础意义，对实践哲学的人类学本体论的宏观大有启迪。我之所以几次的提到 Wittgentein，也是因为他晚年明确论证了社会生活和实践对语言的决定性的功能。

联系 Kant 哲学的"自我统觉"，倒转过来，可以说，不是意识的"先验自我"，而是历史（物质现实）的人类实践，才是真正的、伟大的主体"自我"。实践作为现实活动的感性，虽然也呈现为个别的存在，但其本质却是普遍的。它之所以是普遍的，不但因为它总是某种社会结构的活动，普遍地作用于自然，具有作用于世界的普遍能动作用。而且，就整体说（不是部分或暂时），人类实践生活活动是以掌握客观自然来改造自然为特征，它本身就是一种理性的力量。因之，它就具有一定范围内的客观有效性和普遍必然性。

我仍然同意 Lenin 说，"实践高于（理论的）认识，因为它不但具有普遍性的品格，而且还有直接现实性的品格。"[1] 这个现实性，不只是指一般实践具有感性的物质力量，而且更是说明：符合规律的客观实在的实践活动具有必然实现自己的现实性。它使主体的存在不仅有

[1]《哲学笔记》，1974年版，第230页。

现实的普遍性（即能够普遍地作用于现实），并且还有普遍的现实性（即合规律的主体目的能够实现）。Kant所谓对象思维中的"重建"，亦即思维综合感性材料构成有关对象的能动认识，正以上述实践能动地作用于对象现实为基础和前提。如同在《批判》第二章中所指出，所谓"综合"是以实践活动作用于对象为现实前提，Kant在论"先验统觉"时所极力强调的"自我意识"的综合作用和功能，仍然必须以实践的"自我"主体感性现实地作用于对象为根本基石。Kant所谓必须有一个先验的"常住"的"我思"，作为统一意识、贯串认识的不变基础和形式，必须以现实的"常住"人类主体实践，不断将外在自然的统一性发明出来为基础。认识的能动性来源于实践，认识的客观性和真理标准，仍然是实践。Kant强调的能动性和客观性相统一这种自我意识的本质特征，实际来自人类实践的能动性和客观性。《批判》第二章到第四章中已就形式逻辑、数学、时空构架和因果观念等对此作了一些说明。这样一些人类所特有的认识形式是人类认识能动性的表征，它们根本上是来源于人类实践的。至于具体的思维内容，则人所共知，更是历史具体地决定于一定社会时代的实践内容。总之，不能把实践等同于感知经验（逻辑经验主义）或是语言活动（Wittgentein），也不能把实践看作是无客观物质规定性的主观活动，即不能把实践囊括一切、无所不包（西方马克思主义），而应还它以物质结构的规定性，即历史具体的客观现实性。这才是真正的实践观点，本书所以不嫌重复，再三强调使用和制造工具，原因即在此。

Feuerbach 和一切旧唯物主义从感觉出发，实际是从个别或个体出发，它有现实性，但无普遍性。Kant、Hegel 从普遍出发，实际是从思维出发，它有普遍性，没有现实性。只有从实践出发，才既有普遍性，又有现实性。立足于感觉或一般的感性呢？或者立足于理性即抽象的思辨呢？还是立足于实践、立足于具体历史的社会活动呢？这就是马克思主义实践论与旧唯物主义认识论和唯心主义认识论的根本分歧之处。旧唯物主义（包括 Locke、法国唯物主义和 Feuerbach）从感觉出发（静观的存在），德国古典唯心主义从意识出发（思辨的活动），我们则从实践出发（物质的活动）。从实践出发，也就是历史具体地从社会生产力出发。"Feuerbach 特别谈到自然科学的直观，提到一些只有物理学家和化学家的眼睛才能识破的秘密，但是如果没有工业和商业，哪里有自然科学？甚至这个'纯粹的'自然科学也只是由于商业和工业，由于人们的感性活动才达到自己的目的和获得材料的。这种活动、这种连续不断的感性劳动和创造、这种生产，是整个现存感性世界非常深刻的基础……"[1]"工业是自然和自然科学对人现实的历史的关系。如果工业被看作是人的本质力量的外在显现，那么，我们就好理解自然人的本质或人的自然本质了。"[2]"自然科学和哲学一样，直到今天还完全忽视了人的活动对他思维的影响；它们一个只知道自然界，另一个又只知道思想。但是，人的思维最本质和最切近的

[1]《德意志意识形态》，《马克思恩格斯选集》第1卷，1972年版，第49页。
[2]《经济学—哲学手稿》，1963年版，第91页。

基础,正是人所引起的自然界的变化,而不单独是自然界本身;人的智力是按照人如何学会改变自然界而发展的。"[1] Marx、Engels 这个重要的思想,是在强调只有从人的能动社会实践活动中去理解客观世界和人本身,才能理解人的认识,才能理解人的感性和理性。这个能动的实践,不是 Fichte 那种无客体的纯思维的主体行动,而主要是以自然存在为前提,使用和制造工具,利用自然客观的人类工艺学的物质生产活动。从原始石斧到现代自动化,开辟着使人类从动物式的生存、活动中彻底解放出来的道路。人将不是以自然赋予他的那有限的体力、器官和心理意识,即自然生物族类的本能和能力(动物也有这些)来对应世界,人类的"自我"具有由工具武装起来的主体意义。人所以是万物的尺度正在于他有工具。"工艺学会揭示出人对自然的能动关系,人的生活直接生产过程,以及人的社会生活条件和由此产生的精神观念的直接生产过程。"[2] Marx 特别重视工艺学,称之为"社会人的生产器官的形成史",比之如 Darwin 研究"自然工艺史",即"在动植物的生活中作为生产工具的动植物器官"的形成史。[3] 只有它作为活生生的伟大的现实物质力量,才是陶铸自然、统一万物的主体"自我"。这个"自我"主体具有真正客观的力量。这种力量到近代大工业机器生产出现,到现代自动化、计算机、核能等等的出现,更直接以可无限发展的智力、认识、

---

[1] 《自然辩证法》,《马克思恩格斯全集》第20卷,1971年版,第573—574页。

[2] 《资本论》第1卷,《马克思恩格斯全集》第23卷,1972年版,第410页。

[3] 同上,第409页。

科学来对应世界。科学直接转化为生产力。物化智力的生产形态，将日益成为人类"自我"的突出特征。在这种意义上，作为这一"自我"的精神意识方面，才具有真正巨大的意义。Kant 的"先验自我意识"，不过是这个真正雄伟的人类实践的"自我"的一种唯心主义的预告罢了。Kant 所要求确立的知性、判断力、理性，的确是动物所不能具备，只有人类才有的普遍必然性的东西，这些东西却又只有历史地从这个实践中才能产生出来。由动物性和主观性的五官感知进到具有客观性和能动性的认识形式，由个人的所谓"知觉判断"到共同性的"经验判断"，都是以人类的物质实践作为基础和前提。在这里，本体论与认识论才真正是统一的，人类学与心理学才真正是一致的。"自我"的真正唯物主义意义就是如此。在现代科学、技术、工业基础上，这个"自我"的人类主体日益突出。与此同时，作为个体的"自我"的地位、作用、意义和独特性、创造性、多样性、丰富性等问题也日益突出和重要了。以历史的人为中心，人类的大我和个体的小我特别是它们之间的关系，在这过程中不断发展和变化，个体自我的存在意义、性质、权利、地位和丰富性将日益突出，"自我意识"也将具有更新的觉醒意识。只有在这种能动改造自然的基础上，作为个体的自我才有可能独有和发展出他的独特存在价值、特征和性格。动物虽然也有生理禀赋以至气质、才能的差异，但谈不上什么真正的个性。**个性的丰富性、多样性是随着人类总体亦即社会存在和社会意识的发展而发展和扩充的**。正如 Piaget 论证儿童的个性是随其社会性、他的个性主观性是随着他的认识的客观社会性的发展而发展的一样。但是,在历史和社会生活过程中,个性的被压抑、被漠视以及个体的小我被淹没在总体的大我中,则又是至今为止所难以避免甚至必然要经历的大量现象。正如失去个性只有普遍性形式的符号系统和物化智力成为大我见证一样,小我的见证最初只能表现在具有各种个性独特性、多样性和丰富性的审美—艺术结构中,它在社会领域的真正充分展开,则有待于人类史前期的结束。

总起来看,前面几章依次讨论了时空直观和知性范畴,本章论述了 Kant 把这一切归结为"自我意识",经由 Hegel,Marx 从"自我意识"走向唯物史观。在这里,奠定了人类主体性的文化心理结构的客观基础即作为历史总体的人类社会实践,这也就是人类主体性的客观方面即工艺-社会结构方面。人类主体性的"自我"由这两个方面(工艺-社会结构和文化-心理结构)组成,Marx 承继 Hegel,着力于前者,我则承继 Kant,尝试开创后者。

## 核心是主体性(subjectality)的内外结构

Kant 提出包括宇宙论的二律背反在内的理性理念,要害在于"总体"问题。这个问题构成了自 Kant 到 Hegel 的辩证法的一个重要特征。在 Kant,作为客体方面的总体,有四个"二律背反";作为主体方面的总体,是灵魂,作为主客体的总体则是上帝。灵魂与上帝不过是二律背反这个"总体"的一种神秘表现方式。继 Kant 之后，Hegel 也紧紧抓住了这个"总体"观念，把它与辩证法密切联系起来，这样就取得了一种前所未有的巨大意义。Hegel 认为，"总体"只是在辩证法的全过程中才真正存在和能被认识。总体是过程，是辩证发展的全程。如果改用现代语言，我们也可以说它（总体）是一个系统 (system)。由 Kant 开头而 Hegel 总其成的近代辩证法不同于古代的辩证观念（矛盾、阴阳等等），也在这里。它所反映和处理的是整体过程，是历史行程，而不只是点明事物或思想中存在对立双方（矛盾）而已。这也才是不同于古代矛盾观念的 Hegel 那套辩证逻辑。在这套逻辑里，对立统一（矛盾）是辩证法的核心，但非它的全体。它的全体乃是对立统一这个核心通过各个范畴和环节的相互联系、过渡而全面展开或完成，以构成一个系统——总体。所谓否定之否定，便是对这一行程的总体的概括。它构成 Hegel 辩证法的独特表征。否定之否定决不是一种外在的正反合的呆板格式，像好些人所误解的那样。它的实质是对立统一通过不断否定而发展，在一个总体性即系统结构的全面展开中，去获得或达到真理性的认识或成果。它是对立统一所展现出来的历史形态。

　　Marx、Engels 十分重视 Hegel 否定之否定的思想。因为所谓矛盾的斗争及其解决（对立统一），便是否定，否定其实也就是 Kant 重视的"综合"。否定不是简单的扔弃，而是扬弃，有所吸取，有所批判，亦即吃掉对象消化对象，这样才能前进[1]。Marx 把 Hegel 的辩证法看作"否

[1] Piaget 把否定看作"辩证理性"，说"在逻辑和数学中，通过否定而构造实际已变成一种标准的方法"，他强调了操作的可逆性，看出通过否定去生产的重要意义。见 Piaget：《结构主义》第 7 章。

定的辩证法"。Engels 对辩证法作规定时，强调指出，"……由矛盾引起的发展，或否定的否定——发展的螺旋形式。"[1] Lenin 说，"从肯定到否定——从否定到与肯定的东西的'统一'——否则，辩证法就要成为空洞的否定，成为游戏或怀疑论。"[2] 可见否定之否定的要点不在于外表形式的正反合，特别不在于把这种形式半神秘化或僵固化，而在于真理必须了解为在一个系统的有机结构中，通过多种矛盾运动的全部行程的总体才能获得。总体、系统大于局部、事实之和，总体注重从历史（纵）和全面（横）来了解和认识，例如从过去、未来来把握现在，这就**超出了可观察到的事实经验。这就是辩证法的方法区别于种种仅仅抓住或着眼于局部事实、微末细节的所谓精密科学方法或实证主义经验论方法的地方。辩证法是总体把握的理性方法，实证主义是片面把握的知性方法**，它只抽取了某种属性、方面、因素。同时也正因为辩证法着眼于总体，所以它就不会是预成论。在这里，因果不是线性的机械决定论，系统的复杂结构形成了**多元和网状的因果**，可能性的选择数字极大。而任一选择对整体系统和结构均将产生影响。所以不能把总体过程当成是机械决定论的必然，必须极大地重视**偶然性、多样的可能性和选择性**。总之，如果辩证法缺乏这个"总体"观念，便得不到真理的客观性的规定，而成为主观地玩弄矛盾，即抓住任何一种矛盾（这是到处都有的）而大讲一分为二或合二而一，这就成为"空洞的否定"。即不是历史地全面地从总体出发，而是任意抓

---

[1] 《自然辩证法》，《马克思恩格斯选集》第 3 卷，1972 年版，第 521 页。

[2] 《哲学笔记》，1974 年版，第 245 页。

住一个问题或一个阶段,来讲对立统一,辩证法便常常成为变戏法。主观地运用对立面的统一,运用这种概念的灵活性,等于折中主义和诡辩论。只有重视"总体"观念,对立统一(矛盾)获得经过时间的展开,辩证法才取得一种历史的性格。Hegel 辩证法特色的伟大的历史感正在这里。今天,人创造工具和各种物质的和社会的机器以对应世界,又沦为上述机器的配件和附属品,再从这种种异化中解脱出来而成为世界的真正主人。这个人类自由的史前史的历史行程,是 Hegel 否定辩证法的真实展望。

总之,实践是人们谈论很多、当代哲学中的时髦词汇,但什么是实践?它有没有规定性?它与五官感知、与动物性的生活活动有什么区别?等等,都需要弄清楚。如前几章所连续说明,实践作为认识的基础和真理的标尺,是历史具体的。无论是感性或理性,无论是时、空观念或数学,无论是形式逻辑或辩证法,作为它们的基础的实践是具有历史具体的客观社会性的实践。**"认识如何可能"只能建筑在"人类(社会实践)如何可能"的基础上来解答。**只有历史具体地剖析人类实践的本质特征,才能解答人类认识的本质特征。认识的主体不是个人,从而出发点不是静观的感觉、知觉。认识的主体是社会集体,出发点只能是历史具体的能动的社会实践活动。

**"人是制造工具的动物"与"人是能思维(或理性)的动物"这两个著名古典定义的秘密,在于二者在社会实践基础上的统一。**人类学本体论即是主体性哲学。如前所反复强调,它分成两个方面,第一个方面即以社会生产方式的发展为标记,以科技工艺的前进为特征的人类主体的外在客观进程，亦即物质文明的发展史程。另一个方面即以塑建和发展各种心理功能和结构形式（如智力、意志、审美三大结构）为历史成果的人类主体的内在主观进展，这是人性和精神文明。两者是以前一方面为基础而相互连系、制约、渗透而又相对独立自主地发展变化。人类本体（主体性）这种双向进展，标志着"自然向人生成"即自然的人化的两大方面（参看《批判》第十章），亦即外在自然界和内在自然（人体本身的身心）的改造变化。Kant哲学的贡献在于它突出了第二方面的问题，全面提出了主体心理结构——包括认识、伦理和审美的先验性（普遍必然性）问题。

（以上均摘自《李泽厚哲学文存》下编《主体性哲学概说》，安徽文艺出版社，1999年，有删改）

# "度"的本体性（2001）

## "度"来自生产技术

什么是"度"？"度"就是"掌握分寸,恰到好处"。为什么？因为这样才能达到目的。人类（以及个人）首先是以生存（族类及个人）为目的。为达到生存目的，一般说来，做事做人就必须掌握分寸，恰到好处。

人（人类及个人）要做的第一件事，就是维持肉体生存，即食、衣、住、行。要食衣住行，就要进行"生产"，所以，这个"恰到好处"的"度"首先便产生和出现在生产技艺中。动物也生存，也掌握"恰到好处"，那是出生后生物族类本能不断训练的结果。你没看见过小动物的各种"游戏"活动吗？那就是为了训练、培育这种"恰到好处"的肢体及神经技能。由于人类是以使用—制造工具来猎取、采集、栽种、创造食物的生物族类（见拙作《批判哲学的批判》,下简称《批判》),其世代相传、相互模仿（mimes）

而不断扩大的生产技能中所掌握的"度",比之任何其他生物族类,便无比广阔。

我曾以"人类如何可能"从根本上回答"认识如何可能"(见《批判》)。"人类如何可能?"来自使用—制造工具。其关键正在于掌握分寸、恰到好处的"度"。"度"就是技术或艺术(art),即技进乎道。可见,"度"之关乎人类存在的本体性质,非常明显而确定。没有这个技艺的"度",人类就不能维持生存,族类(以及个体)就不存在。《周官·考工记》说:"天有时,地有气,材有美,工有巧,合此四者,然后可以为良。""弓人为弓……巧者和之。"[1] 郑注:"和,犹调也。"所谓"和"、"巧"、"调",都是描述生产技艺中这个无过无不及的"度",真是"增之一分则太长,减之一分则太短","差之毫厘,失以千里"。

可见,"度"并不存在于任何对象(object)中,也不存在于意识(consciousness)中,而首先是出现在人类的生产-生活活动中,即实践-实用中[2]。它本身是人的一种创造(creation)、一种制作。从而,不是"质"或"量"或"存在"(有)或"无",而是"度",才是人类学历史本体论的第一范畴。从上古以来,中国思想一直强调"中"、"和"。"中"、"和"就是"度"的实现和对象化(客观化),它们遍及从音乐到兵书到政治等

---

[1] 刘师培:"巧字从工,亦训为技。"见劳舒编:《刘师培学术论著》,杭州:浙江人民出版社,1998年,第64页。

[2] Hegel 也讲"度",但那是"有"、"无"、"质"、"量"之后的产物,这是 Hegel 西方基督教背景的唯心主义和理性主义,不同于历史本体论的中国人类学传统的唯物主义和经验主义。

各个领域[1]，其根源则仍然来自上述《周官》所说的"工有巧"，即生产技艺中的"和"、"中"、"巧"、"调"。"度"是"中"、"和"的本义，是"中"、"和"的实现行动。teche 的希腊文本义也是让事物从隐蔽中涌出，倒正好点明人通过制造—使用工具的"度"的把握而实现出的创造力量。用我以前的话说，这也就是在成功的实践活动中主观合目的性与客观合规律性的一致融合[2]。人的本源存在来自此处。

人类既依靠生产技艺中"度"的掌握而生存、延续，而维系族类的存在，"度"便随着人类的生存、存在而不断调整、变化、扩大、更改。它是活生生的永远动态的存在。也只有从这里去解释"生生"（《易传》），才是历史本体论的本义。从 Kant、Hegel、Marx 将哲学问题归结为主体性问题，而现象学的"一切原则的原则"也是通过主体性来论证其有效结构和组成中（也即在其构造中）的一切客体的客观性，所有这些，似都应从此生产技艺中的"度"来解说，才能得到真正的本源。

"度"——"和"、"中"、"巧"，都是由人类依据"天时、地气、材美"所主动创造，这就是我曾讲过的"立美"。掌握分寸、恰到

[1] 《孙膑兵法》："弩张，柄不正，偏强偏弱而不和。"《左传·昭公二十年》："宽以济猛，猛以济宽，政是以和。"《新书·道术》："刚柔得适谓之和。"《广韵》"和，顺也，谐也，不坚不柔也"，以及"恭而不难，安而不舒，逊而不诌，宽而不纵，惠而不俭，直而不径"（《大戴礼·曾子立事》），"易知而难狎，易惧而难胁，畏患而不避义死，欲利而不为所非，交亲而不比，言辩而不辞"，"宽而不慢，廉而不刿，辩而不争，察而不激，寡立而不胜，坚强而不暴，柔从而不流"（《荀子·不苟》），都是讲的这个"度"。也就是我多年讲的A ≠ A±，见拙作《中国古代思想史论》、《论语今读》等。

[2] 参阅拙作《批判》、《美学四讲》。

好处，出现了"度"，即是"立美"。美立在人的行动中，物质活动、生活行为中，所以这主体性不是主观性。用古典的说法，这种"立美"便是"规律性与目的性在行动中的同一"，产生无往而不适的心理自由感。此自由感即美感的本源。这自由感—美感又不断在创造中建立新的度、新的美[1]。

主观性－意识性恰恰可以缺乏"度"。这是由于没有客观物质生存的直接制约，主观性－意识性常常可以泛滥成灾。这从历史来说，有时无可避免，有时甚至有益。但也有其有害的方面。有益在于能够明确和帮助"度"在人的意识中的建立，有害则因其随意性而阻碍、损伤实践中"度"的生存和发展。

"度"作为物质实践（操作活动及其他）的具体呈现，表征为各种结构和形式的建立。这种"恰到好处"的结构和形式，从人类的知觉完形到思维规则，都既不是客观对象的复制，也不是主观欲望、意志的表达，而是在实践－实用中的**秩序构成**。人类在使用—制造工具的实践操作中，发现了自身活动、工具和对象三者之间的几何的、物理的性能的适应、对抗和同构、契合，发现不同质料的同一性的感性抽象（如尖角、钝器、三角形等等）[2]，由于使用工具的活动使目的达到（食物以至猎物的获得），使因果范畴被强烈地感受到，原始人群开始了人的意识。以"度"作为本体性的人类主体性对自己主观性的要求，首先是操作活动的规范化和程序化，程序化展现为各种巫术礼仪形式的

---

[1] 参阅拙作《美学三题议》(1962)、《批判》(1979)。
[2] 参阅拙作《美学四讲》。

操作—演算口诀的建立，然后在意识上表现为由后世形式逻辑及各类抽象范畴所表达的认识功能。这个认识论的方面，拙作《批判》一书已加以检讨，即从实践（亦即"度"的本体性）来谈人类认识形式的建立。

这里要强调的只是，这种种人类意识的萌芽，都是在亿万次大量经验尝试错误中通由个体突发涌现出来的"完形"。出来之后，被原始人群不断模拟（mimes）而得到巩固和传授。它实际具有一定的偶然性，这也就是真正的创造性。这种创造和模拟带来了心理上的情感愉快，这就是"领悟"。这"领悟"的中心是想象——即对客观并不存在的状态或事物的情感性的理解和知觉，这也正是上述美感即自由感的起源。

第二，"度"不仅使主体认识形式得以建立，而且主客体之分也是在"度"的本体性基础之上才能实现的。主客体在"度"的本体性中本来混而不分，但在主观性的意识中，却逐渐需要区别。因为，"度"本是依据各种具体的天时、地利、人和（群体协作）而产生，从而，对天时、地利、人和等各种事物的性能、情境、状态的把握，便成为"度"和掌握、了解、认识"度"的具体内容。如《考工记》所云："烁金以为刃，凝土以为器，作车以行陆，作舟以行水。"兵刃、陶器、轮车、树舟……各个以其不同的物质材料，以其不同的性能、状态如坚柔、曲直、长短、厚薄、大小、锐钝、深浅等等，使天时（如春夏秋冬），地利（如山、地、河滨），人（如群体关系），物材（如上述各种材料及性能）进入人的生存情境中，构成了"度"的本体性的众多的、形形色色的、各种各样的具体结构，并具有随时、空、条件不同的历史变异性。从而，"度"的本体性，作为本源，乃是人为（主体的）发明（invention），它的结构和形式能被普遍地应用于客观对象。不仅形式逻辑、认识范畴，而且像中国辩证法的阴阳、五行（声、色、味等等的杂多统一）也都是对"度"、"和"、"中"的主观解析。如前所述，在"度"的本体性中，主、客本是完全融为一体的，离开这个"一体"，主、客本无意义。也有如《考工记》所云："凡为弓，各因其君之躬志虑血气。"做弓以及弓，其价值和意义均不在其本身（即不在制造工具和工具本身），而在不同的人（如人的身材、气力以至性格）的使用（"君之"）中。"度"的建立是为了"用"，也只有在"用"中才能有"度"的建立。中国人说的"中庸"，即此意[1]。可见，主客体的二分是第二位的、次要的，它来源于人在实践活动中恰到好处的"度"的建立。后世一切理性的形式、结构和成果（知识和科学），也都不过是人类主观性对"度"的本体性的测量、规约、巩固和宣说。可见，理性本来只是合理性，它并无先验的普遍必然性质；它首先是从人的感性实践（技艺）的合度运动的长期经验（即历史）中所积累沉淀的产物。它是被人类所创造出来的。完全离开这一根本基地的理性翱翔，可以（虽不一定）发生危险。这正是实用理性论所不同于一切先验理性论的地方。这一点本书后面还要讲到。总之，不是人对神的依从关系，也不只是人与人的社会关系，而首先是人

---

[1] 参阅拙作《论语今读·6.29记》等。

与自然（包括内、外自然）通过"度"的历史构建所形成的人化关系及其前景，才是"历史本体论"所要探讨的课题，譬如过去拙作中再三提及的"自然的人化"、"人的自然化"[1]等等。也正是它们规定了人与神、人与人的关系。

"度"的本体性（由人类感性实践活动所产生）之所以大于理性，正在于它有某种不可规定性、不可预见性。因为什么是"恰到好处"，不仅在不同时、空、条件、环境中大不相同，而且随着文明进展、人类活动领域的无比扩大，这个"度"更具有难以预测的可能性和偶然性。"度"的建立是各种创造发明和科学发现，也更是艺术的创造力量。这种似乎是神秘的动力即是我以前强调的"以美启真"。它"自然"地显现出某种新东西。我曾引述 Einstein，它不是经验的综合，不是逻辑的推演，即既不来自经验，也不出自推理，而是"自由的创造（想象）"[2]。也有如他所说，我们所能经验到的最美的事物就是神秘，它是所有真实的艺术和科学的源泉。

历史本体便建立在这个动态的永不停顿地前行着的"度"的实现中。它是"以美启真"的"神秘"的人类学的生命力量，也是"天人合一"新解释的奥秘所在。"度"的本体性日日新，又日新，推动着人类的生存、延续和发展。这"日日新，又日新"，也就是突破旧的框架和积淀，突破旧的形式和结构，这就是"超越"。人只有在不断创造和超越中才能前行不辍，停顿就是静寂和死亡。科技将日日新，又日新，人类的生活也将如此。

[1] 参阅拙作《己卯五说》中《说天人新义》等。
[2] 参阅拙作《批判》。

历史本体论之所以不苟同各种反科技的潮流和思想，也在于它确认人类的生存、延续亦即人类的存在，就是通过使用—制造工具的实践活动，掌握"恰到好处"的"度"（即使最初是原始形态的创造石器）而实现的。其后，尽管形态日益复杂，社会结构及其思想意识、精神世界日益取得独立性质，这个本源性的人类存在（Marx 称之为社会存在）仍然是其本根、基础。即使全世界的衣食问题解决，精神生产与物质生产已难区分（例如信息化占据统领地位和在生活中全面实现），也即是所谓人类史前期的结束，科技对人类生存的本根性也仍将持续不变。

概而言之，"实践"作为人类生存-存在的载体，就落实在"度"上。"度"隐藏在技艺中、生活中。它不是理性的逻辑（归纳、演绎）所能推出，因为它首先不是思维而首先是行动。它显示这个本体性的非确定性、非决定性（ontological uncertainty, indetermination），它与美、审美相连，所以也才充分地表现在艺术-诗中：准确又模糊，主客体相同一的感受……如此等等。

你看见那《周易》阴阳图的中线吗？那是曲线而非直线，这即是"度"的图像化。它不仅表明阴阳未可截然二分，表明二者相互依靠相互补足，而且也表明这二者总是在变动不居的行程中。这正好是对"度"的本体性所做的并扩及整个生活、人生、自然、宇宙的图式化。那曲折的中线也就是"度"：阴阳（即动静，见拙作《己卯五说》中《说巫史传统》）在浮沉、变化、对应以至对抗中造成生命的存在和张力。

"度"的恒动性、含混性、张力性也正是今日的后现代状态的人生。它不是理性所能框定的轨道、规则或同一性，它充满不确定、非约定、多中心、偶然性，它是开放、波动、含混而充满感受的。所以，即使把它比拟于 Aristotle 的"中道"（mean），也迥然不同于 Aristotle 以理知思辨为最高最纯的幸福。幸福仍然在感性的"度"中。人不是神。波状曲折的中线作为人的命运所在，正是"度"的本体性的本真实在。

但科技（主要是现代工业化以来的科技）、机器、数字、大生产……由于在资本社会中采取了极端理性化的形式和形态，使工具理性在所有领域内极度延伸和统治，便反而扼杀、堵塞、阻断了这个人的本体性的"度"的本真展示。所以，一方面，科技展现了人类总体的"度"的本体性的存在；另一方面，科技又扼杀着个体的本体存在。于是出现响亮的反科技的呼号。回到根本，回到源头，来重新探索，重新解释，成了今日哲学的要务。对"度"的本体性的确认和检讨，正是如此。

语言缺乏"度"。外交辞令中也许有之，那是因为有关生存利害甚至存亡，必须字斟句酌。归根结底，仍然是为了人（国人或国君）的生存。出此范围，则或言而无信，或言过其实，或大言炎炎，或狂言乱语。总之，由于无直接关乎人的生存－存在，从而无须"度"的严格讲究，语言总是被充分滥用着。孔老夫子早就有感于此，总是告诫弟子要谨言木讷。语言、思想容有深刻的片面，行动、实践却重把握的中庸。

语言必须使用概念（语词），概念本就是使经验、感知、想象固定化、僵硬化的产物。语言只有在具体使用中，亦即词语只有在句子中，句子在上下文中，上下文在整个文本中，文本在特定社会（时空条件）语境中，才能了解或才具有其"意义"。语言是为了使用，它服从于人们日常生活。所谓"服从"，就是说它的使用、变化、生成和消失在根本上依靠于人们的日常生活。后者是本源性的，前者是派生性的。语言需要有非语言的实体作为依靠。这个实体最终只能归结为人的吃饭（生存）问题，亦即"人活着"的问题。这就是语言的先验所指。我写这"人吃饭"、"人活着"，虽也是语言，但与活着、吃饭毕竟并不相等。人吃饭、人活着是活生生的直观的现象和事件，它本身并非语言、言语或文本。没有语言，它仍存在；但没有它的存在，也就没有语言。

各种语言亦即各人类群体（分布于不同地区、不同时期、不同环境条件下）从古至今之所以能够相互交流和沟通，也正因为语言主要是人吃饭、人活着，即人类生存－存在（食衣住行及各种技艺）的经验载体（即语义），是人类生活经验的历史声音。我曾强调人类语言的原始语义由于保存使用—制造工具为特色的生活经验，而区别于其他动物族类的"语言"。工具—"度"毕竟逻辑地优先于语言。也正因为任何时、空的人群都需要吃饭、活、食衣住行，于是不同语言的翻译才有可能，交流沟通才可能。可见，语言并无独立自足的本性。"人活着"只是文本吗？否，"人活着"

并不只是"文本","文本"倒是"人活着"的呈现。其实,盛张语言的 Wittgenstein 和 Heidegger 都指出过语言以生活为本,应该沿着这一方向,继续探寻。

问题是走向何方?

回到禅宗、道家的不可言说或神秘的私人语言?否。它将导向颓废或死的寂静,与"日日新"的"度"的本体性质即人的生存背道而驰。只能走向现实的生活-人生,即更勇敢地面向"人活着"。由于今日科技/权力的语言统治已无远弗届,在解构语言—文本中,人已成为碎片,无家可归。因之,这里要强调,生活-人生所产生的,不只是语言—文本,也不只是随写随抹的文字,而是抹不掉的作为人类历史的积淀实体的文化心理结构。只有"心理"才能成为人所诗意栖居的家园。"人活着"产生出它,它却日渐成为"人活着"的根本。(详见《存在论纲要》)

走出语言,回到根本,我以为,这就是二十一世纪的课题。

## 历史建理性与"以美启真"

"理性"是现代和后现代的重要题目,或肯定之,或否定之。如果说,从中世纪脱身出来至十九世纪的 Kant、Hegel、Comte、Marx 等人,使作为思想主流的理性主义达到顶峰;那么,以 Nietzsche 为代表,Freud、Heidegger 等人的反理性主义也在上世纪后现代主义(Postmodernism)中达到顶峰。

显然,"理性"问题与现代化的进程密切相关。在哲学上,从 Descartes 到 Kant,由理性开道的启蒙将主客二分、普遍必然、价值中立、客观真理树为认识论的基本准则;在伦理学,天赋人权、独立个体、社会契约也成为似乎无须证明的先验准则。所谓具有普遍必然性的理性高踞万物之上,甚至超过人(类)本身,如 Kant 的先验理性,Hegel 的绝对精神。这一直可以算到 Marxism 所讲的"历史必然性"。今日 John Rawls 的公正原则,仍可说是这种理性主义(rationalism)的潮流。理性主义与现代科技的迅速发展,社会组织、科层结构的日益细密,政治制度的工具化等等相互推动和促进,使工具理性主宰、控制着现代人类社会各个方面,而且日益侵入普通日常生活的方方面面。

于是,也就产生了反对这些理性原则的反理性主义和后现代主义。其实,自启蒙时期开始,在各个领域,从经济、政治、文化到文学,就都有与理性主义相对抗、相反对的浪漫主义思潮,从当年文学中的浪漫派到今天的后现代。反理性主义作为理性主义的解毒剂,恰好成为现代化进程和建立、巩固资本社会的必需品。它们相反相成,既相互依赖、相互斗争又相互补充,以共同构成资本社会或现代化进程的思想基础和前进动力,有似中国的阴阳两面。但迄今为止,却又仍然以"阳"(理性主义)占据了主导方面,"阴"(反理性主义)的抨击、对抗、"革命"、"解构",仍然只是造成动态平衡而不能取代"阳"面。理性、理性主义仍然是当今资本世界的主流。

二十世纪科技大发展，食衣住行的普遍改善，寿命的延长，都依靠也证明理性的意义、作用和价值，这很难被后现代所一笔抹杀。尽管相对论、量子力学、熵（热力学）、混沌等等观念似乎与后现代的相对主义、不确定性、约定论相关相似，尽管某些后现代论者将这些自然科学观念或成果硬行拉入后现代的反理性主义范围，尽管科技创造作为心理的自由想象，不能列入理性范围，如此等等，但就任何自然科学和技术工程说，都包括必须经过严格的逻辑推理程序和实验检证过程，其整体仍然是理性和理性主义的。人际世间的现代社会结构、组织、行为、规范等等，亦然。包括好些反理性主义的论说、著作也仍然只能通由理性的秩序和逻辑来表达和宣说。

从而，当被中国学人喜欢引用的 Heidegger 说："唯当我们已经体会到，千百年来被人们颂扬不绝的理性乃是思想的最冥顽的敌人，这时候，思想才能启程。"[1] 当 Wittgenstein 说 "don't think, but look"（别想，只看），以及 Max Weber 等人从社会学对"工具理性"所造成"铁笼"（Iron cage）的揭示，都可说是要求从启蒙以来的理性统治（主客二分，普遍必然，客观规律，本质追求，形上构思……）下解放出来，"走向事物本身"、"走向生活本身"，其实际效果，倒恰好是给予已被理性弄得非常疲惫、紧张、局限的现实人生再一次冲击、解放和充电。这些主要从人文学院发出

---

[1] 转引自汪丁丁：《知识，为信仰留余地（续）》，《读书》2000年第3期。见《林中路》中《尼采的话：上帝死了》一文的结语。

的喧嚣呐喊,通过青年知识群体,通过文学艺术,构成了理性——资本社会整体所急需的精神、心理上的解毒剂。后现代倡导"彼亦一是非,此亦一是非",并无所谓真正的是非,一切不过是在权力下的知识,充满相对性、特殊性;理性主义所倡奉所构造的真理、客观、普遍必然,不过是"假、大、空"的"宏大叙事",只有走向并无达诂的诗意的语言栖居,才能获得真正属于个体自己的存在家园……凡此种种,对个体的精神世界、心灵境地确乎造成了空前的震撼和解放。带着这种解放了的心灵进入机器(科技机器和社会机器)统治秩序的理性世界中的个体,其行为和思想便可以给这个理性秩序以调整、以冲击,却又并不摧毁、打碎这个机器。从浪漫派到后现代的真正意义也许就在这里:不是去摧毁、否弃理性,而是补充、解毒理性,也就是前面我讲的阴阳[1]。

后现代作为对现代的反思、补充、解毒,始终处于次要而必要的地位,可以作为今天社会发展的某种新动力。但是,一旦反理性主义成了主导方面,影响、控制整个社会的物质统治时,便必然走向纳粹、"文革"等等。理性在这里也仍然是工具,如纳粹杀人的高效率性,"文革"时煽动情感的理性理论,等等。我已多次说过,将后

---

[1] 后现代在二十世纪七十年代以来蓬勃昌盛,与1968年法国学生运动失败后,由"社会造反"退到"书斋造反"(语言领域里的颠覆)大概有关。它貌似激进地否定理性、整体、一致、"宏大叙事",实际上是由群众性宏大社会革命走向专业改良(原专业领域内的"造反"),恰好成了资本社会在其发展进程中所需要甚至必需的补充品和"解毒剂"。最近Richard Rorty所猛烈批评书院里的"文化左派"与社会运动无关,也说明了以学院"文化左派"为代表和标志的后现代非理性主义作为资本社会的装饰和补充的方面。

现代观念搬进目前大部分地区、情况尚处在工具理性远未成熟的前现代状况的中国，需要特别小心。我以为，应该在输入强调"颠覆"的后现代理论中注重"重建"问题。不能一谈"建设"就陡然色变，好像任何设立新规范就是重新再用绳索来捆绑个人。

理性本只是生活的工具，那么，生活本身是理性抑或反理性的呢？

生活，如同语言，既非理性，也非反理性，它只是非理性（nonrational）。[1] 所谓"非理性"，是指它只是某种合理性（reasonableness）、可理解性（understandingable），而不是与 the world of ideas（理式世界）、th eabsolute spirit（绝对精神）、transcendental reason（先验理性）相联系的理性（rationality），即不能把生活、现实、人生、语言归结为超验、先验或既定的范畴、程序、结构、逻辑。恰好相反，一切既定的程序、结构、逻辑以及语言、思维都是从这个"合理性"的活生生的经验生活中涌现和产生出来的。理性只是作为生活的"工具"即第二性的存在，才享有其价值和意义。将它置于生活之上，便是本末颠倒，头足倒置。Hegel 所谓辩证逻辑和绝对精神有此谬误，Plato 的理式世界、Kant 的先验理性、Husserl 的纯粹意识，也有同样或类似问题。

在这一意义上，有如 Hayek 所强调，理性产生于历史，历史是理性之母，how 产生 what（"如何做"产生"是什么"），这就可以与我先前反复申说的中国"实用理性"相衔接（见《论语今读》等书）。"实用理

---

[1] 参阅 Wittgenstein, *On Certainty*, §559。

性"恰恰是将理性作为现实生活的工具来定位理性，重视的是功能（function）而不是实体（substance），也从不把理性悬之过高，作为主宰。这也有如 Hayek 所认为，行动乃智慧之母，行动中的尝试—错误的经验创造，最为根本，它所达到的未可预计的革新，便正是某种改善、改进和改良。所以，我一开始就指明"实用理性"与实用主义（pragmatism）有相契合处。从而，中国的 Being 也就不是那具带神秘、难以捉摸知晓的"是"（存在），而只是与自然、宇宙相关联的人类总体的生活进程本身。

我也指出"实用理性"与实用主义又仍然不同。由于"巫史传统"，尽管一方面强调"用"即"体"，"过程"即"实在"，工夫即本体，毋须发展出对象化的存在设定（客观性的人格神或物质世界或自然律 the law of nature），也毋须发展出一整套主观的逻辑范畴即先验理性，从而有与实用主义契合相通处；但另一方面，也由于这个"巫史传统"，"实用理性"仍然设立了虽由人道上升却要求"普遍必然"的"客观"天道（而不像实用主义者从不设定这些客体对象），以作为自己行为的信仰和情感的依托。中国"实用理性"并不直接以"有用与否"作为真理标准，所以它才有"正其谊不谋其利，明其道不计其功"的宣言。中国实用理性是以人可以参与的"客观"天道为最终法则。这样，它既不等于实用主义，又不等于实在主义（realism）。但既可包容前者，也可包容后者。

这样，也就到了我在《批判》一书中再三说的"客观社会性"。

《批判》一书解说 Kant 的理性主义的"普遍必然性"时，一律把它归结为"客观社会性"。

从时、空开始，《批判》把各种 Kant 所谓的先验的"普遍必然性"作了人类学的历史解释，即解释它们是人类生存所必须具有"客观社会性"的合理性，认为这种对个体来说的"先验理性"，实际是合理性经由历史积淀而成的心理形式，并通过广义的教育传递给后代。它们只是工具，是人类通过实践而历史地构建出来的。可见，所谓"历史"在这里有两层含义：一是相对性、独特性，即"历史"是指事物在特定的时空、环境、条件下的产物（发生或出现）；一是绝对性、积累性，指事物是人类实践经验及其意识、思维的不断的承继、生成。人是历史的产儿，同时具有这两个方面的内容。传统的马克思主义更着重前一方面，我更注重后一方面。因为后一方面（历史的积累性、绝对性）正关乎人类的本体存在。人类通过其各地区、各种族、各文化传统亿万个体成员的有限性、相对性、独特性来获取其积累性、必然性和普遍性。人类因之而对个体成员提供历史创造者的必要的前提和条件，任何个体的创造性、独特性都是站立在这块人类历史的基地上而不断开拓和升高的。

不仅在物质生产，如工具改进和发明，生产结构和组织的演变和进化是如此；而且在精神领域，亦然。这精神领域也不仅是已经物态化了的文化成果，如文学艺术、理论学说等等；而且也包括当下活生生的思维、意识、智慧亦即整个心理本身。所谓"普遍必然性"其实就是历史的客观社会性,它不越出人类活动、思维范围,包括对宇宙、自然的研究,也以观察者或经验的人为其不可或缺的要素或方面。理性是历史地建立起来的。理性的基础是**合理性**。"实用理性"正是合理性的哲学概括,它是对先验思辨理性的否定。它强调的正是相对性、不确定性、非客观性,但又不是相对主义。因为,第一,它毕竟建立在"人活着"——吃饭哲学这一绝对准则的基础之上。第二,它仍然认为,由这种相对性、非确定性、非客观性,经由积累,却建立了人类共同适用从而被一致遵守的"客观社会性",即所谓"普遍必然性"。

重复一次:不是先验的、僵硬不变的绝对的理性(rationality),而是历史建立起来的、与经验相关的合理性(reasonableness),这就是中国传统的"实用理性",它即是历史理性。因为这个理性依附于人类历史(亦即人类群体的现实生存、生活、生命的时间过程)而产生,而成长,而演变推移,具有足够的灵活的"度"。例如,中国传统并不重视与现实功利无关的抽象思辨及逻辑形式,但当现代科技证实这种抽象思辨和逻辑形式对人类生存和现实生活的重要性时,实用理性便可以毫无扦格地接受容纳。今天以实用理性为传统的中国人正在抽象思辨领域、理论科学领域开始显示才能。素无契约论传统的中国人也相当自然地接受现代生活的契约论原则。"实用理性"不以自身为自足的最高鹄的,相反,它清晰地表明自己作为人类生存的工具性能:在实用中证实理性对于人类生存确乎是有用的和有益的。"实用理性"不是先验的理性,也不是反理性，它只是非理性的生活中的实用合理性。它是由历史所建构的。正如 Einstein 所说："关于对自然界作严格因果解释的假设，并不是起源于人类精神，它是人类理智长期适应的结果。""这种需要（指因果律必然性——引者）无疑是在文化发展过程中所获得的理性经验的产物。"[1]

如果讲十九世纪哲学常以 sense-data 作出发点，二十世纪哲学围绕语言而旋转，那么二十一世纪，我希望实践－生活中的"历史的人"将成为核心。理性、反理性、合理性，都将由"历史的人"来裁决其意义、价值和地位[2]。

所谓"以美启真"也即是认知对偶然性的开放。如我已不断提示，"实用理性"可以与后现代某些合理部分相衔接来重建理性。

以反理性为根本特征，后现代强调不可通约、不可比较、不确定、非逻辑、独特性、差异性、碎片、多元、混沌等等，反对理性或现代性的普遍、必然、客观、中立（价值）、秩序、中心、确定、封闭、统一、整体，也就是反对任何具有本质主义的趋向或因素。

"实用理性"恰恰由于不设定客观对象，它不存在 What 问题，它不提出 Being 问题，它只有 Becoming 即过程、运动、功能。它无先验（或超验），无核心，无实体，

---

[1] A. Einstein：《物理学的基本概念及其最近的变化》，见《爱因斯坦文集》第 I 卷，许良英、范岱年译，北京：商务印书馆，1976 年，第 234 页。
[2] 本节或可与 John Dewey, *The Quest for Certainty* 同读，其异同、关系容后申论。

也就无本质。从而它不可能推崇理性至上。"实用理性"实际乃含认识与信仰、理知与情感于一身，常常不去做严格的辨识区分。它确乎混沌，也不甚确定，但又仍然不离开人类实践和生存，主体性的实用功能非常突出。可见，后现代的反本质主义、反"客观"真理、反二分法、反普遍必然、反价值中立等等，都在一定意义上可以与"实用理性"相沟通相衔接。但"实用理性"又并不会等同于后现代的这些观念。如前所说，实用理性仍然承认理性的许多范畴、方法、标准的有用性，包括"二分法"、"宏大叙事"、"本质主义"等等，而不会像"后现代"那样与理性对着干。例如"二分法"，它本来就是人类创造出来以处理实践行为（如我再三举例的"红灯停，绿灯走"）以及思维方式（如形式逻辑、因果范畴），它们至今仍大有用途。所以，"实用理性"不会同意后现代的肆意解构、摧毁、否定理性，而是把理性搁置在一定的范围、意义、领域中并充分使用之，同时又非常注意其负面效应（如僵硬化、机械化、绝对化等等）。

后现代的反理性造反的一个主要对象是理性决定论。与决定论相对立的就是自由。何谓"自由"？

自由对理性主义者如 Hegel 言，是对必然的认识。沿此线索，对马克思主义而言，自由是对必然的认识而实践，都是以知（认识）的自由为行（精神的行或物质的行）的自由的前提。在这里，自由虽可以属于物质实践的行，但毕竟以理性的"知"为前提条件。它突出的是知行问题的必然性。但对经验主义者如 Hayek 言，自由是人具有"尝试—错误"这种行动的权利。它不是以知而是以无知为前提。自由在这里是一种非理性认识的行动现实性。这里突出了由行动所自发产生的发现发明的不可预料性，即偶然性。另外，还有一种"自由"观，认为"自由"是从一切束缚解放出来，做一切自己想要做的。如 J. Bentham 说，任何法律均罪恶，因为它反自由。这种自由观在逻辑上也可以算作 Hayek 的极度延伸，尽管 Bentham 比 Hayek 早。不过这一延伸却成了幼稚加荒谬。

遵循 Hegel 和 Marx，将"自由"规定为认识必然或认识必然而行动，显然过于机械、理性，容易走入决定论。将"自由"规定为不可预计的"尝试—错误"则太盲目，太随意，实际乃自发论（Hayek 本来就强调"自发秩序"）。但后者重视偶然性与前者重视必然性，在"实用理性"里，刚好可以相互补足。

这个相互补足的具体论点，就是我以前讲过的"以美启真"，即自由直观。它包含知性而大于知性，它是大于知性概念的想象力活动。禅宗说可解而不可解，Kant《判断力批判》说"无目的的目的性"。前者由于是宗教，更倾向于不可解的神秘；后者因为是哲学，更倾向于可解的理性。前者更就个人体验说，后者更就人类成果说。其实二者都相当接近于我所讲的"以美启真"的自由直观，它是思维的原创性契机（creative moment）或源泉（source）。

Darwin 指出，自然界的竞争，并无必然法则（law）可寻，关键正在个体偶发，是个体的自发变异开放着进化的必然。个体为适应环境所作的奋斗、努力,可以造成种类的革新和延续。在人类,亦然。个体所具有的意识(包括无意识)的这种偶然性和自发性,正是包含情感、想象在内的合理性,而与审美相通。它可以表现为灵感、顿悟种种形态,而与以概念、范畴为形态的理性认知相区别。"以美启真",正是这种领悟、感受、体验和把握,而非普遍、抽象的认识和理解。"以美启真"可以成为对个体独特性的开发,亦即对人的自发性、偶然性的开放,这即是自由。尽管个体是历史的儿女,心理是文化积淀的产物,但由于个体因先天、后天的不同,从而所积淀的文化成果也有巨大差异,这种由个体承担的偶然性,便极具个别性、差异性、独特性、具体性和多元性,成为实践操作活动中和认识思维领域中创造性的真正源泉和动力。个体存在的价值在这个认识论中也鲜明地凸显出来。如以后还要讲到,此在时间的主体性是这偶然的创发性。关键在"此",这个独一无二的此时此刻与世界、与自然、与他人相连的存在。这个存在既是客观的历史成果,又是主观孤独的处境,更是向前原创的基地。只有它,能超越那普遍必然的客观社会性,不断开创出自己(扩而及于群体——人类)的自由天地。

(摘自《历史本体论》)

# 实用理性的逻辑（2004）

## 度的操作本性

### （一）操作建构与理性内化

需要对少数几个基本概念做点说明。首先，何谓"实用理性"（pragmatic reason）？如《历史本体论》所表明，实用理性乃"经验合理性"（empirical reasonableness）的概括或提升。历史本体论认为，人类经验来于"实践"。因之，何谓"实践"？

如《批判》所强调，人类最根本最基础的"实践"是使用—制造物质工具的劳动操作活动，亦即社会生产活动。人以此作为基础区别于其他动物，形成不同于任何其他动物群体的社会语言、秩序、组织和各种物化以及物态化的产物或符号，如仪式、文字、艺术等等，我统称之曰"人文"（human culture）。与之相应，由此文化积淀而成心理的结构形式，我统称之曰"人性"（human nature）。《批判》强调"实践"概念这一基础含义，以区别于其他各派实践论,认为立足于这个基础含义的实践论是 Karl Marx 唯物史观的根本内核,并以为只有在这个基础含义上,才可能产生和包容其他层面的实践概念。

可见,"实践"概念至少需分出狭义的和广义的两种(《批判》曾区分 practice 和 praxis)。狭义即指上述基础含义,广义则包容宽泛,从生产活动中的发号施令、语言交流以及各种符号操作,到日常生活中种种行为活动,它几乎相等于人的全部感性活动和感性人的全部活动,其中还可分出好几个层次。而狭义、广义之分只是一种"理想型"的理论区分,在现实中,二者经常纠缠交织在一起。物质操作与符号操作、物化劳动与物态化劳动、物质活动与精神活动,便经常难以截然二分。今日技术与科学、生产力与科技的交织,更说明着这一点。同样,"实践"本是人类独有的超生物性的行为活动,但人作为动物族类有生物性的活动和需要,如吃饭、性交、睡觉、群体中的交往等等,因此在很大的一部分的人类实践活动中,超生物性与生物性也是经常渗透、重叠、错综、交织在一起的。因此,这狭义、广义的区分,只有哲学视角的意义。《批判》之所以强调实践的基础含义(狭义),是为了强调人类主要依靠物质生产活动而维系生存,其他包括语言交流、科学艺术、宗教祈祷等等广义的实践活动,都以这个基础为前提,如此而已。

作为实用理性内核的"经验合理性",也首先产生在这种狭义的实践基础之上。"合理性"亦即"理性"(rationality),它来自拉丁文 ratio，有计算（recking）意，与希腊文的 Logos 粗略相当。但"理性"一词究竟指什么，长久以来，却蔓生出许多说法和理论。最广泛也最含混的用法，是指人所特有的思维、理解、认识、推论的能力、规律、法则，而大多与逻辑（logic）相关。

"逻辑"是什么？Webster 词典说："逻辑或逻辑学是有关推论和证明的有效性原则和标准的科学，是推理形式原则的科学。"但如同"理性"一样，"逻辑"一词也被最含混地使用着，从方法论（如 John Dewey 的"探求理论"the theory of inquiry）到现代数理逻辑（mathematical logic）。而作为学科，追本溯源，则要归结到古希腊由 Aristotle 整理出来的有关推理原则的形式逻辑（formal logic）。

形式逻辑是一种"百姓日用而不知"具有人类普遍性的思维准则。它的基本原则是同一律（A=A）和矛盾律（A ≠ Ā）。关于形式逻辑这一基本原则从何而来，它的"基础"或"根源"是什么，二十世纪五十年代中国哲学界曾有过激烈辩论。主要有两种意见，《批判》曾经评述：

> 在形式逻辑基本规律的争论中，一派主张它们只是思维、语言的天生本性，另一派主张它们是客观世界的相对稳定性的反映。前一派是唯心主义，后一派是静观的唯物主义。我认为，客观世界的相对稳定性只有通过实践活动本身所要求的相对稳定性，才可能反映为思维的基本规律。缺少这个能

动的中介，不可能理解作为思维形式和结构的形式逻辑基本规律是如何得来的。至于实践要求的相对稳定性终于变为思维规律，又得经过某种整体的原始社会意识形态的狂热活动（如礼仪巫术）才可能固定和形成起来。这一点甚为重要，是应该深入研究的。[1]

所谓"实践活动本身所要求的相对稳定性"，也即是人类为维系生存－生活－生命所要求实践操作活动所必须具有的最基本的秩序和规范。我以为，这就是形式逻辑的根源。在《批判》中，我曾把形式逻辑的矛盾律解说为"这样做便不不这样做"的操作－活动规范的秩序。它通由群体的伦理命令而实现，最终才积淀内化为"理性"的语法规则和思维规律[2]。所以，拙作主体性《第四提纲》强调"先有伦理，后有认识"，"认识规则（语法、逻辑）是从伦理律令中分化演变出来的，这一点至为重要"。这都是指明，人类的认识规则，不仅离不开，而且来源于群体的活动和秩序。拙作《历史本体论》一书强调造成实践操作成功的"度"，首先需要在感性活动中建立起和整理出一个秩序的世界或世界的秩序。这个秩序首先不是由头脑思辨所进行的知性把握，而是由人类肢体活动所构建的感性操作的把握。人类通由实践操作在感性世界中所建立的这种形式规范和秩序结构即人类的"操作建构"，使"度"的本体

---

[1] 拙作《批判》第2章第6节。
[2] Nietzsche 把它说成生物学的人的"主观强制性"和"命令"，并提入存在层面，与本文恰相反对。

性得以成立并具有"普遍必然性"。这一普遍必然性，正如《批判》所说，乃是人类实践活动的"客观社会性"或"社会客观性"(social objectivity)[1]的展现。这种普遍性和客观性虽经由各不相同的特殊的文化、语言（从不同的巫术礼仪到不同的符号文字）而保存、承继、延续，但其理性内化的形式，即其操作—思辨的纯粹形式，却又是共同的、（人类）普遍的、客观的，这是因为人类最原始的操作—活动建构基本上是相同的。它们的理性内化的符号系统便是逻辑和数学。

《批判》是在讨论Kant哲学时，提出这一关于逻辑、数学亦即人类理性的来源和"本性"的看法（见《批判》第二章第6节"关于数学的本质"）。但二十余年来，一直无人注意，至今，我仍然认为，尽管论证尚需细密和深入，但其基本看法甚为重要。它说明了作为人类特有的理性工具的逻辑和数学来源于操作建构百万年以上的历史积累和理性内化。它是人类得以生存的实用理性的"度"的本体性的成果展现。

## （二）中国传统的缺失

从《批判》到《历史本体论》，一直强调经由历史积淀所产生的人的这种能动性，这种能动性集中表现和充分发展在数学和逻辑上。这个实践操作活动的感性抽象物，构成了一个可以脱离开现实事物和

[1] 此二词相等同。前者产生在上世纪五十年代美学大讨论中，因区别于朱光潜的"主观（意识形态、心理情感）社会性"而提出"客观社会性"，其意即是"社会客观性"。

实际世界，而自行繁殖衍生的符号系统的世界。这个世界所具有的可能性和"神秘"力量，足以令人惊叹。之所以说神秘，因为像无理数之类的发明，作为纯粹智力想象的建构，却可以普遍应用于现实世界而产生实际效用。它们这种似乎不依存于现实世界所展示的非现实的逻辑可能性，却保障着人类在现实世界的实践—操作—生产（科技）中的实际可能性的不断生成。它似乎显示出一种超经验的语言，这实际正是 Pythagoras 的数的宇宙、Plato 的理式世界和 Kant 的"先验"主义的来由。而中国传统实用理性的最大缺陷和弱点就在于，对这一实践操作本性的感性抽象的意义和力量缺乏足够认识和充分发展。这也是中国缺乏高度抽象思辨的纯粹哲学的重要原因。如我以前多次指出，中国有技艺，无科学[1]。中国文化由于过分强调"理论联系实际"，没有也不能产生 Euclid 几何学和 Pythagoras。中国传统实用理性过于重视现实的可能性，**轻视逻辑的可能性**，从而经常轻视和贬低"无用"的抽象思维。"雄辩"如孟子，常常违反形式逻辑[2]，仅以气势（情感力量）逼人；清醒如荀子，也以无实用价值而反对名家[3]；道家强调的恰恰是逻辑悖论式的辩证观念[4]；法家如韩非着重的更是现实功能的"逻辑"[5]。从孔子起，重视的都是"名"（概念）与"实"（现实）的关系，是"必也正名乎"，而不是"名"自身独立发展的价值；而其根由则在于，天人不分的巫史传统，没有可能从独立

---

[1] 参阅拙作《中国古代思想史论》。
[2] 崇孟的牟宗三也指出了这一点，参见他的《圆善论》。
[3][4][5] 参阅拙作《中国古代思想史论》。

科学基础上发展出高度抽象的"先验"观念和思维方法。这使得中国人的心智和语言长期沉溺在人事经验、现实成败的具体关系的思考和论理上,不能创造出理论上的抽象的逻辑演绎系统和归纳方法(墨辩略有而失传)。汉语缺少抽象词汇,哲学缺少形而上学,思维缺少抽象力度,说话作文不遵守形式逻辑,计算推演不重视公理系统。中国很少有哲人能够发表"通过逻辑完美的认识,内在价值是不能以应用外在价值所能比拟的"[1]之类的论说,未能重视抽象思辨所获得逻辑真理和认识愉快,远比物质效用和实际利益更为重要。凡此种种,都是由于未认识符号操作乃实践操作的伟大提升、延伸和扩大,未认识摆脱了人体肢体活动的物质操作局限性所可能获得的潜在的逻辑可能性。正是这一"未认识",不仅使理论而且使实际即人的物质实践本身也受到了极大的束缚和阻挠,从而缺乏对独立于社会规则的自然律(Law of Nature)的深入追寻,未能发展出以高度抽象思辨为基础的现代科学。今日提出"实用理性",应该对自己这一传统进行必要的自我审视和批判。百年以来,经由西方科技洗礼之后,现代汉语已输入大量抽象词汇,中小学教育设立了数学和逻辑,大众文学开始生产有益于锻炼推理能力的侦探小说而非一味发扬想象—情感的武侠小说。"实用理性"正在从心理上加强中国人的思维力量,使这力量不仅如古代那样表现在技艺发明中,而且也能表现在极端抽象的符号思考中。传统经过挑战而革新,恰好符合"实用理性"并非先验理性而是"经验合理

[1] Kant, *Logic*.

性"的概括提升的"本性"。历史本体论从人类学（即整个人类文明）的哲学视角出发对"实用理性"所提出的界定，便已预设了这一"日日新"的含义。中国人完全能够适应抽象思维、逻辑训练[1]，进行现代科技的发现发明。只是对一个已有数千年传统的文化心理结构的巨大群体来说，这种心智习惯的改革更新，亦即理性内化中这一文化心理积淀过程的打破和重组，需要自觉性，也需要相当的岁月时日。

## （三）John Dewey 的工具主义

这里，想把实用理性（Pragmatic Reason）与实用主义（Pragmatism）联结起来。《批判》一书提到了实用主义和 John Dewey，由于当时政治环境，更多强调了 Dewey 与马克思主义的差别或对立，其实，《批判》所想指出的更是 Dewey 与 Marx 的近似：同样从 Hegel 的理性主义脱身出来，走向了日常生活的经验和实践。尽管 Dewey 本人坚持反对马克思主义，但 Dewey 的工具主义理论或如他所自称的"实验经验主义"（experimental empiricism），我以为，却恰好可以看作是 Karl Marx 唯物史观的实践观念非常重要的具体开展和补充。Dewey 细致地论说了人类操作活动对认识的基础地位和关键作用。他反对心灵实体的唯心主义和旧唯物主义（他称之为"经

---

[1] 严复在二十世纪初首先在中国讲授逻辑学，当时士大夫虽"闻所未闻"，却争相听讲，盛况空前。这有如三百年前明末徐光启等人接受和翻译《几何原本》一样，都显示实用理性有克服自己缺失的可能。

验主义"或"感觉经验主义",即从感觉材料出发的经验主义和实在论)。他否认任何精神的实体存在,认为人的一切概念、思维均起源于人的操作活动。他强调理性绝非本体而只是工具,只是因为在劳动操作的社会实践中,"出现了不停地敲、削、切、锤"等等,以及它的节奏、尺度,才使人类将一个无秩序和不稳定的生存状态转换改造成一个可控制和有秩序的生活世界。一切符号演算,如数学,都由此出。有如他所反复申说:"人的实际经验,就是采取动作,从事操作、切割、区划、分隔、扩展、穿刺、结合、堆聚、交混、贮存和分派。总之,选择和调整事物,作为手段以达到结果。"[1] 正是在这种种的动作操作中,产生出人类所特有的抽象概念和符号系统,例如数学。Dewey 不断指出,在实际的具体操作中包含或隐藏着基本数学观念,如相等、顺序、总和、同位、换位等等,从而创造符号使这些概念变得明显。Dewey 说,"木匠和石匠如果没有这种即便是粗糙的估量大小和重量的办法,就没法进行工作……计算和测量的根源在于这种处理的经济和有效,其结果表现为物理工具如最初刻痕、划划、结绳,后来表现为形象和图表。"[2] 这些数学和逻辑,如 Dewey 所强调,"并不是存在(Being)的形态,而是思考事物的方式。这样,它们之间的连接便从经验的固定状态中解脱出来……"[3] 从而可以应用于远远超出实际操作活动的广阔天地,并且可以提示着事物间许多新的关系。Dewey 完全正确地指

[1] John Dewey, *The Quest for Certainty*, p. 156, New York, 1929.
[2] 同上。
[3] 同上。

出过去"经验主义解释数学观念的失败,就在于它不能把数学观念和从事动作联结起来",而"要求数学发展如同一门科学,要求观念的逻辑发展,亦即操作自身的隐含关系的展开……就要把操作不当作达到特定的某些特殊用途的手段,而注意操作本身"[1]。"数字不管性质差别是大家熟知的事实。这种不管是处理不同于实际行为的抽象中可能操作所做符号建构的结果"[2],这即是说,"操作本身"可以从各种特定的具体的活动情境下抽离出来,成为符号的操作(演算)系统。这种"操作本身"的抽象化的符号系统,就是数学和逻辑。它们是人所特有的理智力量(intellectual force)。

Dewey 强调的这两点与前述我的看法几乎完全相同。即第一,劳动操作活动是人类经验的根本内容和基础;第二,符号运作包括数学演算是从这个基础(操作活动)中提取、抽象而成,却具有脱离一切特殊经验的独立性。这也就是我所讲的操作建构的"理性内化"。Dewey 讲的人所特有的这种"理智力量",也就是我所讲的"经验合理性"和"历史建理性",即认为"理性"不是先验或先天生成的,而是后天经验特别是劳动操作的实践产物。它是由使用—制造工具的物质操作活动,通过转换为独立的(脱离特定的操作和情境的)符号运算,再内化为思维规则的。这是一个操作—符号—心理的人的理性认知能力的塑建过程。这种理性认知能力是"人

---

[1] John Dewey, *The Quest for Certainty*, p. 156, New York, 1929.

[2] 同上。

性"（human nature）的一个重要组成部分。Dewey 只是从人们经验技艺的角度，其实更应该从人类历史宏观的角度来考察、讨论这一问题。如我以前反复申说，就人类说，它是历史的成果；就个体说，它是教育的成果。数学和逻辑，作为这种由人类实践操作秩序所提升的理知力量的代表，这种虽从"经验合理性"所提升，却具有"放之四海皆准"的普遍必然性，正是人类的骄傲。就其整体说，它是人类存在和"度"的本体性的伟大证明。

## 度的辩证智慧

### （一）由操作层到存在层

这里没法细说 John Dewey，而只是指出，实用理性的逻辑学，如同 Dewey 一样，认为思维规则和数学系统的根源是操作活动，同时都坚决反对将这些操作——思维规则作任何实体化。但是，从希腊 Parmenides 和 Aristotle 以来，便一直有着"思维和对象（存在）是同一的"思想，即将思维与存在、认识与本体相等同。欧洲中世纪产生了理性本体论、理性宇宙论、理性心理学等等将思维实体化的形而上学。虽经 Kant 极力批驳，但 Hegel 以"历史与逻辑相统一"、"绝对精神外化"等形态又重新将思维实体化，把本来作为工具的"经验合理性"再次宣布为先验的理性（或绝对精神）。有如 Hegel 自己所说，"按照 Kant 的说法，思想虽说有普遍性和必然性范畴，但只是我们的思想，而与物自体间却有一个无法逾越的鸿沟隔开着。与此相反，思想的真正客观性应该是：思想不仅是我们的思想，同时又是事物的自身，或对象性的东西本质"[1]。于是，逻辑作为"研究思想、思想的形式和法则的科学"[2]，变成了研究客观世界（自然和人类）并君临一切科学的科学。Hegel 由逻辑学演绎出一整套关于自然、社会、精神各个领域的百科全书式的辩证规律和法则。

到马克思主义，更是这样。Lenin 说："逻辑不是关于思维外在形式的学问，而是关于一切物质的、自然的及精神的事物的发展规律的学问。即关于世界的全部具体内容及其认识之发展规律的学问。"[3] 这最典型和最充分地表达了传统马克思主义的基本观念：把思维的规律和存在的规律混为一谈。上章第一节所评述的那种认为形式逻辑的规律和本性来自客观世界，便正是既把操作层和存在层混为一谈，又把人的认知建构与外在对象混为一谈。而无论是 Engels "对立统一"、"质量互变"、"否定之否定"三原理或 Stalin 的"四原理"（"三原理"再加上"普遍的相互联系"）或毛泽东的"一原理"（对立统一或否定辩证法），都被确定不仅是思维而且主要是存在（人与自然的实体）的"规律"。从 Hegel 到马克思主义的"逻辑与历史一致"、"思维与存在同一"，使本属于思维领域的理知力量做了恶性膨胀，成了一种或精神（Hegel 的"绝对理念"）或物质（马克思主义的"必

[1] Hegel:《小逻辑》§41，贺麟译，北京：三联书店，1954 年。
[2] 同上，§19，第 74 页。
[3] Lenin,《黑格尔〈逻辑学〉一书摘要》，中译本，解放社，1950 年，第 38 页。

然性")的实体力量的展现。它脱离了为 Kant 所极端重视的现实经验,造成了有如 Kant 批判中世纪神学理念的"超经验的运用",将主观的辩证认知当成客观事物的"必然规律",制造了灾难无穷的"先验幻相"。

"实用理性"今日明确认为,无论是形式逻辑或辩证法都只是人类处理事物的方法,而并非事物或对象本身的性质,即它们不能实体化、存在化。

在重视和强调实践操作活动作为人类经验和一切理性规则的根基和内涵上,在反对理性实体化或"先验理性"基本观点上,历史本体论的实用理性与 Dewey 的实用主义、工具主义相当一致。实用理性之不同于实用主义和 Dewey,在于前者在肯定上述前提下,又非常重视和强调历史的积累,即历史本体论以积淀说重视和强调历史的积累性,特别重视和强调文化积淀为心理,形成了人的各种区别于其他动物族类的智慧和感性,认为这是"人性能力"的形成。对 Dewey 说,将一个无秩序、不确定的世界(情境 Situation)改变为一个可控制、有稳定秩序的确定的世界,这就是一切。逻辑和审美、科学和艺术都服务于这一目的;此外,肯定任何独立的客观实体的存在,无论它是物质、精神、理性、心灵,都是没有意义和难以承认的。"知"就是"行";实践操作便是一切。对历史本体论说,实践操作经由历史构建出来了一个不同于其他动物族类的"人化自然":它包括外在的物质文明(人文)和内在的精神文明(人性)。上述的数学、逻辑便属于后者。它们是由操作活动所提升、积累而成为人的一种能力。因之"知"不能完全归结于"行"或全等于"行"。由历史积累沉淀而成的文化心理结构是某种人类所特有的存在形式。它是内在的人化自然，即在自然生理－心理基础上由文化积淀而生成的人性形式。它不止于逻辑和数学，也包括其他认知范畴（如辩证法），以及道德意志、审美需要等等。

简单说来，历史本体论认为，Dewey 的缺失是尽管他强调揭示了数学、逻辑脱离特定经验的独立发展，但仍然没能从哲学上充分重视作为历史积累的心理成果。他未重视人与自然的实践关系通由操作已构成了一套貌似先验的认知规范形式。尽管 Dewey 强调了符号操作脱离劳动操作的独立特征，但重视的仍然是它们在根源上与操作的相关性质，而忽视了它们可以成为"延缓反应"的心理形式。所以 Dewey 的"实验室的逻辑"不能替代或等同于由历史（文化）到心理的实用理性的逻辑。Dewey 强调了人的操作层面，忽视了人的文化心理的存在层面，并以前者来囊括甚至代替后者。Dewey 以实践操作和群体关系为极致和一切，忽视了个体存在及其心理形式（人性能力）。这从哲学上说，便是人失去了自身，成了生物适应环境的机器。Richard Rorty 说，实用主义"既不够硬（对无神论者而言）"，"也不够软（对审美主义者而言）"。"处于 Tillich 和 Carnap 之间，已被压碎。"[1] 二十世纪三十年代后，Dewey 这位最具美国精神的哲人在美国本土上只好让位于欧洲

---

[1] Alan Ryan, *John Dewey and the High Tide of American Liberalism* p. 352, NY, Norton Company, 1995.

大陆来的既硬且软的 Wittgenstein。

今天，本文主张复活 Dewey，补救他的缺失，并把他与 Marx 和改造了的中国传统接连融合起来。这样，就要回到实用理性的第一范畴"度"。因为"度"的本体性不仅展现在上述从感性实践抽象提取的逻辑、数学的认知力量上，而且也展现在经由历史积累在不同文化中所构建的辩证范畴上。前者是关于人类自身的实践操作，后者却涉及人类与对象（客体）的整体层面。实用理性不停留在 Dewey 对生存情境（situation）的确定、处理、解决这一主体实践操作的层面，而且要进入由人类历史所积累形成的对世界（自然与社会）的整体把握层面。所以实用理性不是"实验经验主义"或"实验室的逻辑"，而是人的历史存在的逻辑。它不属于实用主义，而属于人类学本体论。

人的生存－生活－生命的本体存在，根本上已超出生物学或生物性的适应、对付环境的活动，经由人类语言，从历史产生的超生物性的族类生存结构对世界整体所产生的理性认知范畴，已与肢体物质操作活动及其抽象化提升的符号系统和心理结构拉开了距离，它是人类智慧的另一层面。它虽在最终根源上仍与实践有关，但已包含大量对人类社会关系和对外在自然世界所做的各种静观观察和人际经验传承。它不再是数学和逻辑，而成为所谓存在观念。由 Kant 明确提出，由 Hegel 集大成而系统化，再被许多马克思主义者所误造滥用的所谓"辩证法"或"辩证逻辑"，便属于这一层面。它虽然并不是客观事物或世界的性能、法则、结构或"逻辑",而仍然只是人的理性认知工具,但它已不是与人类实践的操作层相关联,而是与人类生活-生存-生命的存在层,从而也就与整个世界(人类社会和自然界)相关联。在操作层,一定意义上可以说"知"(认识)即"行"(实践)。在存在层,"知"与"行"的关系远为间接。操作层的数学特征和所重视的,是无限的逻辑可能性;存在层辩证法特征和所重视的,是有限的现实可能性。

Dewey 并不是不知道而只是轻视了这一层面,或者说将这两个层面混为一谈。Dewey 轻视了并非所有认识概念或范畴均可以从操作活动中得出,也不是一切认知概念或范畴均可归结于操作活动。"实验室的逻辑"并不适用于人类全部经验。如前所说,从哲学上,Dewey 忽视了由于人作为超生物的族类在本体存在方面所积累的历史,使人的认知不同于生物适应环境的活动,也不能等同于现代科学的实验室的操作。所以,历史本体论的实用理性所讲的 $A \neq A\pm$(即"度")之不同于 $A=A$、$A \neq \bar{A}$,是因为二者不在一个层面上。$A \neq \bar{A}$、$A=A$ 是由操作命令而内化为思维和语言的同一律规则。$A \neq A\pm$(度)在实践操作层面虽仍需遵循 $A=A$、$A \neq \bar{A}$ 才能进行,但它**之所以不同于 $A \neq \bar{A}$,在于它指示的是这一实践操作取得成功(达到目的)的现实可能性**。只是 $A=A$、$A \neq \bar{A}$,并不一定成功,它只是实践操作规则。$A \neq A\pm$,是遵守 $A=A$、$A \neq \bar{A}$ 的操作活动而取得成功(达到目的)所需要的必要条件和充分条件。因之,它涉及的是维系人的生存-

生活-生命的本体实在，是对这一实在的确认和见证。而某一 A=A 或 A≠Ā 却与成功与否从而可以与人的生存或本体存在无关。可见，**A≠A±（度）的范畴所涉及的，远不只是主体操作活动，而且也设定一个实体世界的存在**。A≠A± 不能通由伦理命令成为思维规则，而只能是由不断地尝试错误的操作实践中逐渐涌现出来。所以，它成为人类通过实践获得生存的本体性的存在范畴。它不属于形式逻辑，而进入辩证逻辑。它不止于人的操作—思维，而且进入人的生存-存在。所谓 A≠A±，也就是我所说的"恰到好处"，"增之一分则太长，减之一分则太短"的"度"。

**这个"度"的存在具有巨大的不确定性**，从而不同于 Hegel 逻辑学的"存在"或"质"。它由"经验合理性"所提供，依存于尝试错误的操作实践基础之上，是不断变迁和积累出来的对世界的把握。**"度"是由"操作层"向"存在层"过渡并担负着两个层面相转换的角色。**

"因果"是 Kant "知性纯粹概念"中的核心范畴，它倒可以典型地显示这两个层面的转换。因果观念之所以可能，一直是哲学和科学的巨大问题，至今并未解决。历史本体论认为，因果观念的最大特征，以及它之所以成为最重要的思维观念，正在于它是由操作层到存在层的过渡，具有建构和范导双重特色。

"因果"本起源于实践操作。如《批判》所说：

> 使用工具制造工具的实践活动的多样性特点（不同性能

不同形状的木棒、石器、骨器的多样，把持使用方式的多样、操作动作姿态的多样……），从根本上打破了任何动物种类的既定肢体、器官和能力的固定性、狭隘性、特殊性，是任何动物的任何肢体、器官的活动（无论是锐牙、利爪、飞腿、双翼）或任何能力（无论是跑、捕、攀）所根本不能比拟的。后者作为动物的生存活动，只能**把自己的活动及活动的肢体、器官，能力束缚在、局限在、固定在若干极其狭窄的客观因果联系之中，使这些少数的、特定的因果联系逐渐变成本能性的东西，一代代遗传下去**。前者却大有不同，它**由于对现实世界主动地造成极为多样和广泛的大量的客观因果关系**，现实物质世界的各种各样的客观因果联系便作为属性、规律被日益深入和广泛地揭示出来，**保存在、巩固在、积累在**这种劳动实践活动之中。这里可以鲜明地看到由量到质的转换和飞跃。由少量的、本能式的到大量的、非本能的使用和制造工具，在自然史上开始了由猿到人的伟大过渡，这个过渡的根本基础，正是这种原始的劳动活动。在这个过程中，原始操作提炼凝缩为动作思维，再与言语连接，逐渐转化为语言—思维的观念系统（如前面已一再强调，原始巫术、礼仪在这个转化中起了决定性的中介作用）。因之，究其最终根源，客观因果规律之能为人所反映、掌握，成为因果观念之类的认识的重要范畴，首先是由于人类社会实践活动的结果，而不是静观的感知、观察、归纳的结果。……开始的因果观念是极为具体地与特定事物和观念密切联系在一起的（可参看原始民族原始社会的大量研究材料）。由这些具体因果观念再逐渐概括和抽象为"凡事总有原因"的因果范畴，更经历了漫长的历史时期……至于因果作为辩证范畴正式提出和使用，正如阴阳五行、"相反相成"、矛盾统一的范畴一样，是在晚得多的时候。[1]

历史本体论认为，思维中因果观念便产生在这里，而不是思维的先验"本性"。所以它的形态、方式（例如是线性因果还是几率式的因果）便不可能有先验的规定。"因果"也不能全等于"必然"，它们属于不同的认知层次。前者（因果）主要由操作得来，后者却全属存在层次。前者乃操作"本性"，后者（必然）是辩证范畴。前者源于实践操作，后者则常关乎现实生存而与偶然并在。前者作为"if-then"，与"yes（no）""all（none）"以及重复、颠倒、交换、等量等同属于逻辑和数学范围，后者与偶然、现实性等同属于辩证范围。数学、逻辑也有"必然"，但那只是符号演算，而非必须与"偶然"并在关乎人的生存。因之，因果由操作层转入存在层，由操作秩序变化为辩证范畴，正是"理性"（经验合理性）的典型生长过程。在后一层次中，"因果"便成了"理有所必然"的"理"。"因果"成了道理、理由、规律、必然，由操作的逻辑规范转换成为存在的认知智慧。"因果"、"必然"、"理"，成了人们生活和存在所重

[1] 拙作《批判》第3章第4节。

视的思维观念,但又总与"奇迹"、"偶然"、"势"相联结,在中国传统里,作为必然的"理"经常与特定感性情况有关的"势"(有一定的偶然性)连在一起。这就是"理"(必然)经常取决于"势"(偶然)。即是说,必然性(理)的实现取决于各种具有一定偶然性的具体的力量、情境和形势,要实现"理"的可能性仍然依赖于"势"的现实性。依循中国传统,实用理性本是"经验合理性"的提升,它重视现实的特殊性多于抽象的普遍性,重视偶然性多于必然性。今日实用理性的逻辑学将突出的不是宿命式的客观必然,而是人们选择和决定的可能和偶然。人有选择、决定、创造自己命运的自由。偶然性与必然性、可能性与现实性这两组由操作层面"因果"提升得来的辩证范畴,就成了人的生活-生存-生命的历史主题。在琐细的个人生活上如此,在宏伟的历史场景上也如此。

这就是由操作层的"因果"规则向存在层的"必然-偶然"、"现实-可能"的辩证范畴转换的最终完成。这个存在层包含了个体,也包含了集体甚至人类整体和总体。

即使就自然科学说,《批判》一书也早说过:

> 在这里,因果不是线性的机械决定论,系统的复杂结构形成了**多元和网状的因果**,可能性的选择极大。而任一选择对整体系统和结构均将产生影响。所以不能把总体过程当成是机械决定论的必然,必须极大地注意**偶然性、多样的可能**

性和选择性。[1]

这才是"应然"与"实然"、理论与实践之间的复杂多样的关系。历史本体论认为偶然性永远是人（包括群体和个体）的生命力量的展开和本己可能性的实现，是它开辟着必然性的行程。

(二) 中国范畴维护生存的特色

《历史本体论》以"度"替代"存在"(Being)、"本质"(essence)、"实体"(substance) 以及物质 (matter) 或精神 (spirit, soul, mind) 来作为本体性的第一范畴，固然是由于强调人的存在、生存（"人活着"[2]）所依赖的实践操作活动，同时也是彻底告别以 Hegel 为最大代表以绝对实体（包括外在的实体如绝对精神、物质世界和内在实体如心灵本体、理性逻辑等等）来主宰操作层的形式逻辑和存在层的辩证法。**"度"作为第一范畴，将认识和存在都建立在人类的实践活动基础之上。**"度"以其实践性格在感性操作层构建思维规则。"度"以其成功经验在理性思维层生产辩证智慧。

古希腊哲学在存在层的辩证智慧上，如同在操作层的抽象思辨一样，做出了不朽的贡献。如前所说的 Pythagoras 的数与宇宙和谐、Parmenides 的存在、Democritus 的原子与虚空、Heraclitus 的矛盾斗争，以及其后的 Plato、Aristotle

---

[1] 拙作《批判》第 6 章第 4 节。
[2] 参阅拙文《哲学探寻录》。

等人，他们的辩证观念到 Kant、Hegel 和马克思主义，成了一种体系式的哲学结构。

正因为属于存在层的认知范畴，涉及的远不止是具有人类普遍性的实践操作，而是有关特定人类群体长期生存经验的认知概括，每个文化由于长期历史生存经验的不同，传统承续和着重方面的不同，认知范畴便既会有一致，也会有差异而各具特色。这种一致和差异可以造成相互冲突，也可以相互认同而彼此补充。

中国以人事关系为主要对象的文化传统，实用理性本来就重视自己在人际关系上的工具性的实用性能，缺少对纯粹思辨的兴趣，它的辩证范畴与经验、感性、实践、实用有着更为具体和直接的联系；其抽象程度与希腊相比，也有重大的不同。例如，中国的"阴阳互补"与西方"矛盾统一"相比较，便呈现出这种差异。

形式逻辑的矛盾律是操作层的基本规则，中西一致，尽管中国未有理论表述。"矛盾统一"律则是进入存在层的辩证范畴，它讲求的不是操作命令和思维要求，而是对事物、世界、人生的认识、把握和处理的方式。其特点是既二分，又将二分加以联系。当代时髦思潮对"二分"的彻底否弃，我以为是肤浅和谬误的。"二分"本来自操作规则（"做或不做"，"这样做便不不这样做"），它是由人类处理事物维系生存的基本操作—行为方式抽象而成的思维法则。当它进入存在层面，便复杂化地形成了"矛盾统一"的辩证范畴。这种矛盾统一的辩证范畴是许多文明都具有的一种高级的认知形态和哲学观念。在波斯、古希腊和中国都产生了这种两个方面或两种因素、势力、力量、情况的相互对立、斗争而又相互依存、渗透和转化的观念。

中国的"阴阳互补"便是如此。中国的"阴阳"观念，我以为本由人的操作、活动、动静、作息两种既区分、对立又彼此渗透、依存的状态概括而来[1]。其后，才对象化为昼夜、男女、天地、向背等等。它们之所以并不完全相同于西方的矛盾，就在于它们具有更为经验性的具体感性特征。"阴阳"双方虽然平等，但"阴"、"阳"作为矛盾双方却又各自具有特定的感性征候，从而它们之间的对立和依存便具有鲜明的经验性的色彩。第二，它更为重视矛盾双方的"互补"性能，亦即重视双方在对立、斗争甚至决裂之中或其后的平衡和稳定。它不强调对立双方的斗争、冲突使存在整体的毁灭、消失或双方永远的水火不容。所以，阴阳不同于波斯的光、暗；也不同于基督教的上帝与魔鬼。"阴阳互补"实际上是直接经验地与人群维系自身存在（生存－生活－生命）的根本出发点紧相联系着。作为实用理性的"阴阳互补"范畴，主要不在如何叙说、解释客观事物或世界，而更在如何处理、调节人群社会、生活活动以及个体身心，以维持和延续生活、生命和生存。它仍然是产生在"人活着"这一本体存在基础之上，并服务和服从于这一存在的工具性的"经验合理性"。而这，正是"度"的本体性的逻辑延伸。

[1] 参阅拙作《己卯五说》中《说巫史传统》。

继"阴阳互补"后,与古希腊有"杂多中的统一"相类似,在中国有"和而不同"。"和而不同"本也来自诸多事物、对象、因素在操作实践基础的按比例亦即"度"的处理、协调中的"成功""统一"产生的"和"。应该说,这与 Pythagoras 的"比例"观念(数学比例与和谐)相当接近。中国实用理性的这一观念(或范畴)的特色主要也不在叙说、描述、规定客观对象,而重在主动地引导人们的实际生活和生存。在这里,"统一"或"和"是与"成功"地生存紧相联系的。从而,这"统一"或"和"的重点便不在如何消除、泯灭差异、区别、矛盾以及对立、斗争,它并不追求或要求各方面、因素、事物的"相同"、"同一"或"一致",而是追求在承认差异、区别、矛盾、斗争中能取得和谐共处以维系生存。这个和谐共处或共存,仍然是依靠在调协各方中的分寸合适,恰到好处,即"度"的掌握。这仍然是"度"由工具操作活动层面到本体存在层面的提升。它是"阴阳互补"范畴在一个更为繁复多样的情境、状态下的发展和呈现。但由于它产生在一个以社会人际关系为主要对象的文化传统里,这些范畴应否或能否适用于自然界,便是一个尚未涉及的问题[1]。它们所展示的不确定性和灵活性,与"度"的其他辩证范畴一样,非常突出。它们依存于人的历史实践,有赖于人在实际经验中去准确把握和发现,而没有冥冥中注定

---

[1] 包括西方的辩证法,从 Hegel 的《自然哲学》、Marx 的《数学手稿》、Engels 的《自然辩证法》以及其后许多马克思主义著作将辩证法"应用"于自然界和操作层,大都失败。与操作层的秩序规范不同,存在层的辩证范畴只有范导功能而无建构功能,即使对人类社会也如此,即不可能有保证一定成功的普遍规律或"逻辑必然"。

的本质和"必然"。

由于实用理性认定"度"来源于实践操作活动,所以,无论"阴阳互补"或"和而不同"所造成的和谐、均衡、稳定,作为"度"的产物,便不但不排斥变化,而且强调是在运动、变化中来取得这种和谐、均衡和稳定。正是在这不断运动变化的实践操作和社会关系的成功中,取得了族类经验性的生存。这是一个动荡不已的过程。"度"的存在经验告诉人们,任何停顿、静止,就将使均衡、和谐、稳定僵化而走向生存的破裂和消亡。这个动荡运动可以有各种形态,包括急剧变易和微调变更。从而,在"穷则变,变则通,通则久"的实用理性的传统辩证范畴中,质量互变更强调不停歇的运行、变化,而并不特别着重质变、飞跃,虽然不否认变化的积累可以造成巨大的"革命"(质变),但这种"质变"是否打破或否弃"阴阳互补"、"和而不同",从"度"的本体性角度看,却得不出这结论。

在 Kant 和 Hegel 的逻辑学中,"实体"和"因果"之后的辩证范畴是"交互作用"。"交互"是 Hegel《逻辑学》"本质篇"的最高范畴,因为最终决定存在本性的是诸多事物的交互作用。在中国传统中,这个交互范畴则呈现为一个虽复杂却鲜明的"循环无端,道通为一"的反馈系统,此即阴阳五行图式。它所指示的是五种功能处在相互"相生相克"的运动系统中沟通、牵制、交错、影响,以维持整体的稳定、和谐[1]。有如"变则通,通则久"是"度"的展开一样,五行反馈系

---

[1] 参阅拙作《中国古代思想史论》。

统可以说是"阴阳互补，和而不同"的结构性的整体显示。

这个"相生相克"的五行反馈系统具有循环性的色彩，但这并未排斥中国传统中所具有的某种历史"进化"观念，如荀子、韩非以及"公羊三世"说等等。百余年来，现代中国人之所以易于接受西方现代的进化论观念，除了实用理性本身重视经验事实、实际效用这一根本性质之外，也由于这个反馈系统和循环观念本来就与传统中的"变则通，通则久"、"一逝而万古不合"以及"公羊三世"等观念未曾冲突有关。因为五行反馈系统的运动和交互作用只未明确但并未排斥其整体可以指向进化。更因为这个反馈系统并不是僵化的循环实体观念，实际仍然是实用功能的工具观念。即使人们将反馈、循环应用于客体，也多是范导性的实用规约，而不是建构性的实体论断，尽管在表层表述上可能不乏这种论断。

与此相连，由于"度"的不确定性，中国传统的辩证范畴通过"经"与"权"、"命"与"力"、"既济"与"未济"等强调了对一切理性系统、图式、原则的突破，强调了这些理性范畴在与人的生存、生活和生命相比较中的次要性和工具性。孔子说，"可与共学，未可与适道；可与适道，未可与立；可与立，未可与权"[1]；汉儒说，"反经合道为权"[2]。"经"一般可释作"原则性"，"权"一般可释作"灵活性"。"原则性"与"理"、与必然性、现实性相关联，"灵活性"与"势"、与偶然性、可能性相关联。后者一般总在前者的支配制约之下，实用理性作为经验合理性

---

[1]《论语·子罕第九》。
[2] 可参阅《韩诗外传》、《春秋繁露》、《淮南子》等。

却显示了后者的重要:"权"高于"经","力"大于"命"。在这里,人的主观能动性分外突出。

《论语》说"死生有命"。孟子说"莫之致而至者,命也"。"命"作为非人力所能主宰决定的事件、形势、情况、状态,与必然性相类似。但孔子有"知其不可而为之",孟子有"夭寿不二,修身以俟之,所以立命也",都是要求发挥人的主动性,注重可能性。到荀子"制天命而用之"和汉代"人事为本,天道为末"以及宋儒的"得之以义,不必言命"等等,也是如此。它们贯彻了《易传》"天行健,君子以自强不息"的奋力实践的本体精神,成为实用理性的"度的本体性"的充分展示。它展示的是作为不断实践前行的人的存在性格和奋力特征[1]。这同一特征也表现在《易经》最有意思的结尾。它亦即实用理性辩证逻辑的最终范畴:"既济"(完成)和"未济"(未完成)。在殊途同归(既济)之后,又"一致百虑"(未济)。这个结束便是实用理性逻辑学所具有的开放性:"既济"、"未济"都不指客观世界、事物或对象,而是指主体的操作、实践、生活、生存。它指示的是实践—操作—生活以及人生都是不断完成却永不完成的运动变化过程。不是"最后审判",不是天堂地狱,不是绝对精神,而是人际世间那永远没有完成、不会完成也不能完成的历史行程。这历史行程充满苦难,也充满欢乐。所以,这不是 Being、Idea、Trancental、Essence 等实体化的先验逻辑,而只能是以经验合理性为基础、以人类历史整个进程为根源的实用理性的逻辑。

[1] 以上论述均见拙作《论语今读》。

如拙作《中国古代思想史论》和《说巫史传统》所再三申明，中国传统诸辩证范畴所呈现的过程性、经验性等等特色，其根源来自"人道"、"天道"相同一的巫史传统，并且与兵家有关，其**维护人的生存的实用目的**非常鲜亮和明确。上述"阴阳互补"、"和而不同"、"变则通，通则久"、"五行反馈图式"、"命与力"、"理与势"、"既济与未济"等等，无不贯彻和体现着尽力发扬人的主动力量以维系、护卫和延续生活－生存－生命的基本色调。所以它不但应用在政治上、群体生存关系上，也应用在医药上、个体身心健康上。与现代新儒家的解说不同，我以为这才是"天地之大德曰生"、"生生之谓易"的中国"生命哲学"的正解真传。它为以"人活着"作为哲学第一命题的历史本体论所承继。拙作主体性哲学的《第四提纲》、《哲学探寻录》提出"人活着"与《历史本体论》提出"度的本体性"本就是同一视角。

（三）"先验心理学"

上述辩证范畴的存在层的揭示，也是为了说明，与Dewey因噎废食，因反对心灵实体而相对忽视人类内在心理成果不同，实用理性以辩证范畴强调作为历史成果的人类智慧的结构存在。如同外在人文世界（从生产工具、各种物质用品到社会制度、人际关系），人的内在人性世界，包括操作层和存在层的"理性内化"，同样是人类历史的伟大成果。《批判》、《己卯五说》、《历史本体论》之所以提倡Kant哲学，将Kant哲学称为"先验心理学"，正是在经过 Marx 唯物史观的洗礼后，通过积淀论的具体途径，回到 Kant 所提出的这个文化心理结构问题，也就是我所谓"经验变先验"、"历史建理性"、"心理成本体"问题。

与 Hume 以经验心理作基础不同，Kant 先验哲学所提出的，我以为，正是这个使一切经验成为可能的人类心理的普遍必然的结构形式。它将是经验心理学未来（一百年后？）的研究课题，今日脑科学刚刚起步，作为实证科学的经验心理学还处在褴褓时期，极不成熟。因之，从 Kant 到今日，这个问题只能作为一个哲学视角来陈述。特别是对不是以上帝、Being 或理性，而是"以人为本"，即以人类的生存延续为根基的历史本体论和实用理性来说，"先验心理学"更成了哲学的主题。它陈述的是，在实践—生活的长期历史基础上，积累沉淀而形成了人类独有的人性能力。如我二十年前的主体性哲学提纲所提出：它由"理性渗透感性"的审美结构、"理性凝聚"的意志结构和"理性内化"的认知结构三大部分所组成。这一"先验心理学"不同于 Kant 的是，如已申说，Kant 将它们归之于无所由来也无从解说的"先验"，历史本体论则认为，它们乃人类长久历史实践特别是劳动操作活动的产物。但它们一经产生，便具有存在论的本体意义。这"本体"不是独立于人的身体而存在的实体，而是依附于肉体生存的人类心理功能的结构形式。这结构形式不能脱离特定社会时代的经验内容，实际乃由此经验内容经由极为漫长的历史，逐渐积淀形成。对个体来说，则经由教育。

"理性内构"即认知形式,如前所述,包含操作层和存在层,这是 Dewey 所未真正区分的。操作层前章已做了强调说明。存在层的观念范畴,特别是有关人际世间的生活关系,如上节所述中国的辩证范畴,不是操作层的逻辑和数学所能完全处理的,这个层面所需要的辩证智慧,同样是人维系生存的理性工具。操作层和存在层的这些理性工具,经由语言和符号,内化为人的文化心理的结构形式。所以实用理性在教育学上也不同于 Dewey,仍然重视传统教育的"机械性",即强制性的动作训练、灌输、传授、背诵、记忆等等。在这点上,Dewey 不如 Hegel。Hegel 认为通由机械性才能达到目的性(包括下面要涉及的审美的非目的的目的性)。Dewey 的"学校即社会,教育即生活"与中国当代所谓"理论联系实际"、"带着问题学,活学活用"有惊人的相似处。它们都忽视了文化心理结构的"先验"形式的相对独立性和特殊重要性。由于这些心理结构形式作为内在人性能力的建立,才使人的超生物性的存在和力量成为可能。这个由"经验合理性"所历史地造就的心理成果,其实也就是从个体角度而言的"先验统觉"、"自由意志"亦即"我"的心理存在。有这些意识和范畴在支配、处理感性材料,才形成人的种种具体经验。

十九世纪好些研究者曾认为 Kant 哲学的核心或实质是心理学,但从二十世纪反心理主义和反历史主义成为主流之后,Kant 哲学这一特征已被完全湮灭。历史本体论追求恢复 Kant 哲学的"先验心理学"的本来面目。

Kant 哲学不是心理学，而是从哲学上提出了作为人类实在和特征的心理本体问题，以此将人区别于动物界。这也可以说是 Kant 走向最后一问"人是什么"的重要缘由和途径，因为心理本体何所由来必须由人类学来回答。这也就是为什么说历史本体论是由 Marx 回到 Kant，即由 Marx 的人类学实践宏观视角（社会－工具本体）回归到 Kant 的普遍必然的文化—心理本体，论证由操作—实践的人类长期历史活动中建立起专属于人类的文化心理结构的人性能力，此即积淀说。

一切都在人的不断尝试错误的行程中，包括先验心理学和自然的人化，历史本体论反对任何精神或心理的固定实体，实用理性的逻辑所能贯彻的只是这个不确定性原则。作为辩证范畴的灵活性，它正是"太初有为"、"道可道，非常道"[1]的具体呈现。因之，确定性的寻求不再是不变的客体或主体，而只能是在人类活动各种不确定的动态变换和关系中，去发现和把握这个变动不居永远前行的"度"，这也就是人的生存的本体性。

## 度与个体创造

### （一）由度到美与形式感受

在以上叙说中可以看出，历史本体论从 Marx 的宏观人类学视角经由 Dewey 工具主义的操作理论，回复到 Kant

---

[1] 参阅拙作《论语今读》、《己卯五说》中《说巫史传统》，"道"是在活动（"太初有为"）中出现的"神明"。

提出的"先验"(经由历史,从经验变成)的心理结构或人性能力。在这一人性能力的文化心理结构中,实用理性特别看重 Kant 有关判断力的"批判",并由之建立起实用理性"以美启真"的逻辑,试图走出二十世纪语言哲学的统治。

简单说来,不仅是因为生活高于语言(Wittgenstein),"做"(实践操作为基础)大于"说",而且也因为正是"做"中即技艺中(并不是在神秘的冥会、体认等精神状态中),有超语言的实在(the reality of unseen)。这实在不是上帝灵的 Logos,或恍兮惚兮的"道",而是实实在在对对象把握的心理经验。这种心理经验常常既非当下既定语言所能表述,也不是当时的知性认识所能分析。技艺操作发明的特点在于,它直接与人的各种感性因素(或功能)如知觉、情感、想象、意欲等等有多样的渗透或牵连,不能脱离作为活生生的人的个体。也正是它,使"度"的本体性能够诞生。"度"本来就是首先通过个体在实践操作中而不是先在逻辑推理上去发现和把握的。

我以为"度"与 Kant 讲的判断力有关。Kant 讲判断力有两种:一是"决定判断力",即由抽象到具体,由一般到特殊。这个"从抽象到具体"不同于 Hegel 的"从抽象到具体"。不同在于:Kant 没有设定一条由抽象到具体的"辩证法"通道。相反,Kant 强调指出,由抽象到具体的决定判断力并没有已知途径可循,它"只能锻炼而没法教授"。它完全不是通过学会"矛盾统一"、"质量互变"、"否定之否定"之类的"辩证逻辑"便能推导或思索出来。

回到 Kant 的判断力理论，对摆脱被滥用和庸俗化了的"由抽象到具体"大有好处。在日常生活中，经常可以看到讲起来头头是道，做起来却一塌糊涂，或原则上清楚明白却不能判断具体黑白是非等等，就正是这种"由抽象到具体"的路途中，由于不会发现或掌握特定情况或环境的"度"而失误。相反的情况则是，只重具体、特殊，忽视抽象的辩证智慧，使实践和认知便局限在狭窄范围之内。像 Dewey 只讲操作——实验，对历史产生的心理结构的形式成果不做充分估计，便可以由经验到经验、由操作到操作、由反实在论而走入相对主义，如 Richard Rorty。

更为重要的是 Kant 所说的"反思判断力"。反思判断力之一是审美判断力，即由特殊捕捉非概念的一般。这即是实用理性讲的"以美启真"。如果说，"决定判断力"由一般到特殊是科学特别是技术工艺所途经的发明之路；那么，由特殊到一般的"反思判断力"便更是如此，特别是科技的重大发现和发明。它们都不停留在 Dewey 的操作——实验的外在行为模式的逻辑描述中，而更突出了由内在心理的主观感受和自由直观展示出来的个体创造力量。这与"度"的掌握直接相关。

又得从"度"的本源说起。"度"是无过无不及，掌握分寸，恰到好处。如《历史本体论》开宗明义所说，它首先是人在操作——劳动——生产中为实现目的应用规则而达到的成功，从而维系、延续了人的生存、生活、生命。但在这成功的操作实践中，人的主观心理上所相应的感受，却不仅是目的达到的成功愉快，而且还有与个体运动紧相连接的肢体感受的愉快。因为肢体感受除开劳苦辛勤的方面外，还有肢体运作与外界事物交相融会吻合的方面。这交融吻合减轻了劳作的艰辛。例如，有节奏的走路、做事或协同工作，能使劳动和工作有效和轻便，从而人的身心也感到松快和愉悦。正是在这种有节奏、有秩序的操作实践中，人开始拥有和享受自己作为主体作用于外界的形式力量（forming force）的感受。这即是说，节奏等等形式规则成了人类主体所掌握、使用的形式力量，这就是所谓"形式感"（the sense of form）的真正源起。它包括节奏（或称韵律 rhythm）、对称、均衡、比例、顺序、简单、和谐等等。历史本体论强调这种种形式感不是来自静观、观察，而是来自活动、操作。除节奏外，如均衡便首先是通过劳动操作对重心和稳定性的把握中所感受到的形式力量和形式感，而后扩展到对象世界。对称则是从人体左右手操作活动的形式力量和形式感开始而扩及对象世界。其他如次序、比例、简单、和谐（杂多中的统一）等等，都如此。但每个操作、活动都是特殊的、具体的；这种普遍性的形式感却是通过众多特殊操作的肢体运作的感受中，人们概括地掌握并普遍地应用于对象世界不断取得成功才获得的。从外在能力说，这是人类由使用—制造工具所获得而拥有的技艺，即"度"的工具−社会本体力量的诞生和扩展；从内在心理说，这是构成人性能力的心理−情感本体力量的诞生和扩大。这便是人的"自由"的开始。动物在其生存活动中也可以有"技艺"，有"度"，但由于不能普遍必然地使用—制造工具，它们所可能获得和拥有的形式力量和形式感及其概括性便远为狭隘、单一和贫弱。这里，"量"（使用工具活动的无限多样）便造成了"质"（人所独有的自由）。与工具使用多样复杂并行的，是人群关系和语言交流的多样复杂，从而使大脑皮层结构的分化复杂[1]。动物没有这种高分化而复杂多样的行为、活动、语言和思维。这在上节讲因果摘引《批判》已说过了。

可见，历史本体论谈论的"自由"，是人类生存本源意义上的人性能力，并强调它在起源上与人所拥有的形式力量和形式感受相关。形式力量是人类活动中所产生、所获得、所拥有的一种物质性的规范、造就、制成对象的力量。也由于此，这种力量所具有的普遍必然性（可以施加和适用于众多对象和境况）使人本有的生物潜能（体力、视力、听力、估计能力等等）得到了远超于其他动物族类的极大发展，而开始造成质的差异。人性能力出自这个来源于操作—实践却又概括成长起来的造型力量。它不仅优越于人类任何特殊的经验本身，也优越于任何具体的"度"。而这，就是由"度"到"美"。1962年我在《美学三题议》中说，美是"自由的形式"，就是这个意思。任何具体的操作、活动均有具体的规律和目的，"自由"正是突破了种种具体而狭隘的规律性（客观活动）和狭窄的功利性（主观欲求），才成为"无概念的普遍性"和"无目的的目的性"，即"美"。在这里，人类主体力量表现在被掌握了的普遍必然的规律如节奏、对称、均衡、秩序……

---

[1] 参阅 Steven Mithen, *The Prehistory of the Mind*, London, Thames and Hudson, 1996。

中。它由技术（尚局限在特定范围）到舞蹈（形式感的自由运用），由物质（实践操作活动）到精神（心理的自由愉悦）。

《历史本体论》说，"度即是立美，美立在人的行动中，物质活动中，生活行为中……产生无往而不适的心理自由感。此自由感即美感的本源"（第1章第1节）。这里申言的是，不要以此误会"度"即是"美"，不要把"度"与"美"完全混为一谈。"度"是"美"的基石，还不是"美"本身。"美"是"度"的自由运用，是人性能力的充分显现。人对形式力量如节奏、比例、次序、对称、均衡等等的运用，通过物质工具和操作活动的多样性，开拓了广漠无垠的驰骋天地，这才是"美"。正是在"度"的基础上，这种人自由运用形式力量所取得的生存和延续，使"度"作为人的本体性得到了真正的巩固和展示。"度"还是"技"，"美"才是"艺"。"艺"之所以高于"技"，在于它是"技"的自由运用。庄子那个"庖丁解牛"的著名故事说的就是这个由技到艺的过程。舞蹈之不同于杂技，也在于此。观赏者对杂技的观赏主要是对表演某项技能的惊叹赞服，而非对艺术的自由形式的观赏愉悦。舞蹈将技能（不止一种）抽象而普遍化，亦即自由运用形式技能（不局限于特定项目或境遇）再加上与"内容"性的情感、想象各种心理功能相交织，才构成审美愉悦。

再举作为非常重要的形式力量和形式感的节奏为例。正如一位研究者所提出："使节奏由原来作为实际劳动活动的一种因素，变成对劳动的模仿和反映，从而使节奏与实际劳动过程相分离，取得一种感性普遍化的表现形式。通过巫术活动，使节奏成为调整和组织集体行动的一种工具，与原来的劳动脱离开来，而被普遍化地加以应用。"[1]

Dewey 说："人参与自然节奏，这种远比以认知为目的的观察更为亲密的伙伴关系，或迟或早，使人将节奏加之于尚未出现的各种变换中。那有比例的芦管，拉直的弦，绷紧的皮，通过歌舞使行动尺度成为意识。……为实物造型的工技结合着声音和自我控制的身体活动的节奏，使工艺获得了美的艺术特质。从而领悟到的自然节奏，用在给混杂状态的观察和人类想象以显著的秩序。人不再将他的必然性行动适应于自然循环的节奏变化，而是运用强加于他的这些必然，来祝庆他与自然的关系，好像自然已经授予他在自然领域中的自由。"[2]

节奏正是由最初的具体操作劳动的因素，概括成能普遍运用的、人的主动性的自由形式，进入"调整和组织集体行动的"巫舞构成。你听那黑人音乐，你看那黑人集合和行走时的节奏，不就是这种自由运用着并由意识积淀成无意识的形式力量和形式感吗？这时，节奏便由"度"而成为"美"。只有"度"摆脱了其具体目的和规律，而成为人所掌握且普遍应用的自由形式时，它才是美。这也就是上述 Dewey 所说的"好像自然已经授予他在自然领域中的自由"。

我以前之所以多次强调，线条优于色彩，绘画

---

[1] 徐恒醇：《理性与情感世界的对话——科技美学》，西安：陕西人民教育出版社，1997年，第111页。

[2] Dewey, *Art as Experience*, 第7章, A Perigee Book, 1980年, 第148页。

优于照片,笔墨(人手画的线)优于自然线条,道理也在这里。线是人对形式力量和形式感的自由掌握和运用,是人的创造力量的展现。由于使用—制造工具的实践操作活动,人手经由操作,积累而获得了这种能力和自由(后人则经由教育训练而承继),使人手的活动远远超出使用任何一种固定工具的僵化规矩和局限。人手经过个体所特有的力度、速度、姿态、变易,亦即个体生命力所展现出的"我手写我心",正是自由运用形式感所展现出的人的本质力量。一位研究者认为中国绘画讲究"拙规矩于方圆",更重视"由人手的自由运动画成的""有活力的线",认为它远远优越于由绳墨规矩所僵化的几何线条,并认为西方艺术理论"局限于视觉心理而不探讨这种视觉心理与人的活动之间的关系原因,这也与他们只是从静观而不是从人的活动来理解艺术的基本态度一致的"[1]。这恰好可以作为上述由"度"到"美"的某种注脚,它也正是拙著《论语今读》所强调的"太初有为"而不是"太初有言"("In the beginning was the Word")[2] 的哲学注脚[3]。

形式力量和形式感所展现的人的"度"的本体性,也有如《美学四讲》举新石器农业时代的陶器纹饰的形式美所说,它所体现的人的生存的安全延续,这才是所谓"家园感"的深刻根源[4]。

可见,以"度"为基石的形式力量(美)和形式感(美感)不同于理性

---

[1] 高建平:《寻找美的线条》,《哲学门》,2002 年第 1 期。
[2] 《新约·约翰福音》1:1。
[3] 拙作《论语今读·4.24 记》。
[4] 拙作《美学四讲》,第 2 章。

内化，它不是前二节所论述的思维规则或辩证范畴。它是理性渗透、积淀、融合、交会在人的感性行动和多种其他心理功能、因素之中，而与人的全部身心，包括个体的体力、气质、性格、欲望、无意识……非理性因素相渗透相纠缠。这恰恰是个体差异和创造性的由来。

创造性本就是个体的，由个体所生发、所展现。实用理性的逻辑之所以不只是推论的逻辑学，也不是 Dewey 实验室的方法论，正在于它强调与个体密不可分的各种非理性因素或功能的重要性。从而，它不可能拟定某种特定的公共模式或普遍法规，它显示的是 Kant 审美判断力由特殊到一般的不确定性。所以，实用理性的逻辑并不提供某种特定的方法论、认识论或推理规则。

明确这一点，才能更具体地谈论"以美启真"这一实用理性的"逻辑"核心。

## （二）人和宇宙共在与自由直观

人在使用—制造工具的操作活动过程中，通过"度"的把握和理解，发现了快慢、多少、软硬、重轻、厚薄、斜直、锐钝等等材料本身的、材料和材料之间的、材料与主体之间的、材料和目的之间的种种关系、结构、特征，发现了其中的守恒性、前后性、重复性、连续性、对比性、干预性等秩序、节奏和比例。这种种形式结构和人对它们的感受（形式感），如前所说，一方面与维系人的生存、生活、生命相关，同时又与自然界具有的物质性能相关，因之人与宇宙—自然便通过这些形式力量—形式感而形成了共存共在。这便是个体创造性的关键。

在《艺术即经验》一书中，Dewey 大量论述了节奏与自然事物和人的生活的紧密关系：潮涨潮落，月缺月圆，四季循环，生老病死，醒与睡，饿与饱，工作与休息……[1] 这里重要的是，通由劳动生产的实践操作所发现的这种种节奏、次序、均衡、对称……的形式结构，也就是发现整个宇宙—自然的存在性的形式关系。关键的一点仍在于，这种种关系都不是观念性、精神性、思辨性的，也不只是语言上的交谈或语法上的文本。一个时代社会的语言、思想是后天的，这个物质性的存在却是更本源更根本的。经验性的东西，包括实验室的操作结果，都是时代环境下的产物，具有很大的相对性和局限性。而人在物质操作的长久历史中所积累的形式感受和形式力量，由于与整个宇宙自然直接相关，便具有远为巨大的普遍性和绝对性。这些似乎抽象、概括的形式感比那些具体、实在的经验更普遍更必然更可靠，能导向更准确的"真理"，具有更大的"科学性"。好些大物理学家喜欢谈论"科学美"，他们甚至说，宁肯相信自己的美感，即上述的直觉形式感（如节奏、对称、均衡、比例、简单、次序），而不相信实验室的经验数据。为什么？也就是因为这种种形式感与宇宙的存在有深刻的关联。这个存在超出了上节所讲的辩证范畴所涉及的存在层。那个存在层只是文化心理结构中特别是处理人际关系的理性认知和人类智慧，是作为主体的人用以引导自己的认识而加在客体对象上的理性工具。这里所说的存在

---

[1] Dewey, *Art as Experience*, 第 7 章。

和形式感并不是理性工具,而是直接与感性交融混合的类比式的情感感受,这种感受是一种审美感受[1]。它的特点是与对象世界具有实际存在的同一性。它是与宇宙(Cosmos,秩序)同一的"天人合一"。因之,这说不清道不明的审美感受或领悟,反而比那说得清道得明的逻辑规则和辩证智慧更"超出一头"。这就是我所谓"自由直观"或"审美优于理性"。

"优"在何处?"优"在发现真理,"以美启真"。前面提到线与人的创造力量,线条在画笔下充分体现着艺术家的个体创造性。科学家的创造性的线条又在哪里,又是什么呢?

那就是科学家的方程式、构架(如双螺旋 double helix)、模型、理论。科学家对它们的创造发明包含了多种心理因素如感知、想象、情感、无意识等等,却最终以理性认知方式得出结果。但结果只是普遍性的认知概念,并不即是那发现发明的个体创造过程本身。这个过程中,常为科学家所十分重视甚或以之为依托来寻找真理的形式感,我称之为"抽象的感性",乃是个体创造性的重要环节。它们并不是具体经验中的感知想象,它们是"抽象的"。但它们又仍然是感性,因为它们不是理性的思索或逻辑的推理。经常可以看到,科学家在设拟公式建立模型时,会对其中的各种因素、关系有某种或明或暗或隐或显的形式感觉。这"形式感"既不是视觉、听觉之类的具体经验感知,也不是某种思辨推理之类的抽象理知活动,它是脱

---

[1] Kant《逻辑学讲义》一书曾谈到主观的审美真理(aesthetic truth)与感觉中的类似律(the law of semblance in the senses)相关。

离了具体视听感觉的感知。尽管可能朦胧、含混、模糊，却仍然是感知，它可以成为某种指向真理和启发认知的直观感受，我称之为"自由直观"，即在形式感基础之上的对真理的领悟和启发。在某种意义上，它相当于 Kant 的"先验想象力"。"先验想象力"是导向真理认识而为人类独有的人性能力。

如前所说，人作为生物体生存的身心活动，由于使用—制造工具的操作、实践的介入而产生的形式感，既与宇宙自然的节律相通同一，又与自己的愉悦情感相通同一。例如科学发现中的简单性和这种简单性造成秩序美所带来的愉快感，如上述在有节奏秩序的操作活动中一样，便与节省人的能量（从体力支出到"思维经济"）有关。它以形式的简单性展示了轻松、舒适、明快从而愉悦。

这根基似乎太"实用"了？否。其中具有深刻的存在意义。在显微镜下，雪花如此完整优美，细胞却如此杂乱纷呈。在宏观现象，井然有序与杂乱无章也同时并存。但在这表面形象之后却可以有着某种同样的比例、秩序等形式力量在支配和运行。因之所谓形式和形式感或"抽象的感性"便远远不止于某种外在形象样态。它更可以是超形象或非形象所能表达的存在形态或力量。量子力学中的波粒二重性便有如完形心理学和 Wittgenstein 的兔与鸭一样，它们不能在视觉感性中却可以在"抽象感性"中同时并存。这两重性的奇妙并存，既是"抽象的"，却又仍然是"感性的"，尽管并非某一具体的经验感性形象所能表达或描述。人的具体形象性的感知觉是颇有限度的，但人对形式的感觉即形式感却超出了这种有限的经验形象感知。这是由于理解因素渗入融合，使"抽象的感性"的范围、对象更可能远为广阔、多样和奇异。人的**这种"抽象的感性"即形式感的人性能力由于文化的积淀、理解力的发展，在不断加强**。其中，在呈现层面包含着类比联想等想象因素，在愉悦层面包含着纯粹智力的快乐，它们都将是未来经验心理学的研究课题。从哲学上说，"以美启真"的自由直观证实、捍卫和不断展开着这个本体性存在的人性力量。

由于生长发展在人的实践基础之上，各种具体形式感受便不可能是固定或僵硬不变的。它既是从长期使用—制造工具的劳作过程中产生，从而便直接具体地受制于特定时代、社会的操作工具、操作组织和各种物质条件（材料、环境、人际关系）的约束，从而即使这个人与宇宙自然共存共在的"抽象的"形式感也不得不受它们的一定制约和影响。随着时代、社会的变迁，技术手段和材料的变化，这个与宇宙共在的人类的形式力量和形式感也会变迁。例如，土木工程中的钢材、玻璃替代传统木石，从质感、比例、节奏、组接形态和配置秩序上，都使人的形式力量和形式感产生了重大变化。同一重量，铁柱无须石柱那样臃肿庞大；同一高度，钢筋远比木材明快简洁。人们运用、制作物质材料、性能的实践能力的扩展使所造成的形式结构、形式力量和形式感受不断扩展，那种种均衡、对称、比例、节奏、简单、次序的具体形态也变易迁移。形式翻新，感受翻新。后现代建筑，充分地体现着这一点。

所以，不能一提形式和形式感便是古希腊或传统中国的"民族形式"。恰好相反，历史本体论从社会实践角度强调形式感由于人的造型力量随时代－科技发展日益强大而在不断翻新和变易。新的形式感有时与旧形式感以及与既有的审美理念相对立相冲突，但由于经验的成功、生活的享用而被人接受和习惯。开始是惊世骇俗，不能忍受，而后则习以为常，喜见乐闻。从美学说，它是由内容（社会生活的效用）向形式的积淀。从哲学说，它是"度"的本体性又一次新的开拓。当年埃菲尔铁塔是巴黎文化教养阶层普遍攻击的"丑"，今天却成了美的某种典范。它突破传统所固定的形式和形式感，创造出了从原有角度看来是丑陋却符合开拓了的人的生活内容的新的形式和形式感。因之，如何发现、培育由操作活动中新的科技材料和性能，结合社会时代的功利需要，会产生新的形式力量、形式构造和形式感受，便是美学和科技创造中的重要课题，也是今日所谓"审美文化"的重要课题。《美学四讲》"社会美"等章节讲过这个问题，讲过审美变为纯形式的装饰后需要以社会内容来冲破旧形式、提供新形式，其中便包括由于社会的新的功利需要，社会实践操作中以新的材料、结构、性能、技术突破旧形式、建立新形式。《美学四讲》对"天人合一"做了如下解释："靠人类的物质实践、靠科技工艺生产力的极大发展和对这个发展所做的调节、补救和纠正。这种'天人合一'论也即是自然人化论（它包括自然的人化和人的自然化两个方面)。"[1] 也完全适合这里。这就颇不同于中国传统的"天人合一"论[2]。

技术对科学的推动不仅表现在工具—社会本体层面,即技术创新和发明刺激科学的发现;而且也表现在心理—情感本体层面,这就是上述技术发明和创新中的形式感对科学家的刺激和吸引。从而,所谓"人的自然化"方面便也不止于对个体身心如传统的气功、瑜伽之类的人与自然节奏、韵律的沟通契合,而且更在于科技发现发明中对新的形式感的寻觅、发现和领悟。这正是人类对自己的生存、对自己与宇宙共在的新的开拓,是对当下生存的突破和创新。它是精神(心理)上的,也是物质(实践)上的。而所有这些,又都依赖作为活生生个体的人去创造、去发明、去发现。也正因为如此,对突破传统固有形式感有更大自由的艺术,便可以对科技有所助益。艺术中形式感和对形式的自由运用(因为它们毕竟是远为灵便的符号操作而非繁重的物质劳动),对科技的形式感受、想象和思维可以提供启发。前面以及《美学四讲》中讲过,如现代艺术中的节奏、均衡和秩序,与传统大相径庭,开始觉得很不舒服即感到丑,但进一步却可以发现其中有某种更深层的情感形式,而感到愉悦。这就提示着某种新的形式感的建立。艺术创作与原始生命力量和生活更为直接、密切的关系,可以对形式和形式感有更为敞开的启动、尝试和创造。Einstein等理论物理学

[1] 拙作《美学四讲》,第2章。
[2] 拙作《己卯五说》中《说自然人化》文,本作《说天人新义》,因略感夸张,未用。该文今已恢复此原题。

家们喜爱音乐，音乐是纯音响的形式运动，但音乐中的节奏、比例、均衡、对称等等，又是严格地与数学规律相关联的。艺术通过形式感的自由开拓可以引导、启发科学去感受和发现新天地，去发现宇宙自然中的新秘密。逻辑－数学在某种意义上说是使人心机械化，即以某些固定的秩序、规律、程序来统领支配人的思想、语言、活动，并以之规范、引导和表达非理性的本能、欲念和需要。这就是"理性的内化"。科学和技术是这种人心机械的物态化或物化。这对人类是必要和有益的，它是人性构成的一个方面。而艺术则主要通过审美和情感冲出和破坏这种"人心机械化"而进行新的感受、创造和自由直观，这是人性构成的另一方面。这就是教育既需要科学，也需要审美；人类既需要数学，也需要艺术，而我一开始就将"理性内化"与"自由直观"同时并提的重要原因。

为避免误解，这里要指出的是，由形式感受和自由直观导向真理即"以美启真"，这里"启"，即形式感只是开拓领悟真理的门户，最终找到真理，仍然需要经由演绎（推理）归纳（实验）的逻辑通道。这也就是审美形式感与"经验合理性"的关系。尽管"以美启真"，但美不必即真，真不必即美。其一是感受，另一是认识。认识是概念性的，领悟是感受性的，领悟不即是认识。对感受、领悟加以敏锐的捕捉和确定，再经过长久的思索、琢磨，经由概念、判断、推理表达出来，这才是认识，才是科学。形式和对形式的审美感受千门万类、千差万别，因个体身心的不同，掌握、感受、领悟也有所不同。科学家们的发现包含大量的选择因素，这选择便与个性差异密切相关，凸现出个体的创造性。但这创造性既存在于形式感的审美感受和领悟中，也呈现在寻找出由感受到思维、由审美到概念的逻辑通道中。Kant 那著名的不可知的感性与知性的共同根源，Heidegger 认为是"先验想象力"，我归之于人类社会实践；感性源于个体实践，知性源于人类实践的积淀心理，两者都可以有创造性。

## （三）美学作为第一哲学与物自体问题

实用理性的"逻辑"之所以把"以美启真"作为非常重要的课题，是为了说明，不仅个体的人的存在，而且他（她）的心理以及感知，都不是理性所能全部占有。人作为生物，其生存意志和本能欲望，即使被理性和社会逐入心理的无意识层，也仍然活跃生动。它不断渗透、干预、参与意识层面的工作和活动。从而使个体的生存及其感受，永远具有非机器所能替代的个性特征。由个体感受上升为普遍真理的创造发明的心理和逻辑，亦即判断力特别是审美判断力是 Kant 所说的不可教授的"天赋能力"，实用理性认为它是人类文化心理结构，即人性积淀或人性能力中最为活跃的部分。正是它，引导走向实现和完成个体自身的潜能，实现生命的最终价值。自然人化论和实践美学之所以最后落脚为多项心理功能的复杂结构体，我称之为不断生成、变异和积累的文化心理积淀的"审美方程式"或审美"双螺旋"（double helix）。它不只有美学、艺术的意义，而更在于它具有人和宇宙自然共在的本体论的性质。

"审美方程式"或"双螺旋"作为人的心理的最终构成("成于乐"),在于它把"人和宇宙共在"连成了一体。这也就是美学为何成了历史本体论的"第一哲学"的缘由。

"人和宇宙的物质性协同共在"是一种"物自体"的形而上学设定。没有这个形而上学的设定,感性经验就没有来源,形式力量和形式感受也无从生发。宇宙的存在与人的操作—符号系统的创造发现力量,有如 Kant 那两个不可知的先验 X(先验对象与先验自我),只是对历史本体论来说,两者在人类实践基础上统一了起来。人类以此窥探宇宙奥秘,以此安顿此在人生。哲学史表明,形而上学每次都埋葬它的埋葬者,人类永远具有这种形而上学设定的心理需要。

概括来说,第一,它区别于传统的形式逻辑和辩证逻辑,实用理性的逻辑不仅把思维规则置放于实践操作的基础之上,显示它乃经验合理性的抽象提升,而且它讲的不只是思维、理性,还着重感性以及各层无意识因素[1]在认识中的创造作用。它不仅肯定根源于群体社会的操作—实践层的形式逻辑和数学,以及同样来源于群体社会生活的辩证智慧和方法,而且重视直接与个体感性能力相关的"以美启真"和"自由直观"。第二,从而 Kant "第三批判"特别是《审美判断力批判》,对历史本体论来说便颇为重要。与 Hegel 以及其后各种轻视形象思维(picture thinking)专重纯粹的思辨和理性不同,这里更着重

---

[1] 无意识可分为生物本能性的、技术熟练性的、群体记忆性的种种。

个体生命的活生生的活动和感受。正是这个充满着偶然性和自发性的活生生的生命，沟通着人与宇宙。于是，在这里，"物自体"问题成了前提。因为，人首先作为动物存在的生理物质性本与外在世界的宇宙是浑然一体，无分彼此的。人的感性操作、知性认知和审美感受或领悟，都是以人自己的行为和心理对宇宙所作的把握、了解和解释，并把两者作为主客体区别开来。宇宙究竟如何，不可得而知。这是 Kant 的老问题，随着科学的进步，这一问题不但没有消退反而明显。量子力学和 Thomas Kuhn 的科学史理论都反射出这一点。也可以说，宇宙—自然的存在及其形式秩序是本来就在那里的呢还是人所赋予的？庄周梦蝶还是蝶梦庄周？从历史本体论看，这个"老大难"问题的回答是，必须有"宇宙－自然与人有物质性的协同共在"这个"物自体"的形而上学"设定"，才使人把各种秩序赋予宇宙－自然成为可能。这个作为前提的必要"设定"以审美情感－信仰作为根本支持，这在存在论中当再言说。

（摘自《论实用理性与乐感文化》）

# 答问（2008、2010）

## "度"与"数"

问：你在《批判》修订第六版后记中说，你是在"哲学就是认识论"的传统之下写作该书的，能否再讲几句？

答：西方自 F.Bacon 特别是自 Descartes "我思故我在"以来，认识论成为哲学中心，到 Kant、Hegel 到达顶峰。Kant "第一批判"绝大部分论证作为科学基础的"认识如何可能"（先天综合判断如何可能），Hegel 以他的逻辑学囊括一切，形成了所谓认识论、逻辑学、本体论的三合一。到马克思列宁主义和毛泽东，更是如此讲。

问：因之你也如此讲？

答：Hegel 之后，情况大变，反 Hegel 和反认识论成了主流。我以"人类如何可能"来回答"认识如何可能"，也意在颠覆这个"哲学就是认识论"传统，而以人的生存作为起点，认识论服务于它。认识论（Epistemology）与伦理学（Ethics）本就相关。

**问**：有次答问你好像说，由于上帝观念深入人心，西方似乎较少突出这点。也许，这个问题恰恰应由中国学人提出？

**答**：Hegel 是上帝不离口，他的逻辑学是思想（绝对精神）统摄世界，这"思想"即是上帝。Kant 虽然不信，也要讲上帝。现代以来，科学昌盛，学人信从。所以，要么是上帝造人，要么是猴子变人；要么是先验哲学盛行，要么是社会生物学，用动物本性自然进化解释社会人文现象。我之所以提出"人类如何可能"就是既不同意上帝造人和各种先验哲学，也不同意社会生物学，强调是人类创造了自己，认为人类使自己成为既是生物又是超生物的存在物。人创造了自己族类独有的"超生物的肢体"（Super-biological limb，即使用—制造工具）和"超生物的感知"（Super-biological perception）和"理性"[理性内构（前作"理性内化"）、凝聚和融化]。"人类如何可能"不只是古人类学的科学问题，也是个非常重要的哲学问题。它是"认识如何可能"的基础和答案。

**问**：你不是一直赞同和高度评论 Darwin 的进化论么？

**答**：这没变。我所讲的不是人类的生理躯体，而是人类的外在文明和内在人性，其中包括认识，认为它们并非自然进化而成。虽然生物进化（如大脑的物质构成和区划等等）提供了必要条件。

问：先验哲学从理性、意识出发，但经验论并不如此。

答：当代认识论一大变化就是从逻辑实证论的感觉材料（Sense data）出发，改而由语言出发。这是 Wittgenstein 的功绩。Sensedata 是个体感知，语言是公共结构。晚期 Wittgenstein 将语言归结为"生活形式"，又是一大进展。但"生活"是什么？"生活形式"又何所由来？Wittgenstein 没谈。我以为这就得归宿在"人类如何可能"这个题目之下。

问：你以为这样就将认识论刨根到底了？

答：我说过，哲学认识论到 Wittgenstein 已基本结束，以后应属于认知科学的天下。今天英美心灵哲学循由分析哲学，走的正是依伴认知科学这条路。它们已经相当专业化了，我不敢与闻。但至今这条科学和分析之路也还没有与人类学、与"人类如何可能"在哲学上联结起来。所以我才强调提出这个问题。

问：这也就是你所说的将两个古老著名定义"人是制造工具的动物"与"人是理性的动物"联结起来。

答：我是二十世纪六十年代有此想法的，当时写了几页提纲，未能发表。我以为，人的认识如何可能？只能从不同于其他任何生物的人的"超生物肢体"亦即使用—制造工具的探究开始。这就是从人类的社会实践开始，而不是从先验理性、感觉材料或语言开始。《批判》援引了 Piaget，《伦理学纲要》援引了古人类学的近年研究，即"智力（intelligence）产生于工具使用（tool use）"。我期望当脑科学、心理学、古人类学发达到相当水平时（五十至一百年？），会有人写出像Darwin《人类的由来及性选择》那样的科学巨著来经验地论证我的这个假说。这也正是今日中国"哲学"（亦即反形而上学的后哲学）所应不断开拓的道路。

问：由于以人的生存和制造—使用工具开始，所以你的实用理性的"逻辑"便以"度"为起点，而不像Hegel以"有—无"、"质—量"为起点？

答：对。随处可见却并不易得的"恰到好处"即"度"，是人以自己的实践活动获得生存的首要智慧，是人类生存在认识上的呈现。这也是我对中国传统"过犹不及"的现代认识论解说。我强调说过，$A ≠ A±$ 这个"度"的逻辑既不同于$A=A$、$\bar{A} ≠ A$的形式逻辑，也不同于"有—无、质—量、本质—现象"的辩证法逻辑。它也不以存在、理式、上帝、物质等等为根基。

问：逻辑（logic）一词这样用是否太宽泛了？

答：logic一词本是"有关推论的理论"。希腊有过多种逻辑，而以Aristotle的逻辑为主流。近代F.Bacon《新工具》提出经验的归纳法，也成为逻辑的一种，如严复所译《穆勒名学》。我把它们都归于操作层面的逻辑。Kant"第一批判"将因果作为"先验逻辑"核心范畴，我认为这是由"操作层"向"存在层"的过渡。因为"因果"虽来自操作，却进入人对世界的存在把握和思维解释。形式逻辑到Kant变成了认识事物的形式和规律。到 Hegel，逻辑便成了宇宙事物存在自身的规律。Logic 与希腊的 logos（道）便似乎相当了。

**问**：先别跳入"存在层"。你强调人的思维，包括思维形式的逻辑来自操作。甚至认为，形式逻辑的基本形式和规律即同一律、矛盾律来自群体操作时的伦理命令。你说过伦理（命令）在先，认识在后。这好像前人没有说过？

**答**：我叙述过二十世纪五十年代中国关于形式逻辑同一律、矛盾律这些基本规律和形式来自何处，曾有过一场学术大争论。我既不赞成将 A=A（同一律）等归之于客观世界的性质（如"相对稳定"，因为什么是"相对稳定"这概念不清楚），也不同意归之于"思维自身的规律"（因为这并没说明这"规律"是如何来的，即如何可能的）。我认为这些所谓"思维自身的规律"，来自原始人类百万年生产－生活的群体行为，即来自"这样做便不能不这样做"的命令、要求。所以首先是这种伦理指令在公共群体中的语言表达，而后才逐渐内化而形成人们的思维形式和规律，这即是"理性内构"。希腊哲学家把它抽象概括出来，并加以发展，成为推论形式即形式逻辑。

**问**：形式逻辑在现代与数学结合就成为数理逻辑。你在《批判》中经常把逻辑和数学连在一起讲，强调数学的源点或根基也与劳动操作活动有关。

**答**：与形式逻辑一样，数学的源点或根基是什么？至今并未有解答。我只是从哲学上认为它与人的原始劳动操作活动相关。逻辑是操作自身规律（要求）的抽象化发展，数学很大一部分是操作与空间环境相互关系的抽象化发展。但它们（逻辑与数学）与物质劳动操作脱离之后，便都获得了与现实经验毫无关联的独立前行，创造了许多与现实经验完全无关的概念符号和符号系统。这些系统与物质操作和现实经验可以完全脱离，它成了人类独有的计算性的符号操作：数。与劳动物质操作活动中感性工具一样，"数"成了维护人类生存延续极为重要的理性操作工具。"度"是认识论的第一范畴，"数"是第二范畴。"度"也由"数"组成，Pythagoras 把"数"作第一，但从人类生存和"数"如何可能着眼，我仍以"度"为先。

**问**："度"是人类生存的智慧，是一种现实可能性即可实现性；而"数"如你以前所讲，只是一种逻辑可能性。

**答**："数"产生于"度"的生存智慧，却发展为独立于"度"的逻辑可能性。虽然它的最终根源仍然与感性操作的各种形式和规则有关，却已有完全不同的独立性格。由于摆脱了感性肢体活动和各种感性现实的沉重物质纠缠，由于从各种时空制限和现实经验中解脱出来，这个轻便的符号系统创造了一个自由而无限的美妙操作天地。正由于脱开了人的物质操作、现实经验、日常实用以及有限的对象、范围和领域，数学公理系统和数学各领域制造了几乎无限的逻辑可能性。在一定情况和条件下，人们又运用它们回归经验，组织经验，创造了各种新的现实可能性，即逻辑可能性转化为现实可能性，创造发明了诸多事物，从生产资料到生活资料到人的各种行为活动。

**问**：你不是说逻辑可能性也可以制造先验幻相么？

**答**：幻相是逻辑可能性与某种经验不适当结合的产物。我曾用 Kant 的辩证法即先验幻相说批评 Hegel 和 Marx 的辩证法，提出应严格区分逻辑可能性和现实可能性，不能把前者当作或混同于后者。我说 Marx 由"商品二重性"类比推出"劳动二重性"概念，并由它经"抽象劳动"推论出"社会必要劳动时间"等等，有如物理学中类比推论出的"以太"概念一样，都只是一种逻辑可能性，尽管经历了数十年人们的认同，终于没有足够的经验支撑而被放弃。但这决不能否认脱离经验的逻辑推论即逻辑可能性的重要。从认识论看，产生幻相是次要的，它作为人类探索真理的独特工具更为重要。

**问**：你在"度"之后强调"数"，是想指明中国生存智慧的缺失？

**答**：对。中国的生存智慧有忽视抽象思辨的缺失。二十世纪八十年代以来我多次指出孟子论辩违反形式逻辑，荀子反对纯粹思辨，说"言无用而辩,辩不惠而察,治之大殃也"。庄子是"六合之外，圣人存而不论"，因而中国只有技术并无科学。[1] 它强调的是"理论联系实际"、"以实事程实功"、"实践是检验真理的唯一标准"等等，并且经常由"度"直接走向"中"、"和"、"阴阳互补"、"天人合一"，完全缺乏脱离经验现实的抽象思辨的思维模式和习惯。中国智慧的这种缺失与着重处理人际关系和政治关系、以伦理

---

[1] 见1985年《中国古代思想史论》及其他文章。

学为主的文化习性相关。它过分看重可实现性和现实价值而轻视非实用无功利的各种逻辑可能性的巨大作用和意义。

**问**：中国古代数学不也很发达吗？

**答**：中国数学的确发达很早，在新石器墓葬中就有与数学相关的天文图像。中国的天文历律发展得极早。巫史传统中的高天上帝是一个管风雨节气不断运行走动中的神明，其运行走动就有"数"。[1] 所以中国的"天道"也常常就是"天数"。但这"天道"与"人道"、"天数"与人间现实的利害休戚经常是联结在一起而被研究讨论的。巫史传统认定两者直接相关相连。这个古老而幼稚的"天人合一"，例如用"五"、"六"等数字来统摄天人，使得人们不可能对宇宙自然做完全脱离人世休戚、现实利害的独立研究。这便极大地阻碍了数学的抽象伸延和科学的独立发展。中国的数学和科学都是直接服务于现实生活的技艺，而不是独立于人事的非社会功利的真理探究。因之，数学缺乏公理系统，科学家不可能出现 Newton、Einstein。这种缺乏抽象思辨、轻视逻辑可能性，正是传统"生存智慧"的弱点和缺失所在。"实用理性"清醒自省并自觉改正这一缺失，吸收他人之所长，又正是作为今天的生存智慧的题中应有之义。

**问**：但科技发明并不纯靠逻辑和数学，它们只是推论工具。

**答**：这是另一问题。许多重大科技成果，确非由演绎或归纳得出，但必须经过逻辑的演

---

[1] 参阅拙作《说巫史传统》等。

绎或归纳。包括数学中的重大成果也并非逻辑推演所能获得，它们常常靠"以美启真"，这下面再讲。这里强调的只是数学和逻辑的独立性。在数学构造和逻辑推论中，其特点就在：无须经验（无论是日常经验或实验室的经验）介入、证实或支撑。所以 Einstein 反对 P.W.Bridgman 的操作主义（每一概念都由操作经验界定）。Einstein 说："从逻辑的观点看，在我们的思想和语言表达里的概念都是思维的自由创造。这种创造不能由感觉经验中归纳地获得。"[1] 但他又说："所必要的只是概念系统里足够的命题被足够牢靠地与感觉经验联系在一起。"[2] 但什么是这两个"足够"呢？这就是难点所在，它实在而不确定，灵活又不虚无，这正是逻辑可能性与现实可能性、数学与物理学（其他科学同此）既差别又有重要联系的关键所在，它便涉及科学家的"度"的智慧了。其实，我这里要说的只是"度"作为哲学范畴所代表的现实可能性与"数"代表的逻辑可能性两者都非常重要。我以前讲"度"很多，这里要强调一下"数"。人们说，数学是上帝的语言；其实是人类的发明，这一发明有如人类发明了各种物质工具一样。人以"数"参天地之奥秘，开自然之奇妙，发宇宙的幽深。但是，Russell 悖论特别是 Gödel 定理使我觉得，它们正好可以作为佐证，说明逻辑和数学作为整体系统并不能百分之百地脱离现

---

[1] 转引自白彤东,《实在的张力》,北京大学出版社,2009年,第55页。

[2] 同上,第56页。

实（经验）而独立自足。从而使之转化可为经验服务的现实可能性（此现实可能性并非一定是直接的人类功利性）又是十分重要的。现实可能性与逻辑可能性当然远远不止于"度"与"数"。"度"与"数"只是代表而已。在生活实践中随处均可遇见这两种可能性。而现实可能性涉及物理时空特别是时间的巨大问题又需要深入研究。这两种可能性的区分及其关系，我以为，是 Kant 所强调而为后人忽视的认识论的一个重要问题，值得着重提出探讨。

## 发现与发明

问：这里涉及自然—宇宙是否"客观"存在的大问题了。

答：这不属于操作层而是属于存在层的认识论问题。被夸张为实证论与实在论巨大分歧的量子力学与 Einstein 的争论[1]和量子力学一方占据优势等情况，使自 Descartes 以来的主客体二分的认识论基本为后现代主客无分所取代。

问：传统哲学总肯定一个"客观"世界的存在。在 Plato，这是一个理式世界；在唯物论，这是一个物质世界。现在这个"客观"世界的观念被量子力学和后现代主义所动摇，它的实在性（它的结构和存在）与人的主观（实验室的观察）认识不可分割。而且，你所谓"物自体"的"真"，你所说的那个"宇宙—自然与人协同（规律性）共

[1] 参阅白彤东《实在的张力》一书。

在"的客观世界，也只是一种信仰—情感对象，或者如你所说是目的论的理念范畴，也就是说客观世界的实在性是不可证实的。你的这个人类学历史本体论从认识论讲，不是十足的唯心论吗？

**答**："宇宙－自然与人协同共在"作为信仰－情感的目的论设定，是由于它超越了人类理性，亦即它为何存在是不可解的。而"时间之前"或"宇宙之外"只是人的感知不能经验、常识不能理解的日常语言悖论（"前"、"外"均与人的感知经验相关）。推论上帝创造了这个世界，或推论客观世界只是你的主观幻相，都具有逻辑可能性，但又都缺乏"足够的"经验支持。设定世界作为客观物质存在则有"足够的"经验支撑，它的经验现实性为这个可能性提供了比较稳固的基础。量子力学的"实证论"只表明在某些领域内，客观实在性的结构和意义有所不同，量子力学不仍然承认概率性规律的存在么？各种"规律性"可以只是人的创造和发明。但"有规律性"（即"协同共在"）却可以是宇宙－自然存在的客观特性；它就是那存在本身，Being 就是 Becoming。所以《批判》认为从形而上学讲，Einstein 的"实在论"接近 Kant 的"物自体"，比量子力学的"实证论"要确当。

**问**：你说过，或者是 Plato（包括唯物论，即承认有独立的客观的各种理式或物质及其具体规律），或者是 Kant（只承认有一不可知的"物自体"），你倾向后者。

**答**：Kant 的"物自体"包含有唯物论，所以许多人都反对，要去掉那个"物自体"。而我以为设定一个物质性的客观实在的宇宙－自然即"物自体"比设定一个上帝、或纯粹的唯我论、或万相皆无相的虚幻，有更多的经验支撑，即有更大的现实可能性。我说过"万相皆空"之后，你还得活，你还得活在一个"客观"世界里。这使得这个唯物论的设定具有本体论的价值和意义。

**问**：但实用理性似乎更接近量子力学的形上假设，也可说是接近 Dewey，即没有什么客观存在及规律，一切均人所造。这不也正符合于"度"的艺术么？

**答**：不然。Dewey 也并未否认客观（独立于人）世界。而我在区分"实用理性"与 Dewey 实用主义时更说过，"实用理性"强调中国传统的"天道"，它高于"人道"。即使"天道"恍兮惚兮，有不确定的特色，也不说话，"天何言哉"，各种具体的"天道"也大都由"人道"提升而成，但这不正接近上面讲的只承认客观世界规律性的存在，具体规律则是人的"发明"吗？这不就是"物自体"么？这个"物自体"并不是人的心意运作的结果。这是 Kant 与唯心论的差异，也是中国传统中的儒佛差异。

**问**：你这个认识论上的实体设定有点功利主义味道。这个设定是因为对人类生存更有益，对科技进步更有利，但科技"进步"有意义吗？

**答**：我坚持人类物质生活和科技有"进步",并认为这"进步"对人类的生存延续大有裨益。人不是希望活到一百二十岁吗?不靠科技靠上帝? 如果说维护人类生存延续就是功利主义,那么功利就是人类生存延续这个本体实在的基本属性。我不知道如何在这根本点上去"非功利",去"超越"?"超越"到哪里去呢?

**问**：关于有否"客观"世界,除了上述 Plato、Kant 两种,还可以有另一种选择,即 Wittgenstein 或后现代。

**答**：后现代将量子力学的理论加以哲学形而上化,否认有任何客观标准和客观价值,包括批判人文领域的"宏大叙事",宣扬一切均文本、均语言、均假定。但你知道,我是一直不欣赏不赞同的。

**问**：你似乎是认为 Kant 站在 Plato 和 Wittgenstein 的中间。既不承认有理式世界的客观存在,只待人去"发现",又不承认一切均语言用法的产物,而突出强调"物自体"的客观物质实在性和人们去创造发明各种具体的规律。

**答**：这就是我在《批判》中解读 Kant 的基本立场,并且攀缘了 Einstein。

**问**：难道一切自然规律都是人的发明? 四季循环、花开花落也是人的"发明"而不是"发现"? "四时行焉,百物生焉"也是人的"发明"?

**答**：佛家说万法唯心所造。这里倒不是心造,而是人类生存实践通由语言、概念和积淀形成的心理形式所造。这个所造与被造本是同根生发，相煎也就不必太急。因之"发现"这类词汇恐怕需要进一步思考和厘清。Einstein 的名言："这个世界的永恒的神秘是它的可理解性。"（《物理学与实在》）这"理解"是"发明"还是"发现"？既然是"神秘"，在这里"发现"与"发明"便可以同一。这也就是"天人同构"（天人合一），亦即认识与信仰的重叠处。上帝与人完全异质，是人所不可能了解和不可能作用于他的。人却可以用在实践活动的经验基础上所创造出来的一整套概念、理论、知识和心理去有效地认识、解说和作用于世界，使世界存在的丰富性充分显现，使人类生存日益幸福安康。这是"发现"还是"发明"？很难划分。当代大数学家 Michael Atiyah 说数学是"发明"。数学既是"发明"，各种必须经由数学推论的科学理论和发现，难道不也是"发明"？但是，从总体上说，我又仍然认为，强调"物自体"客观存在的"规律"具有可理解性的"永恒的神秘"，亦即强调"发现"从而保持对超出"人道"的"天道"的敬畏，更为可取，即认为其存在不可理解，其"规律"可以理解。神秘的是这一"天人同构"。"天道"在信仰—情感上的肯定、"发现"和敬畏[1]，与"天道"在科学－艺术－人事中的自由创造和发明，二者之间的复杂关系，不仅是存在论（Ontology）而且也是认识论（Epistemology）上仍待继续研讨的重大问题。

[1] 参阅拙文《关于"美育代宗教"答问》。

问：你讲了不少善、美，似乎很少讲真。真是什么？

答：真、善、美这种古典语汇在后现代讲便很困难和麻烦。如要求确定含义更如此。真可认作是被设定的宇宙客观存在及其规律性，即物自体是也。它是发明和发现、认识与信仰的共同源泉，是哲学探索所指向的诗意神秘：那不可理解的可理解性。

## 阴阳五行与辩证逻辑

问：那么是否该讲讲阴阳五行和辩证逻辑（或辩证法）了。它或是传统，或是上个世纪的中国显学，影响很大。

答：我曾把"阴阳五行"和"辩证法"（即"辩证逻辑"，二词本文中同义使用）作为生长在不同文化传统中的两个不同范例，来讲存在层的逻辑。即它们不同于操作层的逻辑和数学，而是人们在不同文化背景中对生活、生存所作的某种整体性把握的观念、范畴或观念体系。它们当然都是人的发明，而且是某种非常有缺陷的发明。现在人们不再谈论它们了。一属于中国，来源于兵家、老子、周易以及巫医，形成于汉代；一属于西方，来源于希腊的论辩术，Hegel 集大成。

问："阴阳五行"怎么会是逻辑？

答：因为它们都是人对自己和世界存在的一种理解和把握，是指导着人们实践的思维模式或系统。在古代，"阴阳五行"是解释和统领中国政治、文化和生活各方面的思维模式和行为指引。今天的中医仍然如此，它也仍然在有效地指引着人们的养生和治病。"交互"作用在 Kant 和 Hegel 的先验逻辑里，是继"实体"、"因果"之后的最高范畴。阴阳五行是构造"交互"作用的某种典范，复杂而高级。它不仅不是线性因果，也不只是互为因果，而是牵一发动全身、多元繁复的因果反馈机制。阴中有阳、阳中有阴的阴阳对立而又渗透互补，金、木、水、火、土的"五行类比"联想即某种家族相似，能在何种意义下与某些现代逻辑形式相联结，可以是一个饶有兴味的问题。正如物理学有许多宇宙模型，存在层的阴阳五行如同辩证法，都是对存在把握的一种发明。

**问**：如何评价 Hegel 的辩证法即辩证逻辑？

**答**：作为思维模式或方法，我以为，"阴阳五行"与"辩证法"有一共同之处，就是反对抽象思维。所谓"抽象思维"有两个特色。一是将操作层的同一律、矛盾律到处搬用，执着于概念固定性方面，非此即彼。Hegel 批评年轻人倾爱这种思维方式。阴阳五行是对立互补，上面已说。Hegel 的辩证逻辑更是强调矛盾转化、对立统一、否定之否定等等。"抽象思维"的另一特色是平面罗列现象，也是将操作层的观念、方法搬用到存在层，缺乏一个由一般到特殊、由抽象到具体、由简单到复杂的"逻辑"。"阴阳五行"和辩证逻辑恰恰重视这个"逻辑"，轻视抽象议论，强调"具体问题具体分析"。Hegel

这一特色为学人熟知。中医治病因人因地因四季朝暮而不同，可以同病异治、异病同治，也如此。两者都不满足于经验论的平面罗列、静态归纳、琐细分析和从个别到一般，都重视反馈因果、有机整体、动态过程和个体特征，在动态有机过程中去确定实体和因果。

**问**：但"阴阳五行"和辩证逻辑的差异太大了。

**答**：又各有优势。"阴阳五行"多是循环，为保持整体均衡，有封闭特征，缺乏辩证逻辑的前行感。而辩证逻辑的抽象概念推移，由于缺乏足够的经验约束，容易产生语言诡辩和先验幻相。

**问**：你讲的"阴阳五行"、辩证逻辑都只是思维模式或逻辑形式。众所周知，逻辑不同于认识心理。

**答**：是这样。正如我讲伦理学的两种道德只是观念上的善恶、对错的区分，它们作为意志行动和人性能力在心理上也许并无区别。而所有这些所谓"理性凝聚"、"理性内构"、"理性融化"如何呈现在神经生理（从而认识心理）上将是百年后的脑科学、认知科学和心理学的课题，远非今日所能解决。我分"理性内构"为逻辑－数学层、观念－范畴层和秩序－感知层（见后）都只是用今天日常语言所做的粗略区划。John Searle 曾讥讽 Heidegger，问："大脑如何产生 Dasein？Dasein 如何存在于大脑之内？"（见《现象学的幻相》文）其实，人的各种心理认识、推理、计算等等又特别是各种体验、情感离脑科学用科学语言来解说，还遥远得很。也正因为这样，"哲学"

的意见（非科学认识）也才能派上用场。

问：但你还是比较赞赏英美的心灵哲学，而不喜欢影响很大的现象学？

答：这正是因为英美的心灵哲学所做的探究讨论密切与现代脑科学成果相关，具有经验的科学依据。它的哲学方向如否认心灵实在论、心物二元论与我的历史本体论的"唯物论"非常合拍。

问：但他们不是反对"唯物论"，而说自己是"自然主义"吗？

答：那只是名词解读问题。我也不欣赏"心灵是大脑的产物"之类的还原论或模糊说法。因为心灵意识活动与大脑生化物理过程是同一件事，不是谁"产生"谁的问题。两者既是同一件事，便都可说是"实在"。对我来说，这里的要害只在于，心灵不能脱离大脑的物质运动，即没有可以脱离物质（大脑）的心灵、意识。这就是我的历史本体论哲学的"唯物论"，仅此而已。说这就是"自然主义"，也可以。

问：英美心灵哲学分析得很精细，你却说得这么简单粗略。

答：如前所说，认识论今天已是相当专业化的理论领域，假说众多，讨论细致，我已不能参与。但脑科学和认知科学又毕竟还处在婴儿阶段，大脑各区域、结构、作用、功能，包括我所谓的"通道"、"过程"等等都还极不清楚。因此我又可以用日常大众语言表达一些虽很粗略但有关根本的意见。即使有精细的科学语言和分析哲学的语言，大众日常语言的概括对表达一些根本思想仍有用处。

**问**：你为何不喜欢现象学？

**答**：心灵哲学有很好的科学含量和严谨的逻辑分析，相比之下，现象学在出发点上就把各种科学知识和日常生活等统统"括了出去"，完全从直观体验出发，用晦涩繁复的语言构建出一座座高耸入云的迷宫大厅，描绘精细却玄奥难通。我多次说过，Heidegger 把存在者及其具体生存环境即特定时代、社会作为"非本真"，"括出去"，通由高玄的语言，"此在"（Dasein）和"存在"（Being）便成了虽颇具魅力却是空洞而危险的深渊。

**问**：看来，这是你在认识论上贯彻反对"语言是存在之家"，要求走出语言，回归人的历史—心理的"总路线"？

**答**：无论认识论、伦理学、美学，我都希望从语言中走出来，回到历史积淀而成的人的心理。"人类如何可能"要进入"人类心理如何可能"，亦即"人性如何可能"，亦即"理性内构"、"理性凝聚"、"理性融化"如何可能的研讨。还是这几句老话。

**问**：请再从认识论或逻辑上讲 Kant、Hegel、Marx。你三十年前的《批判》讲认识论就循此线索展开。

**答**：《批判》一书表面上是从 Kant 经 Hegel 到 Marx，实质上是从 Marx 到 Kant。即从"人类如何可能"讲"认识如何可能"。而非常不满意于 Hegel。因为 Hegel 的辩证法是存在层的逻辑，展示的是对世界的把握认知。Hegel 以之论述了大量自然和人文现象，许多都是硬塞进框架内的材料编撰，误导后人，造成灾难。

**问**：但你还是肯定 Hegel 辩证法的历史感,什么是这"历史感"?

**答**：任何事物都从其来龙(过去)去脉(未来)中去寻求把握,亦即在全过程中去把握实在(现在),此即"历史感"。Feuerbach 曾说,Hegel 将"上帝规定为一个过程"(《未来哲学原理》)。Hegel 的上帝必须经由感性世界的过程回归自身才成其为上帝。这比老是悲叹今不如昔的感伤复古的浪漫派,比就事论事、烦细分析的爬行经验论要深刻。因之,像"阴阳五行"、"辩证逻辑"这种体系型的认知模式,作为知性方法以构建认识,或作为理性理念以范导认识,在今天应居何种地位起何种作用,并非"死狗"一条,而仍然是一些值得仔细思考估量的问题。

## 秩序感

**问**：你强调现今脑科学还处在研究感知、记忆等较为初级的认识状态,还不能研究想象、理解、情感等等问题。

**答**：即使在感知领域,一些深刻的问题也并不清楚。例如秩序感(the sense of order)。

**问**："秩序"不就是"理"么?

**答**：但这是在感知中的"理"。秩序感是有理知渗入的感受,是某种"感"(sense)某种"情"(feeling),而并不是概念认知的"理"。

问："情"是什么呢？

答：又是一个很不清楚的问题。我曾将情感粗分之为由内而外、由情而感曰"情感"（相当于emotion，如艺术创作）和由外而内、由感而情曰"感情"（feeling，如艺术欣赏）。前者多由内在生理需求引发，后者多由感官接受外物引发，二者又互相渗透交织而错综多端。它与理知认识的关系也如此。凡此种种现仍处在一团混沌中，不知多少年后才有科学的某种答案。所以，情感、感情二词我也仍是同义使用。至于它们与秩序感的关系，便更是复杂了。

问：你重视Dewey《艺术即经验》第7章，其中大量描述了秩序感。

答：所谓秩序感也就是我以前讲过的形式感（the sense of form）。Dewey说"自然节奏与自然规律是同义词"，举出了四季循环、昼夜更替、潮涨潮落、月缺月圆、呼吸循环、心脏跳动等等一大堆自然、生命、人事、环境之间的各种"节奏"，以及重轻、大小、动静、推拉、胀缩、升降等等规律。这都是形式感或秩序感。Dewey讲小孩由动物式的play转到人的game，就是因为后者有一定的秩序、规则，在其中寻求各种变化觉得更好玩更有趣，它也更激发和培育小孩的心智能力。这与我所讲的"理性内构"的第三形式约略相当。它的特点是与"理性融化"（审美）联系在一起。它使游戏的动物本能和游戏中的动物性的情感加进了理性的控制和规范，而形成人所特有的情理结构。人的各类游戏都有其规则，也就是秩序。诗文书画亦然。今天人们仍多愿作曾被讥为"戴着镣铐跳舞"的七律而不作自由体白话诗,觉得前者更有兴味,大概也是如此。所以,秩序感虽是"感",却已经有理知和概念渗入融化于其中。"理"在这里是渗透和融化,不同于前面所说逻辑-数学形式和观念-范畴形式的"理性内构"的理知认识。

**问**:宇宙(Cosmos)本身之所以不是混乱 Chaos,就是有一定的规律、节奏、秩序。人的自然生命也如此。秩序和秩序感的重要,如斯可见。这也就是"宇宙—自然与人协同共在"?

**答**:混乱 Chaos 总是不可避免的。自然界爆发地震、海啸、火山、狂风、暴雪等等也有其规律。对地球或宇宙无所谓"混乱"。但由于它们对人类生存总体的作用和影响一般仍然是局部和有限度的,而人类赖以生存延续的宇宙存在常态,却多有均衡、和谐、循环往复等"秩序"(order)即"规律"、"节奏"在。人们称此常态为 Cosmos(宇宙)。从而 Cosmos 也就意味着秩序(order),而将破坏秩序者称之为无序、Chaos、混乱。我以前说"在显微镜下,雪花如此完整优美,细胞却如此杂乱纷陈。在宏观领域,井然有序与杂乱无章也同时并存",二者同样遵循"规律"。人们却把前者当作"秩序"感受,也正是由于上述有利于人类生存的缘故。

**问**:你的哲学是人类学历史本体论,所以如此说。你感兴趣的是所谓自然节奏、规律、秩序与"人活着"的关系。

**答**：我引一段 Dewey 的话如下：

> 自然科学进步的历史是对我们所把握的，最初吸引远古人类注意的，是粗俗而有限的节奏进行加工和全面表现的记录。这一发展达到一定程度时，科学与艺术分开了。在今天，物理学所赞美的节奏显示只对思想起作用，而不对处于直接经验中的知觉起作用。它们以符号的形式出现，不表示任何存在于感觉中的东西。它们使自然的节奏只对那些经过长期而严格的训练的人显现。然而，一种共同的对节奏的兴趣仍使科学与艺术构成血肉联系。由于这种联系，将来也许会有一天，那些今天仍处在艰苦的沉思之中的，那种原来只对经过训练才可阐释的，只以象形文字的方式出现在感觉中的人起作用的素材，会成为诗的材料，并因而成为令人愉悦的知觉对象。[1]

Dewey 不会欣赏后现代艺术，但这段话很有意思，可以作为后现代艺术的某种指向，而与"以美启真"相关。Dewey 指出科学与艺术尽管分离，却同样有节奏。我感兴趣的是由智力理解了的抽象节奏，最终可以直接感受到。这正是科技领域内的"自由直观"和"以美启真"。"自由直观"是就认识主体说，"以美启真"就客观形式说，是同

---

[1] Dewey：《艺术即经验》，北京：商务印书馆，第165—166 页。

一件事的两个方面。它属于"创造性想象"或 Kant "先验想象力"的范围。

**问**：动物生存也遵循秩序，也应有秩序感，人的特色何在？

**答**：Feuerbach 曾讲到人的感官不同于动物，因为它不局限在某种特定的对象上。但他没说出为何人的感官能够如此。对我来说，当然就是使用—制造工具的结果。Feuerbach 把人的感官这一普通性特色说成是"精神性"，其实就是我以前讲的"感性的社会性"（指感性的非个体功利性，见拙作《美学四讲》）和"抽象的感性"（即超生物感官的感知 super-biological，亦即脱离感觉器官而留存或出现在大脑皮质中的感知）。它们的由来就是历史的积淀，这即是由于使用物质工具和符号工具（数学）的介入，使人的秩序感知的领域和范围极大地扩展了，并具有了无限的创新可能性。人在各种混沌中经由各个层面的实践，创造了许多新的秩序、规律、比例、节奏，从而突破了任何动物种类的秩序和秩序感，使自己的大脑可以产生脱离感觉器官的某种感知，其中包括秩序感知。这样也就不断刷新和改变自己原有的秩序感。

**问**：举例说说。

**答**：我多次以巴黎铁塔为例。它在建立时，法国高级知识分子即有教养的阶层无不反对，认为丑陋之极，现在却成了建筑史上的典范。后现代建筑艺术也如此。其他许多艺术部类，包括当年歌剧《卡门》、印象派绘画等等也都经历了由感知习惯不能接受到接受和习惯直到喜爱的过程，甚至 Beethoven 的音乐也曾如此。它们都是突破了原有的感知秩序，经习惯后成为新秩序新感知的典范。科学上量子力学所提供的纯粹抽象的理论结构与物理学原有的秩序便很不适应。但一段时间之后，"量子理论逐渐被看成审美上令人愉悦的了"[1]。人们在实践经验上的成功更加强了理解渗入感知的创造、发明，从而也将秩序感不断革新、改变和扩大。

**问**：音乐如何？

**答**：音乐奇妙之处，是既可表示最原始的意绪情欲，也可以表达最深沉的哲理感情。其间差距极大。绘画从小儿式的信笔涂鸦到伟大画家的成熟作品，其中秩序感的差异也不可以道里计。共同处正是后者将深刻的理知融化在情感之中而成为新的感知秩序。音乐以其音响（乐音、自然声、颤音、震音、和声……）、节奏、旋律、复调等等，人为地创造着一个多么丰富复杂而又不断发展变化的秩序世界，强烈地影响和塑造着人的心灵。

**问**：从认识论说，秩序感之所以与"以美启真"有关，是由于人们以美去"发现"（实际是发明）宇宙（Cosmos）的秩序有关？这也是你要概括在"自然的人化"和"人的自然化"哲学中的命题？

**答**：也是"人性"的具体内容。人性是既积淀又开

---

[1] James W. McAllister,《美与科学革命》，李为译，长春：吉林人民出版社，2000 年，第 245 页。

放的过程。秩序感不只是人的自然生命与自然环境的协调同在,而且更是"理性内构"与"理性融化"的交汇。我以前谈过,一些伟大的理论物理学家酷爱音乐,其中大概有某种道理,这道理可能就与创造秩序感有关。

**问**:你刚才讲到对抽象结构的秩序感知好像很重要?

**答**:我以前多次讲过"抽象的感性",便与此相关。它不是理解(understanding),不是推论(inference),不是逻辑(logic),不是概念(conception),而是一种感知(sense)。其中可以包含着个体的主动的 affection,却又不是对具体事物的感觉、知觉(sensation, perception),或感情(feeling, emotion),而是一种直觉(intuition)的感知。它是由"感性社会性"开发出来的"超感官的感知",当然也并非一定"超感官",这里主要是指科学认知中的某些非感觉器官所能涉及干预的抽象领域。我以为这是人类在一定文明程度开始为某些人(从工匠到科学家艺术家到大政治家军事家)所拥有的原创性的秩序感受。它是发现,更是发明。

**问**:那么这种秩序感是在操作层还是在存在层?

**答**:作为一种人性能力,这两个层面都有。

**问**:你似乎把秩序感与经验成功和习惯直接联系甚至等同了起来?

**答**:二者仍然很不相同。经验成功和习惯并不一定能产生秩序感,秩序和秩序感也不是经验成功的充分或必要条件。秩序感是某种具有概括性质的个体主观感受,与个性的偶然关系很大而不是普遍性的客观方法或逻辑推论。所以"美"只能"启真",而不就是"真","真"还必须经过严格的逻辑推理和数学演证才能得到。

**问**:那它又有何价值?它似乎只是个形式感受问题?

**答**:形式感受很重要。新的秩序感可以发现(实际是发明)新规律。比起实验室的经验数据来,科学家们常常更看重这种可以作为原创推动力的新感受,即由直觉所"发现"的新秩序。这是一个极有意思却难以解答的问题。它涉及 Cosmos 究竟是什么?在根本上又涉及那个不可解答的"物自体"存在的神秘。

**问**:秩序感也有不同的层次和种类。

**答**:逻辑、数学、阴阳五行、辩证观念等等都具有概念思维的普遍性,而秩序感如前所说,却是非常个体的感悟,偶然性很大。它本身的层次和种类划分也更多和更难。如同"天才"至今难以捉摸。

**问**:这又涉及"发现"与"发明"问题。

**答**:人"遵循"自然秩序又创造新的秩序。以前说过,不同建筑材料如木、石、钢材、玻璃所建立起来的建筑造型的不同秩序和秩序感受便很不一样。它是对自然秩序的挖掘、发现,又是人对它的开拓、发明。它是人自然化,又是自然人化,是对自然静观中的感受发现,更是人在生活实践中的创造发明。它在"理性内构"的人性智力上留下了深刻印痕。这也就是人性—人心的"历史"(集体)和"教育"

（个体）。C.Geertz说，"没有文化模式，即有意义的符号组织系统的指引，人的行为就不可控制，就将是一堆无效行动和狂暴情感的混杂物"[1]。这个符号系统当然不止于秩序感受，它还包括上述的操作层和存在层的逻辑。E.H.Gombrich通过装饰设计更精彩地描述了人类创造了千变万化极为众多，可为感官感知的有关空间的秩序形式及其不同感受。他指出，动物有秩序的要求，是生物进化的结果。但只有人能够创造出为任何动物所不能做的如此多样复杂的秩序形式。并以为，这种创造可以是无限的。正是这种创造使人对秩序的感受极大地扩展和丰实。Gombrich讲的是日常空间的各种秩序感，在科学的"抽象的感性"或"超感官的感知"领域内，秩序感更为奇妙多样。

**问**：你这"超感官的感知"与牟宗三讲的"不忍不安"的"恻隐之心"有否近似？

**答**：否。牟是在讲"道德心"。他是将经验性的同情心抽象提升为超验的本体，那种"感知"是一种神秘经验。我所讲"超感官的感知"，不仅根源于日常的感官感知，而且也最终将落实为可由感官感知的秩序形式，如优美的数学定律、方程式、推理过程等等。

**问**：秩序感与认识论何关？

**答**：这是认识论有关创造发明的重要问题，是"理性内构"与"理性融化"、审美与科学渗

---

[1] 转引自拙作《华夏美学》第1章。

透沟通的问题。秩序感是"以美启真"的核心。人通过独具个性的审美－秩序感的培育可以指向新的"发现"和创造。尽管科学中秩序感的审美（感知、想象、理解、情感）因素会迅速指向和消失在概念性的逻辑判断和繁复推理中，而不同于审美常驻和深化的艺术。

**问**：明了、简洁、均衡、对称、轻快、严格、开放、封闭这些审美词语可作为秩序感的某种分类？

**答**：我不敢说，这需要专门研究。

**问**：秩序感与"度"有何关系？

**答**："度"是人类生存的根本，秩序感是人在"度"的活动中的"理性内构"和"理性融化"。人以其在自然身心基础上的实践活动中所获得的秩序感，使"理性内构"日益拓展和扩大。秩序感虽不排斥由静观感受中得来，但主要是人在实践活动中的自由创造。"几何成分在自然界中是很少的，确实少得几乎没有机会在人脑中留下其印象。"[1] Gombrich 说："正因为几何形状在自然中是很少见的，所以人类的脑子就选择了那些有规律性的表现形式。大家一般都公认，有规律性的表现形式是具有控制能力的人脑的产物。""偏爱直线和有规律的形状……无疑为了方便。"[2] 所谓"方便"，不就是为了人的生存么？ Gombrich 说："如果这样的偏爱没有重要生存价值，它就不会成为

---

[1] Gombrich,《秩序感》,引 Franz Bosa 语,杨思梁、徐一维译,杭州：浙江摄影出版社, 1987 年, 第 15 页。

[2] 同上。

我们的有机传统一个组成部分。"[1] 可见，秩序形式的创造来自也最终服从和服务人的生存。这一"偏爱"正是理性对自己感性的建构，即"理性内构"和"理性融化"。中国古典文献中所不断说及的"养气"、"心斋"、"虚一而静"、"陶情冶性"、"万物静观皆自得，四时佳兴与人同"以及气功、太极拳等等，也正是展现出没有狂暴酒神精神的中国传统对自然秩序和心理秩序的"偏爱"，对理知和情感上各种有益于身心生命的秩序塑建的高度重视。它是"自然的人化"也是"人的自然化"，是"发现"也是"发明"。

**问**：你在伦理学中讲"理性凝聚"时，着重谈了人性情感，即自然生理情感的理性化提升，这提升与"理性融化"有内在深刻联系，所以才有"以美储善"。这里讲认识论"理性内构"三种形式，通过秩序感的强调，将理性对感受的渗入融化与审美联结起来，是以有"以美启真"。而"美"又与"度"有关，"增之一分则太长，减之一分则太短"。所有这些似乎都在贯彻"美学是第一哲学"。

**答**：不仅内在心理，而且外在政治，如《伦理学纲要》所言"乐与政通"、"和谐高于公正"，也如此。它们都说明人的生存实践是一切道德和认识、伦理和科学的本源和基础，说明"人活着"作为哲学出发点和第一命题，认识论服从于它。

**问**：所以这里也是以"度"为起点的认识论的

---

[1] Gombrich:《秩序感》，引 Franz Bosa 语，杨思梁、徐一维译，杭州:浙江摄影出版社，1987年，第16页。

展开?

**答**：而且它与对宇宙—自然的直觉感受相关，与人的情感—信仰和宇宙观、本体论相关。

**问**："天地不仁，以万物为刍狗。"如你前面所说，自然无所谓秩序（order）和混乱（chaos）。所谓"混乱"也仍有其客观规律。而所谓"秩序"、"规律"等等则都是人将自然的某个方面选择、集中、提炼出来的观念。这与你讲中国传统时说，"天行健"、"生生之谓易"等都是人赋予宇宙—自然以肯定性的乐观情感的"有情宇宙观"有关?

**答**：是这样。也是在这里，数学以奇妙的方式将认识论的"理性内构"与审美的"理性融化"相沟通会合。将人的认识与信仰沟通会合，人在这森严万象而又秩序井然的美的世界中臣服了。"发现"与"发明"合二而一。我以为，这种突出有秩序的客观宇宙物质性存在的哲学设定，比突出本身包含现实性的黑暗－毁灭力量的设定要好一些吧? 有些哲学强调这个先验黑暗是人的生存基础，因为只有这样，"灵"才能闪耀，在毁灭中才显出生的光辉，人也才能得救。从"原罪"到 Freud 的"死本能"，似乎都可看到这个黑暗的巨大身形。Lukács 的大字报体的《理性的毁灭》一书的第一个批判对象 Schelling，也可作为一个典范。Schelling 在 1809 年《自由论文》（见邓安庆译《对人类自由的本质及其相关对象的哲学研究》）中扔弃了前期启蒙观念，深入思考上帝的非理性的黑暗，这黑暗具有现实性的物质冲动力量。它正是秩序感的反面：无序，混乱，死亡，毁灭，足以敬畏。Schelling认为，它与精神性心灵性的光一样，有一种本体论和逻辑学的先在性。这好像是指向Nietzsche的权力意志，特别是指向Heidegger深渊似的Dasein和Being的先声。难怪Heidegger要极度赞扬Schelling这篇论文是"德国哲学中最深刻的著作之一，因而也是西方哲学最深刻的著作之一"了。[1] 我以前说过Heidegger的Being具有物质现实性，它正是Schelling这个非理性、有意志、有现实性、从而必然造成大毁灭的黑暗的上帝。这个上帝也就是与cosmos、order相对立冲突的chaos。自然中确有chaos，人类也将永远有各种形式的冲突、争斗，它们并不只有消极意义，但它们并不是那主宰命运的上帝或上帝的一部分。

**问**：但你是将本为一体的秩序和无序、order与chaos人为地区分开来。

**答**：**这正是人"为天地立心"的具体化**。这就是中国传统的"有情宇宙观"，也就是"情本体"的宇宙观和认识论。人类学历史本体论从人类以自身力量维护生存延续出发，提出"真"是"宇宙—自然与人协同（规律性）共在"（"天行健"），提出"善是人类总体实践"（"人性善"），提出"度"、"数"作为认识论第一、第二范畴，提出"阴阳五行"

---

[1] 见Schelling：《对人类自由的本质及其相关对象的哲学研究》，邓安庆译，商务印书馆，2008年，第175页。

(互补、反馈、和谐)、"辩证逻辑"(历史感)和突出谈论形式感、秩序感，认可 chaos、混乱、无序、毁灭作为某种调节、刺激、补充、例外而最终会被吸收消化在秩序和谐之中。Being 就是 becoming，becoming 就是"生生"，而不是既成又毁的湿婆(Shiva)之舞。它的确与强调黑暗、死亡、罪恶、追求生存的否定力量及其本源性优先性的哲学颇相歧异。它不以秩序在社会层面经常与权力缠结一起而因噎废食、崇尚破坏。它非常重视那的确可爱的深刻的德国哲学，却又特别留意别让黑暗的激情摧毁人生。因为与以往任何时代不同，今天人类已具有彻底毁灭自己整个族类的现实可能性，人类如何继续生存延续应成为重要问题而为哲学所关注。哲学不只是纠正语言，不只是专业化的细节钻研，不只是文字游戏，更不应是一味鼓吹无序、毁灭和"什么都可以"。人类学历史本体论把哲学看作是"研究命运"，首先便是人类的命运。这里从认识论再次思考"人活着"及其命运作为哲学第一命题的确当性。

(原载《中国文化》2012 年春季号，原题为《认识论答问》)

# 阴阳五行：中国人的传统宇宙观（2001）

## 中国辩证法来自兵家：行动第一

总的来说，中国人对"阴阳五行"还是比较熟悉的。到现在为止，中医还是讲阴阳五行，无论是理论也好，还是运用也好，仍然是阴阳五行这一套。更不要说看相啊、算命啊、占卜啊、看风水啊，还是要讲阴阳五行。但阴阳五行非常复杂，到底是怎么回事。比如阴阳五行怎么样相生相克啊，这些理论也很多了。还有阴阳与五行到底是什么关系，它们到底是什么时候联系在一起的，这也有很多不同的说法，有的说是《书经》里面就有了，有的说是在《管子》里面就有体现，但更多人说是邹衍把它们联系在一起的，这叫阴阳家。这里不想讨论这些问题，因为这是非常专门的课目。我主要还是想从中国文化、中国哲学的特点来看看，这个东西到底对中国人的生活也好、思想也好、情感也好、价值观念也好，到底有一个什么样的影响，起了一个什么样的作用。所谓辩证法、所谓宇宙观、所谓认识论，这些词都是外来的嘛，到底有些什么特点，我准备从这个角度来看看阴阳五行是怎么回事。

首先看看阴阳。阴阳是怎么来的，说法就很多，有七八种吧。类别大概地分一下，我可以把它分为两类。一类是从观察外界事物中间得出来的阴阳观念，有的人说，阴阳是来自男女，男女当然很不相同，有的人说是来自昼夜，白天跟晚上，有的人说是来自天地，因为古书上说过，"天地生阴阳"，这是两个东西，还有说是来自日月，现在还把日叫太阳嘛，把月叫太阴嘛。这些说法比较普通、比较流行，是从外界观察得来的。另外一种说法比较不大受到注意，但我很看重，就是把阴阳看成是来自人的活动中间的一些东西。有的人说农业社会要注意阳坡与阴坡，就是阳光照晒得到的向阳一面和晒不到的背阴一面。还有我记得以前有外国学者写的，阴阳来自铸造青铜器，器物上面凸出来的一面与凹进去的一面，这也是一种说法。还有一种，最近一位年轻的学者，其实也不年轻了，一位中年学者吧，李零写的一本书，强调阴阳来自占卜，占的是阴卦还是阳卦，这也是一种说法。还有我自己比较倾向的一种说法，阴阳来自巫术活动中间的静止与运动的两种形态、状态的不同。这些说法就很多了，我们今天也不是要研究这些说法哪一种更有道理。但我为什么注重后面这种说法呢，我认为阴阳是在人的活动中间的状态所形成的。特别是占卜，占卜很明显，现在庙里都还有，卜出来是阴卦还是阳卦。"《易》"以道阴阳"嘛。我们读四书五经，五经以《易经》为首，《易经》里面就是讲阴阳，乾卦坤卦，乾三连坤六断，一个阳卦一个阴卦。但这个《易经》又是怎么回事？这又是个专门题目。到底是儒家的，还是道家的，又有不同说法。《易经》本来是儒家的，但是儒家好像没有阴阳这种观念，《论语》里就没有讲过阴阳，《孟子》也没有讲过。一些人认为这观念应该来自道家。辩证法这个词，就是从英文的dialectics翻译过来的，中国古代没有辩证法这个词，但中医里面有辩证论治。辩证法是讲矛盾的，而所谓中国辩证法就讲阴阳，但阴阳观念在儒家经典里比较少。Hegel写哲学史的时候很看不起孔子，说孔子讲的那些只不过是些处世哲学，做人的道理，而把老子提得很高，因为老子有辩证法。

老子，大家都知道，一讲辩证法，《老子》是最多的。中文的典籍翻译成外文的，至少翻译成英文的，《老子》是最多的，几十种译本，老子的辩证法是很出名的。这又牵涉到更多的问题了，《老子》到底是本什么样的书呢，老子又是怎么回事呢。这又是个大问题了。前两年在湖北郭店挖出一批最早的竹简里面，也有一部分《老子》，这个竹简《老子》跟现在的通行本《老子》很不一样，少了很多，有些观念也很不一样。包括跟儒家的关系就很不一样，一般都是讲老子是反儒家的，但从竹简来看，老子并不见得反儒家，跟儒家观念倒有很一致的地方。但这些我们今天也没时间谈。问题是《老子》这本书看来也是很复杂的，那些辩证观念又是怎么来的，我个人的看法，认为《老子》辩证法是来自兵家，至少是与兵家有关系。二十年前我写过一篇文章讲这个问题。当然这不是我一个人持这种看法了，唐代就有人以军事家的眼光来读《老子》，也写过专书。宋代的苏辙，明清之际的王夫之，清末的章太炎，都讲过老子是讲兵的。毛泽东也讲过《老子》是一部兵书，"文革"时传出这句话的，但他也没讲为什么说《老子》是兵书，那时还有人就此做了些文章。我想大概是因为毛泽东是带兵打仗的人，他从《老子》里面学到些用兵的东西。《老子》里面的确有讲兵的，《老子》讲"善战者不怒"，会打仗的人不发脾气，因为打仗是不能发脾气的，打仗必须非常冷静地处理问题，打仗如果凭情绪用事，那肯定打败。而《孙子兵法》也是这种主张，现在有人认为《孙子兵法》比《老子》还早了，《孙子兵法》一开头就讲，打仗是生死存亡之事，千万不能情感用事，既不能迷信鬼神，也不能情感用事，必须非常冷静地来处理这些事情。这跟《老子》讲的就非常符合了。《老子》还有很多讲兵的东西，有人讲《老子》不仅仅是讲兵，而且把兵提升了一层，把政治、历史经验都包括进去了。因为老子是史官，他是观生死存亡之道，概括了很多历史经验。所以有人说《老子》这本书是讲权术的，我觉得毛泽东在这方面得益不少。经常我们讲"大智若愚"，非常聪明的人装得像个傻人一样，"大巧若拙"，非常灵巧的人装得像个笨手一样，为什么呢，俗话说是装蒜。为什么要装蒜，就是为了要保存自己、打倒别人，这还是来自于兵家的基本观念。所以我讲中国的辩证法，老子对待事物的两个方面，他不是静观，观察，而是在行动中间的，为了运用，为了实际作用而去讲这些的。所以中国的辩证法一开始就跟西方的 dialectics 不同，古希腊哲学是在讨论当中发生辩论的时候，发现对方的矛盾，指出对方的问题所在，比如柏拉图那些对话录里所展示的。但是中国不是这样，不是在辩论中间发现思维上的矛盾，而是讲实践中间的矛盾，也不是黑格尔那种辩证法，把历史作为一个过程，正反合，肯定、否定、否定之否定，中国也不是这样。中国完全不是那种思辨的，不是概念的，不是那种辩证法，中国的辩证法完全是为了实用的，为了实际的，很强调人的主动能量的这样一种辩证法。这就是《老子》与兵家的辩证法。

## 反"反二元"：度

给大家看两张图，这是何炳棣教授写一篇文章，何教授赞成我的观点，他做了一种历史的研究，把《孙子兵法》中所有讲辩证法的词汇都概括出来了。这是他手写给我的《孙子兵法》中的辩证词组（见图一）：天地，阴阳，寒暑，上下，左右，纵横，往来，先后，远近，深浅，大小，方圆，主客，敌我，死生，胜败，治乱，安危，利害，轻重，强弱，智愚，文武，贵贱，众寡，饱饥，赏罚，虚实，刚柔，动静，行止，哗静，劳佚，攻守，进退，诱避，迂直，

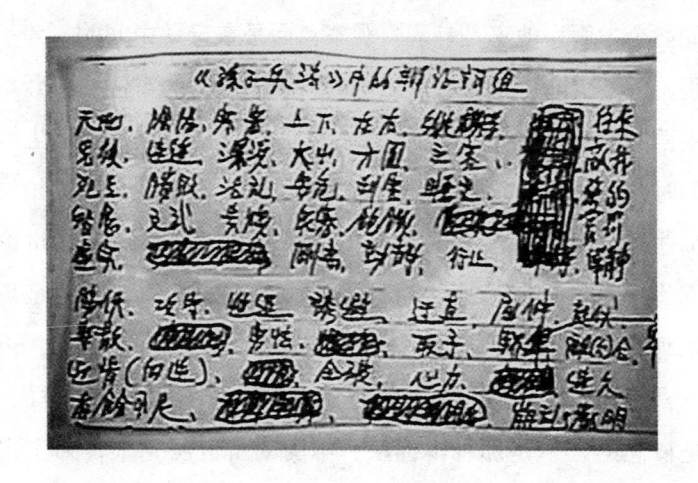

图一　《孙子兵法》中的辩证词组（何炳棣手书）

屈伸，起伏，专散，勇怯，取予，骄卑，离（分）合，迎背（向逆），全破，心力，速久，有余不足，崩乱严明。这另一张是他写的今本《老子》中的辩证词组（见图二）：阴阳，有无，刚柔，强弱，大小，高下，前后，美丑，难易，损益，生死，吉凶，祸福，荣辱，贵贱，智愚，巧拙，胜败，攻守，进退，轻重，静躁，曲直，雌雄（牝牡），奇正，天地，夷纇，盈缩，辩讷，敝新，明昧，歙张，开阖，兴废，取与，寒热，厚薄，长短，德怨，文朴，有余不足。

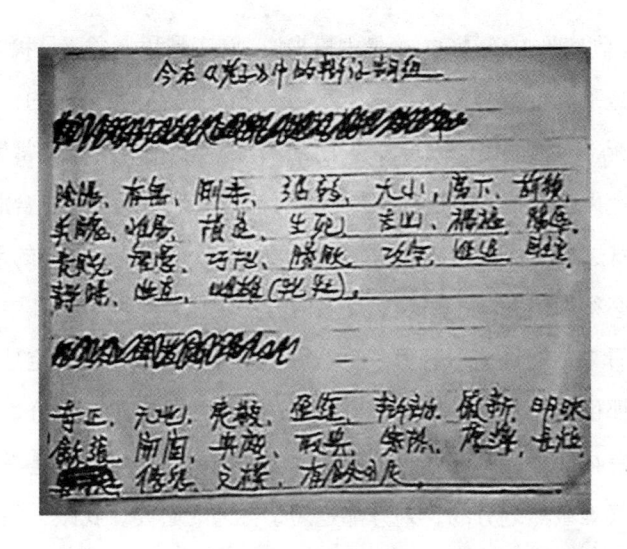

图二　今本《老子》中的辩证词组（何炳棣手书）

下面是我在《孙老韩合说》（1984）一文（见拙著《中国古代思想史论》）所引的几个，"敌我、和战、胜负、生死、利害、进退、强弱、攻守、动静、虚实、劳佚、饥饱、众寡、勇怯……"《孙子兵法》里的，我只举了这少数几个为例。认为它的第一个特点是为了运用，第二个特点是对任何方面都采取两分的办法，两分法，这是非常具体地分，而不是抽象地讲矛盾双方。它是实用的，不是思辨的，它的两分是为了实用，即在打仗的非常复杂的局势中，必须赶快做出决断。到底打还是不打，到底和还是战，到底是进还是退，到底是攻还是守，衡量力量来说，到底是敌人多还是我方多，到底是敌人士气高还是我方士气高，必须作出非常果断的、迅速的判断，而不能讲一大堆却没个结论，那不行的，必须非常迅速、果断地作出决定，决定到底要不要打。在战争时期是没有含混的，不能既这样又那样，行不通的。这个两分，就是因为这紧迫的形势，所以必须做出两分。后现代反对两分法，但这个两分法在中国辩证法看来，就是为了运用，而不是说世界上的事情就一定是两分的，那倒不一定。世界上的事情是连续一片的，很难划分，好像白天黑夜很难说从哪个时刻就是白天开始，哪个时刻就是黑夜来临，很难截然划分的。划分都是为了行为的必要。我跟一些后现代反对两分法的人说，我说现在也是这样，开车必须红灯停、绿灯行，没有这个两分，交通就大乱了嘛。两分法完全是为了人的运用而做出的，自然界本身，对象本身，不一定有这个两分，而是连续不断的，很难在哪里切割出来。当然有时候也有这种二分现象，但一般来说不一定。所以我认为这个两分，在中国思想史来看，辩证法主要是在人的活动运用中间出现的。

《孙子》与《老子》的两分，比较起来说，《孙子》更加具体，因为它是打仗运用的，《老子》这个更加概括。《孙子》就是讲军事方面的内容，《老子》就不仅是军事，而且描述了人生、自然界、宇宙等等，不仅仅是打仗的问题。《老子》是在《孙子》的基础之上，加进了很多对历史的观察。大家知道，春秋时期因为打仗很多小国都灭亡了、合并了，老子历观胜败兴亡，所以概括出来，包括人生、自然、社会、宇宙。但《老子》显然很多是从《孙子》来的,而《孙子》来自于打仗。所以中国的辩证法是实用中的辩证法,是非常具体的、经验性的概括和总结。这一点非常重要。为了运用,这个辩证法就不仅是概括这两方面而已,更要注意到这两个方面的转化。这个转化也可以一般地讲,像 Hegel,但中国讲得非常具体。我在书里讲过,《孙子》说的"乱生于治,怯生于勇,弱生于强","实而备之,强而避之,怒而挠之,卑而骄之,佚而劳之,亲而离之,攻其无备,出其不意",等等,都不只是描述、发现、了解、思索诸矛盾而已,更是要在活动中去利用、展开矛盾,随着具体条件、情况而灵活地决定和变化主体的活动。《孙子》里还讲,"兵者,诡道也。故能而示之不能,用而示之不用。近而示之远,远而示之近","辞卑而益备者,进也;辞强而进驱者,退也","无约而请和者,谋也;奔走而陈兵车者,期也。半进半退者,诱也"。《老子》的"大智若愚"就是从这里来的,表面上好像不行,显得很谦卑,其实是准备进攻的,要小心,不要被它的表面现象给迷惑了。这是讲的外在表现与内在意图的关系,这个辩证法是为了运用的,为了很具体的运用,看似完全相反的东西,在运用中活动着的,所以这是非常灵活的,处于不断的变化过程当中,而不简单是静止排列的对立概念。并且是要在行动中由弱变强,由少变多,由实力明显处于下风,到想尽办法占据上风,以弱胜强。我想毛泽东在这方面大概学得比较多。那么如果是处于强的一方,应该怎么办呢,这就是中国辩证法主张的"居安思危",处于安乐环境中一定要时刻警惕危机,"满而不溢",满了却不要漫出来。类似的讲法还很多,季札观礼讲的"直而不倨,曲而不诎,近而不逼,远而不携,迁而不淫,复而不厌,哀而不愁,乐而不荒,用而不匮,广而不宣,施而不费,取而不贪,处而不厎,行而不流",孔子讲《关雎》"乐而不淫,哀而不伤",孔子本人"温而厉,威而不猛,恭而安",曾子讲的"恭而不难,安而不舒,逊而不谄,宽而不纵,惠而不俭,直而不径",等等。整个辩证法都是讲怎么维持、壮大自身的生命,如何由弱变强、由少变多,多了强了又要怎么持续保存实力,总而言之就是维持生命、维持生存,都是为了这个目的。对个人来讲是如此,对军队来讲是如此,对国家来讲也是如此,整个都是为了这个。所以这个阴阳,并不是说一个是坏的、一个是好的。这一点,很多外国人就很难理解,因为他们理解的上帝和魔鬼,波斯人的光明与黑暗,这两个东西是斗争的嘛,总是一个好一个坏。但中国哪里说阳好、阴不好呢,都有它的好,如果不好就是这两个东西不调和,失了控,过犹不及,过度是不好的,程度达不到也不行。所以中国就是讲阴阳的平衡,讲究它们的和谐,认为好是这个,并不截然划分哪一方好、哪一方不好,不好就是破坏了平衡、和谐,要么是这边过多了,要么是那边过多了。老子讲"知白守黑"呀,"守雌"呀,"不为天下先"啊,都是这样一种态度,都是为了维持自己的生存,哪样对自己的生命、自己的生存有利,从个人到社会,从军队到国家,都是这样,都是为了保存、壮大自己,这完全是非常实用的。

所以刚才讲的这些，就是主张不过分，适度，我把它概括一下。西方讲的逻辑，A=A，A≠$\bar{A}$。中国人讲的，A=A，A≠A+，A≠$\bar{A}$。西方逻辑 A 就等于 A 嘛，A 不能等于非 A 嘛。中国人呢，A 不等于 A+，也不等于 A−，就是要恰如其分嘛，这就是中国辩证法。我讲中国辩证法就是讲这个字，"度"。既不讲"质"也不讲"量"，而是讲这个"度"，这个"度"是要在活动中把握的，这就是艺术，艺术讲"增之一分则太长，减之一分则太短"，就是要恰恰合适。这个合适的重要性在什么地方？恰恰就在人的行为中间，而首先是来自人的求生存的活动。所以我为什么讲它来自兵家呢，因为老实说在日常生活中，多一点少一点是无所谓的事，对吧，也不必那样两分，分得那么清楚，在日常生活中是不需要的，打仗就非这样不可，不这样就危险了。就是这么来的。所以我说**兵家是中国哲学第一家**。到老子那里，变成中国人对于世界的看法，变成了这样一种辩证法的观念，就不仅限于打仗了，概括了很多方面。这也很合适。自然界确实也有这些区别，山高水低啊，日月昼夜啊，人的活动跟自然界也有相合的地方，打仗的道跟天的道好像是相同的，所以中国讲天道人道是一个道。下面还要讲。刚才说 A 就是 A，它有个度，比如"逊而不谄，宽而不纵"，谦卑很好，但不能过度，不能变成谄媚，变成谄媚就不对了，宽容也不能过度，变成了放纵，包括对子女也是这样，过分了就不行，要恰如其分。又如"乐而不淫，哀而不伤"，快乐不能过度，太快乐了也不好，哀伤同样不能过度，不能伤身，哀不伤身、毁不灭性，这都是儒家的态度。"温而厉，威而不猛"，这是形容孔子的话，很威严，但是又不凶猛，两者有关系，但又有区别。这就是中国人讲的阴阳辩证法。

中国的阴阳辩证法，阴阳之所以能够互相转化，就是因为它们不是绝对两分的。太极图的阴阳之间，是一条曲线，不是一条直线，曲线就是变动的，是非常灵活的，一直处在运动中的。中国的阴阳图，阴中有阳，阳中有阴，阴鱼有一个白圆点，阳鱼有一个黑圆点。这是医书《内经》里的话，"平旦至日中，天之阳，阳中之阳也。日中至黄昏，天之阳，阳中之阴也。合夜至鸡鸣，天之阴，阴中之阴也。鸡鸣至平旦，天之阴，阴中之阳也"，这段话出自《素问·金匮真言论》，这话到现在都是经典。从阴到阳，从阳到阴，是不断变化着的。这是医书的话，下面这是儒家朱熹讲的话，"阴阳虽是两个字，然却是一气之消息，一进一退，一消一长，进处便是阳，退处便是阴，长处便是阳，消处便是阴；只是这一气之消长，做出古今天地间无限事来"。所以整体来看，中国人讲"工"、"和"、"巧"，都是讲合度、适度，"运用之妙，存乎一心"，就是怎么样掌握合度，这都是为了行为。所以这种分析不带有什么情感性的，是非常理智的东西，它是一种理性，但是这种理性呢，它不是先验的（transcendental）纯粹理性（pure reason）像西方那样，而是一种经验的合理性（experiential reasonableness），没有那么严格的规范性，而是随着具体环境不断变化着的。我把它叫作实用理性，这种中国的辩证法就是我所讲的实用理性的非常具体的形态。它有一定的普遍性，但它不是那种绝对的普遍必然的东西，它不断在变化，不断地随着经验的变化而变化。

我记得去年郝大维、安乐哲写了一本书——《先贤的民主：杜威、孔子与中国民主的希望》，认为将来世界的希望就是中国的思维方法与美国的杜威实用主义融合在一起。他们没有用实用理性这个词了，但觉得好像跟实用主义相同。我认为实用理性与实用主义还有一些重要的差异。实用主义不承认客观的规律、规则，而中国的实用理性倒是非常注意客观性，所以中国讲人道与天道要联系在一起。中国的"天"不是人格，表现出来的是超乎人类之上的某种规律性，孔夫子讲"天何言哉，四时行焉，百物生焉，天何言哉"，这就是天道。天道跟人道是相关的。从孙子兵法到老子的"道"，是没有情感性的，有人说老子讲权术，很残酷的，的确有这个方面。老子讲"天地不仁，以万物为刍狗；圣人不仁，以百姓为刍狗"，天地是不讲"仁"的。但经过儒家吸收以后，儒家是很讲情感性的，讲"仁"，讲"爱人"，把"仁"的东西与道家相结合，结合到《易传》里去，所以我讲《易传》是吸收了道家的儒家传统，是把"仁"与"道"合在一起，变成"天"，"天"本身也变成了带有情感性的东西。"天"本没有什么情感性，"天"是中性的嘛，现代的自然科学家就更清楚了，老子也认为"天"并不仁，但是儒家这一系下来，从董仲舒到朱熹都认为，天是仁慈的，仁是"天之心"，"仁，天心也"。《易传》里面讲"天地之大德曰生"，"生生之谓易"，这都是给天地自然界赋予一种情感性的描述，老子是没有这些东西的。儒家认为，不仅人的生命，而且天地万物的生命都是有价值的，天道本身也是需要不断生成发展的，因此就把人道与天道联系在一起，给人道赋予一种天的品格，实际上人道跟天道是结合在一起的。天道既有客观性，又有人的情感性，所以在中国的宇宙观里面，天地人是混在一起的。

### 五行特点：功能与反馈

下面讲五行。木火土金水，这里有一张表（见图3、图4）。五行（音 xíng），读成五行（音 háng）也可以，也许更好，因为它的确是五个柱子，很多人翻译成 elements，五个要素，这是不对的，它不是要素的问题。因为按照西方或印度的传统，地水火风，四大要素，那的确是要素，但中国这里不是。很多英文翻译成 ways，five ways，也有 five forces，五种力量，five energies。因为它讲的恰恰不是要素，而是讲的功能，它不是 substances，而是 functions，五种功能，重要的是在功能。我刚才讲了中国的特点不在乎一个客体，objectivity，不在乎客体性，而恰恰重视的是它的作用。从行动中间讲阴阳，朱熹讲一静一动，注《太极图说》里讲"无静不成动，无动不成静"，"阴阳只是一气，

| 五行 | 木 | 火 | 土 | 金 | 水 |
|---|---|---|---|---|---|
| 方 | 东 | 南 | 中 | 西 | 北 |
| 季 | 春 | 夏 | 长夏 | 秋 | 冬 |
| 谷 | 麦 | 菽 | 稷 | 麻 | 黍 |
| 气 | 风 | 暑 | 湿 | 燥 | 寒 |
| 时 | 平旦 | 日中 | 日西 | 日入 | 夜半 |
| 应 | 生 | 长 | 化 | 收 | 藏 |
| 味 | 酸 | 苦 | 甘 | 辛 | 咸 |
| 声 | 角 | 徵 | 宫 | 商 | 羽 |
| 色 | 青 | 赤 | 黄 | 白 | 黑 |
| 官 | 目 | 舌 | 口 | 鼻 | 耳 |
| 脏 | 肝 | 心 | 脾 | 肺 | 肾 |
| 腑 | 胆 | 小肠 | 胃 | 大肠 | 膀胱 |
| 体 | 筋 | 脉 | 肉 | 皮毛 | 骨 |
| 志 | 怒 | 喜 | 忧 | 悲 | 恐 |
| 声 | 呼 | 笑 | 歌 | 哭 | 呻 |
| 脉 | 弦 | 洪 | 濡 | 浮 | 沉 |
| … | … | … | … | … | … |

图三 五行搭配表（中文）

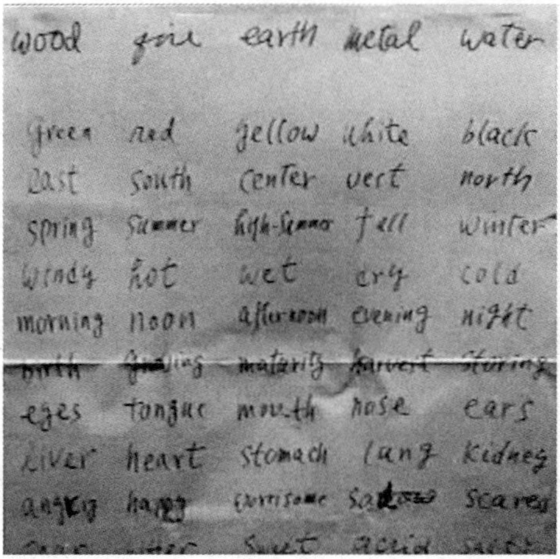

图四 五行搭配表（英文）

阴气流行即为阳，阳气凝聚即为阴"，气的流行就是阳动，气的凝聚就是阴静，这是讲动静的作用，讲阴阳一动一静的运动，而不是讲两种东西。五行也是讲五种力量，或者五种方式、五种方法，都是讲这个，首先不是元素。这是很重要的。当然这个表格非常牵强，把宇宙、自然界、人类社会、人的身体、感情都划归到这五类里面去，那当然很牵强了。比如，春夏秋冬，只有四季，怎么划到五类里去呢？所以就编出一个"长夏"出来。所以很多是相当牵强的。但更值得注意的，里面有很多经验性的东西。到现在为止，中医的诊断还是挺有效的。愤怒与肝的关系，火气太旺了伤肝；喜多了伤心，我们讲开心，开心过多了就死了，有一个真实的故事，我们所的一位副所长，五七年打成反党分子，发配到青海去，"文革"以后，二十年以后，把他叫回来，到中组部，说你没有问题了，全部撤销，马上回到北京，而且马上可以回到原职位，他高兴极了，当时就死了，所以中国讲乐极生悲，我们看书里常有，高兴起来，哈哈大笑，特别喝酒的时候，一下就死掉了，快乐过度了就伤心；忧愁过多伤胃，吃不下饭，悲伤与肺有关系，惊恐与肾有关系。又比如，眼睛与肝的关系，眼睛的毛病，根子在肝上，现在中医还这么讲，而且仍然很有效，这在某种意义上，还是经验的某种积累、某种总结。颜色与五行，为什么黑的是水，因为深不可测。这些联系是很牵强的，也带有一定的神秘性，但它主要是经验的一种系统性的理性概括。

五行之间，有相生关系，也有相克关系。水克火，用水能灭火；火克金，用火能熔化金；金克木，用金属刀具可以砍伐木头；木克土，用木在土上造房屋；土克水，用土能填塞水。木生火，用木头生火燃烧；火生土，使火烧烬变成土；土生金，从土里挖出金属；金生水，金属被烧熔成水；水生木，用水滋养树木。（见图五）问题是这一套东西不仅仅是用来解释医术，而且也用来解释政治，用

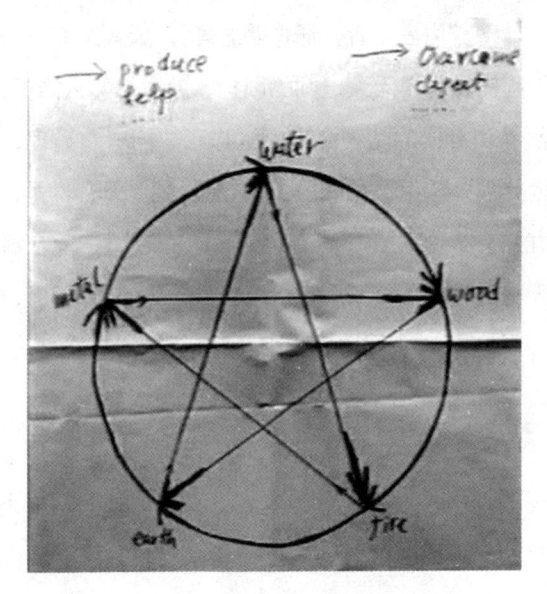

图五　五行生克图（英文）

来解释社会，这成为中国人当时的宇宙观。这个东西在汉代完全形成了，而且被儒家所吸纳、接受。原来这些东西并不属于儒家，

很多是道家的、阴阳家的，还有一些是法家的，后来都变成整体一个系统。所以很有意思的是，至今中医的基本经典还是汉代的《内经》，那完全是讲医理，而董仲舒是汉代最大的儒家，讲政道、治术的，讲医道与讲政道的，却完全在讲一样的道理，都是讲的阴阳五行天人同构。《内经》里讲"有德有化，有政有令，有变有灾，而物由之，而人应之也"，《春秋繁露》里讲"善言天者，必应于人。善言古者，必验于今。善言气者，必彰于物。善言应者，因天地之化。善言化言变者，通神明之理"。天人之间，是同一个结构，天人同构，懂得天人之间的同构，就懂得怎么治理天下了，也懂得自然界和身体的生理心理的运作了，同一个道理。这就是中国人的世界观。这里再摘两段。《内经》讲"天有日月，人有两目。地有九州，人有九窍。天有风雨，人有喜怒。天有雷电，人有音律。天有四时，人有四肢。天有五音，人有五脏。天有六律，人有六腑"，"地有十二经水，人有十二经脉"，"岁有三百六十五日，人有三百六十节"。董仲舒《春秋繁露》讲"人有三百六十节，偶天之数也。形体骨肉，偶地之厚也。上有耳目聪明，日月之象也。体有空窍理脉，川谷之象也。心有哀乐喜怒，神气之类也。……人之身，首坌而员，象天容也。发，象星辰也。耳目戾戾，象日月也。……小节三百六十六，副日数也。大节十二分，副月数也。内在五脏，副五行数也。外有四肢，副四时数也，乍视乍瞑，副昼夜也。乍刚乍柔，副冬夏也。乍乐乍哀，副阴阳也"，讲的是一样的，总是把天与人放在一个结构里面，所以人的道就是天的道，都有同样的结构。

这整个结构是一个超巨反馈系统，其特点是，最重要的是这整个超巨系统，而不是系统中的哪一个部分。任何人，任何物，都只是其中的一个部分，包括天，天也只是其中一个部分。所以有一个循环，皇帝是管老百姓的，天是管皇帝的，皇帝是天子嘛，天之子，要听命于天，而天又听谁的呢，天听老百姓的，天听自我民听，天视自我民视。这是中国式的观念。所以从汉代开始就认为，皇帝有错误，天上就要降下灾祸，就要发生地震，发生水灾，六月会下雪，等等，到元代还有这样的说法，不是有《窦娥冤》著名的戏剧吗？天要示警，警告皇帝。汉代是很认真的，假如发生了这样的事情，皇帝就得发布罪己诏，作检讨，有时候要罢免宰相，认为行政有错误，因为皇帝不会自己罢免自己，宰相是替罪羊了，要免职。皇帝听天的，天听老百姓的，老百姓听皇帝的，这是一个循环圈，重要的是这个圈本身，并不是哪一项最重要，重要的是维持这个系统本身的和谐。中国人没有上帝，这个圈就是上帝，维持整个系统的平衡是最重要的。所有一切都在关系中间，一切都在变动当中，所有的事情、所有的东西、所有的人物，都是在关系中间，都不能离开这个系统，离开这个系统就不存在了，所有的一切都编排在这个关系里。而且这个关系又时刻处在变化中，处在运动中。而人在其中又是可以发挥主动性的，某方面强了，就把另方面提升一点，某方面弱了，就把另方面抑制一点，让它们保持平衡和谐。所以中医讲"同病异治，异病同治"，同样的病可以有不同的对治办法，不同的病可以采用同样的方法。西医没有这样灵活。中医的这种灵活诊治，来自阴阳的辩证关系，五行的复杂转换，彼此之间保持着巧妙、灵活的互动关系。一个因素多了，就影响整个互动反馈圈，可以从多个角度、多个层次来想办法加以调节，所以它不是机械的、直线的，因此我讲它重要的不是要素，而是功能、作用、关系、动态过程。这样一种思维方式，不是逻辑的，而是类比的，是联想性的，水与黑色、北方、寒冷等等的关联，是经验上的联想与类比，而不是逻辑上的推理关系。这是一个隐喻，是比喻，而不是逻辑。所以重要的是对于整体的把握。中国到现在为止都强调大局为重啊，识大体啊，照顾全局啊，个人次要啊，都与这种观念有关系，都来源于这里。这跟中国人比较乐观也有关系，中国人相信时来运转，到一定时候恶运必定走向相反的方面，中国没有绝对的悲观主义，一下子陷入深渊啦，或者被魔鬼所俘虏啦，中国没有那种东西，中国人相信只要坚持，愚公移山也好，精卫填海也好，积小胜为大胜，总有一天会取得胜利。这是一个圆，老子说的"周行而不殆"，这是个圆圈，荀子讲的"终而始，始而终"。万事万物是互相牵涉在一起的。

## 阴阳五行与后现代

中国的阴阳五行，看起来没有什么道理，但却产生了深刻的影响，这些影响不完全是意识的，有些是下意识的。现在就碰到问题了，现代化来了之后，这些东西怎么办，当然有很多矛盾冲突了。表层的比较好解决，就是不科学，所以除了中医以外，阴阳五行退出了其他的领域，都用自然科学来解决，不需要阴阳五行了。这些是比较容易解决的。它讲这个循环论，现在讲的是进化论，中国人对这个也比较容易解决，因为中国人是乐观的，所以讲螺旋式的上升，螺旋还是圆的嘛。在中国只要是合理的、适用的，就容易接受，进化论在中国接受起来比在美国一些地方还容易。美国有些州还禁止讲进化论，上帝造人，怎么能是猴子变来的呢。但在中国这不成问题，很合理，中国恰恰是讲经验的合理性，没有先验的、绝对的观念。当然比较难的是"个人"，因为在这个系统里面是没有"个人"的，中国没有"个人"，因为都在这个大系统里面，没有一个独立的个体。人就是在社会里面尽义务，人人都是家庭里的一分子，是某个团体的某个分子，这与现代的个人主义，与现代以个人为单位的观念，是非常冲突的。这个问题能不能解决，不知道。西方现在不是有社群主义嘛，认为没有原子式的个人嘛，没有自由主义讲的那种个人，的确把所有关系脱掉以后，那样的个人是什么呢，也的确不存在。但现在讲个人，的确是以自己的这一个体为基础，个体的生命、各层次需要、个性，都是不一样的。怎么样把个人的潜能发挥充分，这是非常重要的，但是个人离开了社会关系，这样的个人是怎么样的，也不清楚。这个问题怎么样获得解决？另一方面呢，中国的这些观念倒是可以跟后现代某些观念接头,后现代反对绝对性、必然性,反对一元,也反对二分,讲究混沌,跟中国这种灵活性、强调经验的合理性、多元的适用性有接近和类似的地方,中国传统这些资源,跟现代、后现代的冲突与有否可以结合的方面,这是值得研究的。正如 Hegel 辩证法(逻辑学)、认识论和本体论三合一类似,我这里讲的宇宙观也正是中国人传统的认识论。今天讲的这些都是非常粗浅的想法。

上次的演讲,给大家留的时间不够,今天我就少讲一点,多给大家一些时间,大家提些问题,然后我们再交流。

## 对话

**提问者一**:我听完李先生的讲座,很受启发,我想问一些问题。现在在西方的汉学界里面,有一些汉学家在研究中国的文学和中国文学思想的时候,喜欢跟阴阳五行联系起来讨论,比如说,以前有浦安迪研究《红楼梦》里的原型,就根据阴阳五行提出一些原则,我最新读过的一篇文章,叶维廉的,从 metaphor 这个词来比较中西文学,认为西方的 metaphor 与中国的"比"完全不一样。西方 metaphor 的本体和喻体,虽然有相似性,但是在不同的范畴里面,所以有很大的张力,通过这两个不同范畴的东西来作比喻,可以认识新的东西。而中国文学里的"比",因为有阴阳五行把万事万物都分门别类,确定好了位置,中国文学的隐喻的本体和喻体就不可能是两个事物在不同的范畴，而是在已经设定好的同一个范畴之中，所以就没有创新性。他举了李白描写杨贵妃的那首诗，"云想衣裳花想容，春风拂槛露华浓"，他认为诗里举的花、月，都是阴性的，用来形容杨贵妃，这些形容没有创意，都是在同一个范畴里的。他认为这体现了中西文学的不同。不知道李先生对这样的观点有什么看法？

**李泽厚**：这个问题我很难回答。因为我没有很好地知道这个问题的整个情况，特别是你刚才讲的那篇文章我也没看。我的直觉感受是这样的，假设把阴阳套到文学上去，套到中国文学上去，我是有些怀疑的。我很难相信，李白作诗的时候，比如在描写杨贵妃的时候，心里想到阴阳观念，要用哪些阴性的词汇来描写杨贵妃。恐怕很难这么设想。无论是李白也好，还是哪位诗人，恐怕很难这样做。阴阳五行，并不是到处去套用，因为它恰恰是讲功能性的，而很难说哪个事物是阳还是阴，比如，花是阴的还是阳的呢，阴阳都是在变动当中的，不能简单套用，这恰好是西方的思维方式，某物是什么东西便一定是什么东西，而在中国这里不一定，中国并不这样看问题，中国恰恰是在生活中间、运用中间、变化中间来确定某物。所以我是不大相信这样的研究，当然这也许是我的偏见。这恰恰是套不上的，就像有些学者用Frued的学说来研究文学的什么，我认为这也是套不上的，不是那么回事。中国的阴阳就是某种功能，一进一退，一动一静，在某种情势下的此阴彼阳，变了一种情况，又成为彼阴此阳了，它是在变化当中。所以很难把哪些词汇、哪些事物限定为就是阴性，只能说它相对于别的词汇、别的事物来说是阴，而相对于别的来说它又有可能是阳。中国的这种概念恰恰是非常灵活的，而不是那么固定不变。我不知道有没有回答你的问题，这只是我的直觉的看法。

**郑培凯**：叶维廉讨论中国古典文学，里面受到阴阳的影响，我想他讨论不同的范畴，把它放到了一起。文学艺术的创作，诗人的创作过程，他想的事情，跟您刚才讲的整个宇宙观，那是两个不同层次的事情，而叶维廉把它们变成一个东西以后，拿来跟西方的整个对宇宙的一些看法，或者是在讨论 metaphor 的时候，却又把它回到只是一个范畴，这个范畴就是在讨论文学创作，怎么运用意象、比喻。我觉得他所讲的可能是混淆了一个东西。举例来说，用法文写作，法文有阴有阳，所有的东西都赋予了阴性或阳性，那么写月亮的时候，是不是写它有阳性的一面呢，没有啊，因为它是阴性的，在法文里面对阴性阳性的确定，跟 metaphor 是没有关系的。所以我想这里有一点，汉代思想家讨论阴阳五行的时候，归类是归得很细致的，在《白虎通》那里是什么东西都归类，可是像《白虎通》那样的归类，是不是影响了后世诗人的想象，是不是限制了他们的隐喻使用，是不是把他们的整个范畴都给限制住了，这是另外一个问题。我觉得叶维廉并没有讲得很清楚，只是很笼统地把中国整个对于阴阳的看法，还有在文字运用上，比如刚才说到的李白的诗，我猜想一位维多利亚时期的英国诗人在描写一个美女的时候，我猜想一般来讲也会用这一类比较阴性的、阴柔的描写法，不会特别借用某些意象，当然也会有，中国文学也会有。比如说拿太阳的光来形容，比如罗密欧赞扬朱丽叶的光芒像初升的太阳，把月亮都吓跑了，月亮都害羞地跑掉了，这是莎士比亚的特别的想象手法，可是这并不见得是因为文化的缘故，而使莎士比亚特别有这样的想象力。我觉得这是不同范畴的讨论。我不知道李教授是不是也这样看。

**李泽厚**：我倒很同意这个不同范畴的讲法。在《白虎通》那里是规定得很死的，《白虎通》基本上是政治著作，到后来真正对诗人、艺术有多大影响就很难说了。但是有没有点影响呢，肯定是有一点影响的，不过我觉得不会有那么严重。刚才我们讲了，阴阳是处于变动当中的。月亮，它是太阴，阴中之阴，一般都是形容女性啊，柔顺啊，晚上出来啊，那当然是阴性的。但我们经常讲，众星捧月，大家都熟悉的，这个月当然是太阴，这没有问题，但在众星与月的关系中，月又变成了阳，星是阴。所以这个阴阳的灵活性是非常大的，不能够规定得很死，不能把它变成固定的东西，说某物一定是阴的，某物一定是阳性，中国不这么看，中国恰恰是在行动中、活动中、变动中去确定，否则就没有意义，就不需要这样的分类，这样的分类就是不必要的。阴阳的二分法，这种二分法只有在活动当中才有意义，把它固定起来就没有意义了。中医也是这样，那是一整个系统，分阴阳也是有它的活动的意义，追求气血流通，它分阴阳是在运用中进行的，因此不是那么死板，有时候偏阴，有时候偏阳，阴中有阳，阳中有阴，是阴中之阴呢还是阴中之阳，是阳中之阴呢还是阳中之阳，它分得那么细，阴阳可以转换，阴可以变成阳，阳可以变成阴，它的灵活性就表现在随情况变化而转换，如果把它固定了，恰恰就违背了它的本性。

**提问者二**：刚才郑教授讲到语文的问题，德语有阴性、有阳性，还有中性。这个怎么解释了。我们中国人从阴阳论自然、人生、哲学、天人，谈得很主观，在西方人看来就会觉得我们中国人不客观，主观得不得了。猪属于土，为什么呢，很多东西我们不能进一步解释。风水在外国的应用也不行，很难说服西方人。我们中国人花很多时间在思想方面，科学方面花的少一些。我们要说给老外听，我们中国人的东西很好，但没有很好的办法说服他。我在外国住了十多年，跟他们讲到中国的东西，他们说我们很主观啊，那我们怎么样跟他们说啊？

**李泽厚**：这不需要说服他们。因为阴阳这种东西本来是没有必要说服他们去接受。主要是这样一种基本的精神、基本的观念，这种变动的、经验的合理性，这样一种东西。我觉得你也许可以把这些东西跟后现代一些时髦的观念联系起来，是不是就有点说服力了。你对西方人说，你们那个普遍性，那个先验的理性，那个僵硬的逻辑不一定是合适的，逻辑是机器可以做的，我这个经验的合理性是机器做不出来的。讲这些灵活的观念，阴阳不是直线而是曲线，阳中有阴、阴中有阳，讲这些东西，也许他们会觉得你说的还是有道理。但是要把整个这套格式，把所有东西划成五类，那当然人家不同意了，我们也知道那是牵强的嘛。四季里面为什么要分个长夏，那没有道理的嘛。但阴阳五行是讲整体，这些作用是互相反馈的，这样一个反馈系统本身，不是机械决定的，不是直线的逻辑关系，而是互相联系着的有机体。

**提问者三**：李教授，我从八十年代初就读您的书了，从中得到很多启发。我想问一个问题，我看一些外国人的文章有时候会提到阴阳，但我感觉他们用的概念可能是错的，跟中国人的阴阳观念可能不一样，他们可能也抓到一些皮毛。刚才您提到阴阳五行跟后现代有结合的可能性，您能不能在这方面再讲一点。谢谢您。

**李泽厚**：我也只是提出这个课题，这需要很详细的研究才能讲清楚，很抱歉，因为我对后现代也没做过什么专门研究，就是凭着感觉说话。后现代就是对理性的造反，对那种相信普遍必然性的理性，或者对那种逻辑。中国的东西恰恰不是西方理性传统，而是很强调在实际经验当中的多元性。当然它有一个很大的问题是讲整体，而后现代恰恰不要整体，强调的是片断。我是讲，有些东西也许能够有些联系，但是不是有可能，这是另外一个很大的课题，只是提出来而已。因为中国现在面临这个问题，在思想界也好，在学术界也好，文化界也好。中国是前现代，要进入现代，西方已经是后现代了，在意识形态或学术文化方面有新的情况，中国面临这种复杂的状况，应该怎么办。我觉得，中国目前更需要的是现代性的东西，而不是后现代。但是如果能够有中国的现代性的话，倒是可以考虑与后现代的结合，走出中国的现代性，不一定要跟西方的现代性一样。这是有可能的。我这里只是提出这样的问题，这是很大的问题，也是很值得文化界、思想学术界研究的问题。

**提问者四**：李老师，您刚才说到中国文化注重灵活性，注重经验的多元性，它与西方后现代的混沌理论之类的有些相似。但是我觉得西方的这些理论都是在工业化发展之后出现了一些问题，然后寻求解决办法，因此它的这些理论都有比较深的数学理论或分支学科作支撑。而我们近几年所说的西方后现代与我们相近，欢呼这种相近之处，但我觉得这有可能不是殊途同归，而是形同实异。因为这是两个完全不同的体系。前些年有老学者提出"天人合一"，也是因为西方现在出现很多环境问题、生态问题，人与自然出现了危机，觉得要向东方寻求解答。但是这个充其量只是作为补充，而不是把我们的文化当作主流来认识的。

**李泽厚**：我完全同意你的看法。我在文章里面，或者其他的私人谈话里面，在朋友中，我是极力反对现在有些人鼓吹的，说中国需要后现代，我认为中国需要的是现代。中国需要创造自己的现代性，这个现代性假如能够不同于西方的话，是不是可以吸收后现代一些东西。但这是具有辅助地位的问题。第二点，后现代，包括西方的后现代，它们拉进自然科学一些理论来作依据，我认为是很难成立的。我跟西方搞自然科学的一些人谈过，他们很嘲笑那些后现代论者，那个索卡尔事件就很说明问题，就是用些混沌理论啊，熵啊，量子力学啊，来作为后现代理论的依据，那根本就是笑话，是不成立的。但是后现代的一些观点，比如反对主客二分，反对价值中立，等等，这些都是近代以来的现代性所主张的东西，后现代反对这些，后现代的这些说法可以参考。中国恰恰不主张这些，中国的系统里面恰恰没有主客二分，中国始终没有发展出现代认识论，中国的价值也不是中立的，天道人道是在一起的，这些观念与后现代某些观念可以有接头的地方，但是并不等于后现代的观念，而且这不是最主要的。我反对把中国的"天人合一"讲成比西方的天人斗争更好更高，我是不赞成这种讲法的，我很明确，不赞同这样。恰恰要警惕的是用前现代来假装后现代，以为超越了现代。我很注意历史阶段性，我认为中国最需要的是现代性。现在最危险的倒是后现代与前现代合流，变成一个阻碍现代化进程的东西。但是问题在于，假使我们要进入自己的现代，而不完全走西方那样的道路，要走也不可能，因为时间不一样了，不可能了，因此我们能够做出什么新的东西，在这个前提之下来考虑一些后现代的东西。这是在这个前提之下，前提是什么，前提就是我们要走向现代，而现代就需要现代的理性，需要现代的科学。后现代看到现代的一些过时的东西，包括人道主义啊，包括民主啊，包括自由啊，现在看起来过时的东西，我想恰恰是需要的，中国目前最需要的。在这个基础之上，才能谈到怎么吸收中国传统资源和西方后现代一些东西。

**郑培凯**：由于时间关系，还可以提最后两个问题，我看很多很多人想向李教授提问题，但是教授的时间……

**李泽厚**：没关系，我的时间是有的，我特意留多些时间。因为上次大家好像很不尽兴，所以我尽量讲少一些，多留些时间给大家，这样讨论比较有意思。

**提问者五**：一般认为阴阳的概念是从对实物的观察得来的，我研究过《易经》，是不是很早就有阴阳这个概念在那里，然后再用阴阳这个概念来解释世间万物。第二个问题，关于"易"，变化的问题，除了您刚才讲的阴阳在不同场合下会发生转换以外，还有一个就是男女结合可以生出后代来，这也是变化的一种方式。想听您谈谈这两个问题。

**李泽厚**：第二个问题我没听明白，说男女结合可以生出后代来到底是阴还是阳，是不是说后代为男就是阳，后代为女就是阴。这个我不清楚是不是这个意思。关于"易"，当然有很多讲法，易是变易，变易又是为了不易，为什么不易，就是维持生命、生存的长久。中国人追求多子多孙，就是追求族类生命的长久生存延续。中国这个阴阳的辩证法，就是讲求使人能够生存，生存得和谐、长久。为什么中国讲究和谐，为什么讲究阴阳要平衡，阳盛了也不行，阴盛了也不行，还有中医看病，说阴虚就要补阴，阳虚就要补阳，这都是维持机体的平衡，维持它的和谐、长久。男女也一样，要维持和谐，家庭也一样，要生出下代，维持家庭生命的延续。所以新儒家说中国文化是生命哲学，它那个生命哲学是讲道德，我讲这个生命哲学恰恰是首先要维持人的生命、生存，维持家庭、种族的繁衍。所以中国很重视多子多孙，认为这是福气，不是负担，家族兴旺发达、人丁繁盛，这是好事。至于讲阴阳是不是实物，阴阳有很多说法，到底来源是什么东西，确实很难说。讲得最多的就是男女，这个区别非常明显，昼夜，这个也非常清楚，还有天地，因为有这个说法，最近挖出来的郭店竹简就说"天地生阴阳"，认为阴阳就是从天地来的。但是都没有定论。我是倾向于讲阴阳的作用、功能，所以我注意后面那种讲法，从活动来讲，包括刚才引用的一些后人的讲法，动就是阳，静就是阴，从动静两种形态来讲。人活动就是两种形态嘛，特别巫师作法，要么静止，要么活动，我是认为来自活动过程。我强调阴阳是两种功能性的东西,而不是要素。中国讲气,气到底是什么东西,现在英文翻译"气"这个字很不好译,有的翻成物质元素,有的翻译成精神的力,到底是精神还是物质呢,不清楚,它既是精神也是物质,重要的是讲功能。一阴一阳之谓道,这也是气的活动,中国的道就是气的阴阳活动,既是天道也是人道,是阴阳的不断的运动变化。

**提问者六**:李教授您好,我问两个问题。第一个问题是,中国人把事物很具体地用类别的方法,或者隐喻的方法来加以认识,运用这种方法,导致的结果就是人的思维比较的具体化,由于具体化呢,就不可能在逻辑上有纵深的发展。第二个问题,阴阳五行的观念不但在哲学,还在文学,以及其他各个层次上都有,全面地影响了中国人的思维。这就导致了一个结果,合是很好的,但是能合不能分。如果把五行翻译成 function 而不是 element 的话,这就导致我们注重的是 function 那种不断的运动,而不是向 element 里面去,把问题分析得比较细、比较深。

**李泽厚**:第一个问题当然。五四以来那当然是批判的,说五行是迷信嘛,现在根本都不用它了,因为它本身不科学,是人为的构造,而且的确对人的思维有着不好的影响。中国为什么解剖学不发达,中医很早就成熟了,其实已经有人开始解剖,但是为什么没有向这个方向发展,那就是中国满足在这种理论模式中,强调它的作用方面,不需要解剖这些器官了。在中医里面,肝并不仅仅就是指肝脏，肾也并不仅仅就是指的肾器官，它还包括生殖系统，它不只是一个器官的问题。这套理论很能解决问题了，别的方法就没有需要了，妨碍了中医这个学科走向现代化。所以现在看病主要还是找西医嘛，到医院里面去诊断嘛，然后中医或许有些作用。将来仍然会是这样，特别西医不断地进步，现在能够到基因的层次，将来的拓展会更大，那当然是主流，没有问题。所以在逻辑思维上是有很大的不足，这方面的影响导致中国没有很快地发展出现代科学，不重视实验，不重视纯粹理论的思辨，这是很大的损失，今天没办法深讲。荀子那么一个非常清醒的人，都反对逻辑，认为逻辑没有用处，是诡辩，但没有意识到诡辩也能发展思维本身的能力。这是中国文化一个很大的缺点。我上次讲过，任何文化都有它的优长，也有它的缺点，缺点与优点往往是混在一起的。今天主要是在现代这个基础之上，我们来看过去的资源还有没有可用之处。中国的实用理性有它的用处，因为它讲究经验的合理性，所以中国人接受科学并不太困难，尽管这一百年，或者更长一段时间，遭到很多阻力，特别是一些非常保守的儒家起了阻碍作用，认为这一套是奇技淫巧，有害人心世道，但中国还是接受了自然科学，而中国的思维方式并没有对此造成很大的抵触。现在的学生，包括国内在读的也好，出国留学的也好，在科学方面照样可以发展得非常之好，并不造成思维上的某种阻力，这一点是值得注意的。包括刚才讲的进化论也好，中国人接受起来也没有什么问题。这方面倒是值得注意，也是值得保存的比较好的方面，但另一方面呢，历史上也确实造成很多恶果。但是，中医这种理论，那么早就成熟，的确有用处，到今天还有用处，特别在养生保健上，我觉得比西方人要高明得多。这很值得研究。所以中国文化是发展得早，成熟得也相当早，而且相当完备，包括文化上、政治制度上，但是近代落后了。落后就是落后，就是应该抛弃过去，接受现代。这是没有问题的。问题就是在抛弃过去、接受现代这个前提之下，假如我们要走出一条新的现代的路，那么过去的资源是不是还有值得考虑的地方。就是在这个前提之下来解决这个问题，不然就没有意义。

第二点就是讲对文学啊、艺术的影响，当然有影响，但是主要是表现在小传统里面，至少是目前来讲，比如算命啊，看相啊，等等。真正文学里面，我刚才讲了，因为文学在魏晋以后主要是抒情了，创作和欣赏中考虑是阴啊是阳啊，这种理性思维是比较少一些的。当然这不排除它对中国文学有影响，这种影响就表现在不能过分，中国没有尼采讲的那种酒神精神，希腊那样一种狂放的把自己的情感统统倾泄出来的，中国讲"乐而不淫，哀而不伤"嘛，悲哀也好、快乐也好，都不要过分嘛，不要过分就是要有所克制啊，就不能有那种非常狂放的表达，不管是悲哀的狂放、快乐的狂放还是愤怒的狂放。所以中国人到现在仍然讲究含蓄嘛，包括情感的表示，包括态度的表达，都是这样。它有好的方面，也有不好的方面，都有，就看是处在什么情况之下。这对中国人的行为模式、情感模式、思维模式，都有全面的影响，而影响既有好的也有坏的。

**提问者七**：李教授，前面有听众提到，读您的书受到很多教益。我现在香港的一所大学教书，二十多年前在读大学读理科的时候，就是因为读了李教授的一本书——《批判哲学的批判》，后来我才半路出家转行搞哲学，一搞就是很多年了。我问的问题跟前面所讲的有重叠的地方，但我想另外表述一下。我听到您前面讲得很精彩的东西，都是在阐发中国文化不管兵家、道家还是儒家，各个不同流派当中体现了阴阳五行的观念，有一种整体的、笼罩着它们的整个的思维方式。在其他场合，您也把它们归纳为实用理性。主要是在阐发，一旦有了这种思维模式，它在我们生活的各个层面会有什么样的功用、效用。前面有人提到的问题，我觉得这个问题也是有意义的，就是这种思维方式的起源问题，也许这个问题不容易弄清楚，追溯这个起源也许可以有不同的进路，我就想大概问一下，从方法论角度来谈，有没有不同的研究中国整体思维模式的起源，比如用解释学的方法不断追溯各种早期的文献、文本，看它们之间语义上的联系，还是说根据考古来了解中国远古时期，我们先民的社会、经济的条件，甚至追溯到历史地理环境。因为有很多比较哲学、比较文化的研究揭示了，其实在很多散的 idea 上，中国跟西方、跟古希腊比如亚里士多德哲学，有很多相通之处，比如我们有中庸之道，亚里士多德也有 golden rules，有很多东西可以发现很多相似之处。中国有山川、有男女，这些观念是普遍的，西方也会有，很多东西会让人追问，为什么有这样一套思维方式，只是一个偶然的现象，比如某一位圣哲的思想，一旦出现以后，就像刚才讲的那样，先有了一个很偶然的因素产生之后，它有一种规范力、塑造力，随后不断传播开来呢，还是有完全不同的其他机制。为什么研究这个问题虽然有难度，但仍然有意义呢，因为如果一旦能够搞清楚这种机制，就有可能有利于我们现在如何创造性地转化这个传统。假如某一种思想作为一个种子，有可能带来一种塑造、扩散的东西的话，就有可能对现在有影响。这是我的一个大的想法。

后面一个非常细的问题，是刚才您列出的表格让我想到的，就是从《孙子兵法》到《老子》里面提到的各种对立的词组，大小高下、攻守进退，等等，我注意到，这其实并不是严格按照逻辑学意义上的对立来排列的，比如大跟小、高跟下，这是严格对应的，但有的其实完全可以有第三个区域，比如攻与守，在攻与守之外，还可以有双方都进攻，双方都不守。还有一对范畴，以前没太注意，就是心与力，我们平时讲的劳心者治人、劳力者治于人，这也是相对应的。我觉得在五行里面，在"火"的这一行里，这个"心"是作为一个器官，但其实它与"力"相对的话，是不同于西方那种"心"与"物"相对的笛卡尔二元论的。但问题在这儿只是一个隐喻呢，metaphor，而且这个隐喻讲"仁，天之心也"，这个"心"跟我们所讲的劳心劳力的那个"心"，在什么意义不同。这个心是有意识的，human conscious，这也关系到您所讲的，中国人为什么不走极端，不太会绝望、虚无，因为他永远相信物极必反、否极泰来，如果真是这样的话，如果这是一个常道的话，那我们的心可以无所作为，不一定非要通过个体的意识去进取。那么就是说，清静无为、消极无为的这样一种思想，如何跟儒家的更为强健、重视有所作为、有使命感的追求相统一，我觉得后者可能跟中国的"心"的概念是更有关的，虽然中国的这个"心"的概念不像西方那样区分。

**李泽厚**：第二个问题当然要专门谈了，"心"的问题很大。这个"心"到底是什么含义，还有"天心"，天心到底是什么，天又不是人格，那么"天心"到底是什么东西，那是指一种仁爱么，当然也很复杂。还有刚才讲的攻守，在一方攻一方守之外，当然可以有双方都攻，但这里讲攻守主要还是从自己这方来讲，要主动做出决断，到底是决定攻还是决定守，这恰恰不是客观描述双方的情况，而是从自己这方来讲，到底要攻还是守，自己要做出决定。战与和也是这样，是战还是和，当然客观上也可能不战也不和，但自己做决定的时候，必然有非常果断的决定，到底是怎么样。这种情况在平常时间比较少见，可以这样也可以那样，无所谓嘛，但是在这个时候就不一样。至于第一个问题呢，当然是非常重要的，它的来源到底是什么，这个问题非常重要。我的看法就是来自巫。第一讲"由巫到礼"，我认为就是来自巫术，中国一切文化根源的特点都是来自巫术,巫术就是沟通天人的桥梁。但这是我个人的看法,别人可能没有这么讲过。

**李果**:李教授我能不能插一句,您讲到巫的时候,我脑子一下子有所触动。在考古学的发现,我是学考古的,在考古学的发现里面,比如说最有名的良渚文化,它是以祭祀出名的,大家知道良渚文化最主要的玉器有两种,一种是琮,一种是璧,琮我们讲是阳性的,璧是阴性的。到了商,有两类最主要的礼器,也可以叫巫器,一种是觚,一种是爵,都是酒器或礼器。到周的时候,也是两类,一类是鼎,一类是簋,鼎应该是阳,因为它有脚,簋是只有一个圈足的,鼎簋是相应的,相对应的。鼎一般是成单数的,比如九鼎,七鼎,都是结合周朝的礼制,簋是复数的。所以我是想证明您那个起源于巫的想法,我觉得很有道理。

**李泽厚**:谢谢。

**提问者七**:那么如果说巫的话,那就是作为一种习俗啊,就是祀啊,这是一种社会规范层面的东西,这种东西它本身怎么产生的,是有它的某一种,我们不说是随意性吧,是有它的一种contingency,有偶然性在里面的。比如说,在南美洲也好,在欧洲也好,在非洲也好,它早期也有祭祀,也有各种,但这种东西它肯定不可能自动就完全一样。那么由于它的不同呢，随后产生的规范力实际上就影响到，如果从巫到阴阳五行的这套观念是成系统的话，这个之间如果能论证出来的话，那么是一个很大的贡献。就是说，比较外在的、表面上是约定俗成的，约束我们行为的，肯定有祭祀的需要、占卜的需要，但是用什么方法，这个带有偶然性的东西，变成了这个内在的……

**李泽厚**：问题是带有世界普遍性的东西，在中国怎么会变成这种东西。因为巫术到处都有，特别是在原始部族里面，现在一些部落还有。从中国上古来讲，主要是巫术怎么变成礼，变成礼制，这是中国特点，就是巫的理性化。巫的理性化，在体制上就变成礼，而在观念上就变成阴阳五行，变成"度"，它的来源是很久远的。考古上面能证明很多东西，其中很重要的一点就是巫跟王权的结合，中国的大巫就是王，就是首巫。张光直教授的意见我认为比较重要，他很强调政治因素在上古中国的国家也好、氏族的形成也好，在其中的重要作用。

**郑培凯**：我想补充一点。李教授上次讲从巫到礼，您提到了张光直教授。张教授在二十多年前对这个问题提得比较清楚。他是从考古学的角度来讲的。再早一辈，像米尔希·埃利亚德，他是从研究原始宗教下手的，也有一些很实际的田野工作。他的最主要的结论在他很有名的那本书 The Myth of the Eternal

*Return: Cosmos and History* 里面。他最主要讲的观点就是,全世界的原始民族大概都有一个类似的,不是一样,每个都不一样,可是大概差不多的,最主要在有文字、我们所谓文明出现之前,也有文化,也有文明的一些表征,特别是有信仰,对宇宙有看法,任何一个民族都以它自己这个地方为中国,任何一个民族都在它这个地方有一个圣山,这个圣山都是天地的脐,脐带,这个东西从来都可以通的,在那个时候断掉了。我们看中国古书的话,非常有趣,这就回到您刚才提到的一点。我就觉得,从古文献来研究是很有趣的,可是古文献是很有限的,非常有限,至于您讲到的那个问题呢,很可能我们现在这些研究考古学的人,研究古人类学、研究原始宗教的人认为,很可能这些观念在三万年前、五万年前就逐渐成形了,那么从五万年前、三万年前开始,到一万年前、五千年前才有文字的时候,中间这一段是空白,基本上有些问题是没法清楚地解决的。所以可能只有哲学家能够解决。

**李泽厚**:我讲了这只能设想,只是假设。我第一次讲的时候就说,这只是假说。所以上次我从旧石器时期的洞穴壁画讲起,因为没法讲,只能假设推下来,就是巫术……

**提问者七**:自然科学面对的情况也一样。你说宇宙大爆炸,这不可能确切落实,我们现在只能根据有限的东西。

**郑培凯**：张光直教授最可惜的一点就是后来他的身体不行了，没有办法进行他的最大的计划，就是他以前研究美洲的，就是所谓美洲原住民，其实这些都不是原来在美洲的，大概是一万多年前、两万年前从亚洲大陆过去的，他们许多祭祀的方法，他们的宇宙观，跟亚洲的在蒙古这一带到华北这一带的人非常接近。他最后想要做的是这个，可是他没有办法做下去。我们发现玛雅文化许多东西跟中国很像。

**李泽厚**：我到秘鲁的库斯科参观，印加文化认为自己是世界的中心，可以通天。

**郑培凯**：这个是怎么发展的，很有趣，很多东西可以继续研究下去。

**李果**：张光直教授说的中国玛雅连续体。好，我们今天没有时间再讨论下去了，大家以后有兴趣可以跟李教授进一步探讨。非常感谢李教授这么精彩的演讲。

（原载《中国文化》2015年春季号）

作者自注：2001年7月9日演讲于香港城市大学，小友息溟据录像整理，无增删。辩证法两纸系何炳棣先生手书寄我；英文五行两图表乃在美授课时作，城大演讲沿用；中文五行表摘自拙作《中国古代思想史论》。小标题乃此次所加。

# 关于"理性内构"(2015、2018)

## 走出语言与默会知识

**问**：你的美学以四要素集团 DNA 式的无限排列来说明"理性融化"，你的伦理学以自由意志作主宰、情感作助力来说明"理性凝聚"，它们都是文化心理结构的产物亦即个体的情理结构，但你本是从认识论谈理性的，如你的 Kant 书和那些主体性的文章，先用"理性内化"，后用"理性内构"，但这方面却没有多少说明。而且，你谈"情理结构"，情与欲相连，有生理机制可寻，似较易理解，但"理"是什么，很不清楚。如你自己所说，理性一词，含义甚多。如何办？

**答**：我多次讲，"理性"一词有十余种解释、说法和定义，如 Charles Taylor 说，理性"是按照概念而运作去形成计划与策略，从而能够对待新情境"，这也就是我经常讲的，以语言（概念）为基础的思维活动和明晰认识。但这样讲理性，我以为太狭窄了。理性与情感及其他心理活动和要素的关系,也被完全切断。人的理性似乎有如机器,只遵循语言句法、逻辑或数学。

**问**:你在《批判哲学的批判》中,论述 Kant 的感性、知性、理性三分,而且特别着重 Kant 所讲理性具有统摄知性的积极功能,也因之而可以造成先验幻相,其后,Hegel 以理性囊括世上一切,从而后世由之而造成灾难,等等。因此,你自己所用理性这个词语,是否只相当于 Kant 所说的狭义的理性,亦即知性?

**答**:基本如此。既然理性内构讲认识论,就回顾一下。《批判》一书讲了不少认识论,主要是对 Kant 所提时空、知性范畴、我思(先验统觉)等作了一种我所强调的以"人类如何可能"为主题的实践论言说,即从区别于动物性生存的使用—创造工具活动为特征的物质生产的劳动实践,尝试具体地阐释人所特有的心理成果即意识结构的由来,包括时间、因果、逻辑、数学等等,强调认为 Kant 所谓先验的普遍必然性,就内容说(如自然科学等),是一定社会时代的客观社会性,并不普遍必然;就形式说(如逻辑等)是百万年人类上述劳动实践所塑建的心理形式,它确普遍必然,但仍是上述实践所造成的历史成果,是"经验变先验",是积淀论的重要部分。所以,虽然同讲实践论,同样着重劳动生产的社会实践,上述这些却是马克思主义包括 Marx、Engels 本人所未曾说过的。后来在对中国传统的思辨中,我提出"度的本体性"、"情本体"等基本概念,仍然不断肯定并征引上述观点,但更张扬偶然性和个体性,使这个实践论更为动态、准确,更为合情合理。

我以为认识论说到底,只有两个方向或路线。一个是 Plato 的两个世界的路线,其中包括多种唯心论、神学认识论,也包括所谓马克思主义认识论,即认为真理乃客观存在,等待着人们去发现和认识。另一是我所解说作为中国化一个世界的 Kant 的物自体路线,即认为"客观"存在或"真理"不可知,可知者乃人类对它的发明和创造,其情感——信仰的基础是"人与宇宙物质性的协同共在"。所以这次问答会更突出默会知识、秩序感等等,这也是在认识论中贯彻"度的本体性"、"情本体",更张显人类学历史本体论或主体性哲学不同于其他实践论的特点。

我较早以前并未明确这一点,未能使后一路线从前者明确分离出来,经常留有前者遗痕。(我觉得 J.Dewey 也有此问题,但他未意识到。)至于我多年很少谈认识论,则主要还是上世纪哲学的语言学转向以来,成为哲学主流的分析哲学、现象学以及今日的认识科学,对理性、逻辑、语言都做了非常详细的研究,并且把语言提升到本体存在的"家园"。特别是 Wittgenstein 对语言的哲学研究,似乎已经把这个狭义的理性探讨推到尽头了。

**问**:但你一直不赞成"语言是存在的家园"这种说法?

**答**：对，我以为人的"家园"、"本体"（最后实在，Final Reality）是由历史所产生的情理结构和情本体，而非语言，也非理性。从而我的"理性内构"也就不止于语言和语言所表达、获得的明晰知识，远不止于上述 Taylor 那种狭义的理性，而且还包括 Michael Polanyi 的默会知识（Tacit Knowledge）和秩序感，等等。

**问**：何谓默会知识？

**答**：七十年代我研究美学时，读过 Polanyi 的《个体知识》（*Personal Knowledge*）和 Gilbert Ryle 的《心的概念》（*The Concept of Mind*）等名著和其他一些文章，很感兴趣，发现他们都注意到在语言明确表述之外或之前，有一种非语言、非概念所表达和获得的认识。Ryle 提出了不同于 Knowing that 的 Knowing how，前者是用语言表达的明晰认识，后者经常是在实践活动中从简单的活动（例如游泳、骑自行车）到非常高难度的技能，它们也是一种认知、知识、理性，但不是语言所能表达或成功表达的。我之所以把"度"作为我的认识论的第一范畴，其实也正因为如此。"度"首先是在人类的实践活动中所把握而领悟的。

**问**：所以在你的认识论的"理性内构""度""质""有"中，是第一范畴，"量""无"反居其后。"度"大概就是 Knowing how？

**答**：因为我一直是主张"太初有为"。人的认识首先是在自己的实践活动中把握到那个恰到好处的"度",而且"度"最初是讲不明、道不清、说不好,它既是一种认识,也是一种感受,以后把它作为对象用概念语言来探讨、注意,才可以用"有"、"无"、"质"、"量"、比例、关系、必然、偶然等等,来规定和确定之。所以我说我跟Hegel逻辑学把"度"放在后面的认识论的不同,实际是由这种本体论上的差异所决定的。Hegel的逻辑学也就是本体论,二者是合一的。与西方不同,孔子回答"问仁""问孝"时,常常是回答"如何做",而不是"是什么",这也正是在伦理学上根据各种不同的具体情况、具体人物、具体问题所把握的"度"。

**问**：但你的认识论又强调由语言的语义所保存的制造——使用工具的实践活动的经验,由它们形成理性,并以此作为人兽的分水岭?

**答**：对,以语言为标志的理性,仍然是人的"理性内构"的主要组成部分,占据首要地位。

**问**：Polanyi认为,默会知识是由个体来把握和理解的,但它仍是一种逻辑,而非神秘的心理状态。

**答**：完全正确。当然,什么是逻辑,还可以讨论研究。但默会知识和感受,绝不是一种个体神秘经验,它虽由个体把握,但人们都可以模仿和学会的,因此具有一定的普遍性,而且以后可以用明晰的语言来描述表达。但即使这样,我还是非常注意个体的差异性,即在理性内构的默会知识中,也有个体差异性。

**问**：但 Polanyi 提出个人认识与主观认识的不同，后者不能构成认识，前者却具有普遍性的意义，并强调 Kant 的第三批判比第一批判对认识论更重要，他十分重视 Kant 在第三批判里讲的判断力，与你相当接近。

**答**：可以这样说。我一直认为，中西学人对 Kant 的第三批判重视得不够。我也一再讲，Kant 在第三批判里讲的决定判断力，即从一般到特殊，是无路可寻，要凭经验来摸索、决定；反思判断力，即从特殊到一般，更是如此。它涉及许多心理功能，而非概念、逻辑、数学所能解决。这些都非常重要，值得作进一步的深入探讨。我与 Kant 好像结了不解缘，我的美感四要素集团，可以说与 Kant 的"知性与想象力的自由游戏"有关。我的伦理学可说与 Kant 的绝对律令（Categorical imperative）有关。我的认识论和本体论可说与第三批判和第一批判中的先验辩证论有关。一般研究 Kant 认识论，大都集中在第一批判特别是先验分析论，也就是偏重于 Kant 的先验知性范畴施加于感性经验以取得认识的方面，所以正是概念、推理、逻辑、句法等等，成了主要研讨对象，以致造成了哲学的语言学转向，语言、文本几乎就是一切，终于构成了今天这个以逻辑、数学为基础的高科技机器日益发达，并日渐统治整个生活的状态。

**问**：尽管人们承认在语言之前或之外，或伴随着语言，有许多非语言、非概念的认识，如眼神、手势、表情、姿态等等，但很少提到认识论的高度来研究。这似乎也是你的"理性内构"要指出的。

**答**：尽管这个方面不是理性的主要方面，但这个方面仍然重要，许多科学、艺术的创造发明的起点都与此有关，如科学中的"以美启真"，艺术中的"以美立命"。

**问**：你是说，从历史角度看，人类在以制造—使用工具实践为特征的生存和生活中，在把握"度"的成功活动的基础上，产生出各种秩序感、规律感和默会知识，逐渐由不自觉到自觉形成人群生活中的规范、规则，再成为人们的语言、思想、观念、概念、理性。

**答**：然也。

## 普遍必然性与客观社会性

**问**：你这个"理性内构"仍然是从制造—使用工具开始，让我们回到这个开头。因为这是个根本性的问题，所以得反复考察。例如，基因与人类十分接近的黑猩猩，也使用和制造工具，为什么没有变成人？

**答**：回答也仍然是重复那两条：第一，黑猩猩可以，但并不必须制造—使用工具才能获取食物，它们用手摘取果实野菜树叶，用手捕捉中小动物，仍然是它们的主要生存形态，就是说，不必要工具也能生存。人类则不然，数百万年前自然环境的变化，使人类已不能像黑猩猩这样，而必须重复地、不断地和代代相传地制造—使用工具以获取食物，它已成为生存延续的必要条件。第二，随着时间的积累，制造—使用工具的多样化，同一工具的多种用途，便成为人类生存延续的充分条件。某些人类学材料认为,也属于人类的尼安德特人的消失，是由于他们的工具敌不过我们祖先智人的工具的缘故。这种制造—使用工具的多样性，一方面使得各种成功经验不断呈现在人们的心理上，通过语言而被不断地巩固、记忆，逐渐形成明确认识；另方面也使个体创新和发明有了无限的可能，而为群体所模仿。

**问**：这样，你的哲学总与自然科学、发生学相关联，这已落入"第二义"，不是那深奥的形而上学了。

**答**：一些学人认为哲学就是玄奥之论，一些学人提倡"纯"哲学，认为不能与科学或历史挂钩。但大家都知道，西方古今许多大哲学家都是科学家，从 Pythagoras 到 Descartes、Kant 以及作为建筑工程师的 Wittgenstein，他们的哲学思维都受益于自然科学。中国传统的哲学则一直与历史相关联，从孔子、周易到朱熹、王船山。世上并没有与社会、政治、历史、科学完全无关的所谓"第一义"的哲学。西方从 Plato 到 Heidegger，中国从孔夫子到康有为，都不"纯"。

**问**：这个所谓"第二义"的说法太肤浅、幼稚了，不值得多谈。但你是研究 Kant 的,所谓"认识如何可能"在 Kant 那里是"先天综合判断如何可能",这是认识的"内在理据"的普遍必然性,用"人类如何可能"来解答"认识如何可能",是外部历史代替了内部的逻辑,用发生学代替了哲学,而且无普遍必然性。哲学讲求的正是普遍必然性,这才是"第一义"。

**答**:我强调的"人类如何可能"正是回答这个"内在理据"从何而来、如何可能。这是一种哲学观点,而并非发生学的具体实证研究。因为我认为这个"内在理据"不是天赐、神授,也不是生物本能,而是由人类历史所建立起来的。我的 Kant 书的标题原本是《Kant 新解》,因当时的发表环境,没能用上。

**问**:"新"在何处呢?

**答**:第一,《批判》书里一再讲,Kant 所谓的普遍必然性,实际上是客观社会性(有时称之为社会客观性),它们的普遍必然是一定的时代、社会、历史所规定、形成和积累的普遍必然。不仅道德领域、审美领域如此,认识领域也如此,它们都是人类历史的产物。因此 Kant 讲的超人类的理性,实际是人类理性所建立起来的。世上并没有那种先验,即超乎和先于人类经验的普遍必然。第二,Kant 研讨的最终指向是"人是什么",他实际上一直在探讨人性心理的绝对性如何可能的问题。我的"新解"就在指出,这绝对性并非来自超人类的理性,而是人类自己通由无比漫长的历史和个体教育而建构出来的。如道德领域中的绝对律令,便是经由历史和教育而形成,Categorical imperative 对个体来说，便是从幼儿开始经过长期的自觉教育，使自己的意志（理性）能主宰感性行为而形成的心理规范。有一些神学家说，自由意志是原罪的根源，亚当、夏娃违背上帝旨意，吃了禁果，才堕落成必死的人。可见，自由意志正是人之所以为人的心理呈现，是人自己当家作主不受任何外在支配的表现。神学当然指责，而我非常赞赏。

**问**：但认识论所认识的自然界的规律并不依存于人类心理。

**答**：《批判》或我的一些其他论著都说过，自然界的任何现象都是有原因的，从而无不符合"规律"，并指出过显微镜下的雪片齐整如花，而细胞却混乱不堪，它们都符合规律。火山爆发，地震发生，也都是合规律性的。但是为什么人类常常只讲前者的合规律性，因为地球不是处处都有火山、天天发生地震，前者更符合人类的生存延续，而后者反之，因之称之为混乱、不规则、chaos 等等。因之所谓规律性也无不打上它们依存于人的生存实践的目的。Cosmos 意味着 order，而非 chaos 便如此。包括我讲的秩序感、形式感等等，也无不如此。世上也并没有那种超验的合规律。

**问**：你这反对普遍必然，特别是先验的普遍必然，是否受后现代主义的影响？

**答**：老实说，我在"文革"中写 Kant 书的时候，对后现代还根本不熟悉。但它与后现代的确有某种接近或吻合之处（我在别处已多次说了），但我当时并没意识到。它更可能与非本质、反二元、无形上的中国传统思想有关联，但我当时也未明确意识到。

**问**：你是否仅仅抓住 Marx《资本论》"工具是伸延了的人类肢体"这句话？

**答**：这句话不仅 Marx，许多人都说过。我以为这句话概括而深刻。人类正是因为有这种可以无限伸延的肢体、器官，延伸了自己外在的自然，从而才具有生物所无的巨大力量和技能。只有这样，才能成为所谓万物之灵。因为正是它们使人脑神经元的通道、线路、结构、形式、信息不断区别于动物，有了动物所没有的智力（intelligence），出现了人类独有的主观性（subjectivity），其中主要就是理性。它与动物原有的情欲、本能相互渗透、结合、积淀，形成了人类所独有的情理结构（emotio-rational structure），这就是人性，也就是我讲的文化心理结构。

**问**：考古学材料证明，有意识制作的敲打石器，大约在150万年前，广泛分布在非洲、欧洲、亚洲，20万年前才有精致的装饰性的石斧，这说明审美情感需要晚于实用需要，相对独立或"高级"一点的情理结构的出现，还需要有一个漫长的历史过程。似乎至今还未发现猿猴、猩猩有装饰品？

**答**：我以为装饰品是人对各种形式感、秩序感、色彩感、节奏感抽离、脱开其实际具体用途、意义，而以集中表现快乐、满足等人类情感的产物。它本由功利而来，但已无具体的功利目的，是一种无目的的目的性。当年美学大讨论时就争辩过，还引用了 Plekhanov。

**问**：所以你一直重视形式感、秩序感，不仅在美学中，而且在人类起源的哲学命题中。

**答**：是这样。秩序、形式是人为的，人通过开发、挖掘、选择、整理、规范，构成经验，以后逐渐形成能由语言表述的明晰知识，这就是合规律性。所谓合目的性，就是符合人类的生存延续，如五六十年代我的美学中所说，合规律、合目的在实践活动中的最初的一致和统一，这是美，主观上就是美感，也如以前所说，美和审美有太多的种类、层次和阶梯，这里只就其源头上说。由这种原初感受进入概念、语言，就是以美启真。我非常推重 E.H.Gomblish《秩序感》(*The sense of order*) 这本书，它用大量材料说明了人类能够创造出自然界所没有的许许多多的形式和秩序。这些感受显然与默会知识相关联，从而这些感受与默会知识、明晰知识的关系以及这三者之间的复杂频繁而多变的相互作用、相互关联、相互冲突和一致，等等，便应成为今天认识论研究理性的非常重要的课题。这也就完全不同于把理性归结于概念思维了。

## 要重视个体心理的独特性

**问**：你的"理性内构"一方面非常强调以语言为基础的明晰认知、科技发展，但另一方面仍然贯彻反对语言、文本即一切，反对把它们作为人的根本的哲学总观点。但上面已讲过，Polanyi 认为默会知识也有其逻辑，与研究个体心理的心理学不同。

**答**：我的哲学倒是一直注意个体心理的独特性，因为它与我所强调的认识上的自由直观、原创性等等问题密切相关。情理结构的个体差异，在认识上可以产生很多不同的结果。即使在理论物理学这种以高级的逻辑、数学为必要基础的科学学科的创造、发明中，也可以看出某种个体风格上的差异，例如 Dirac 与 Heisenberg 等人的不同。

**问**：所以你把美学说成第一哲学。

**答**：这涉及审美与认识既合又分的源头。我曾说过"度"作为实用理性认识论的第一范畴，在情感上与审美愉悦可相交汇。理性在本源上与情感有同一基础。这个基础就是使用—制造工具的实践活动。其后，两者才分离和独立发展。"美学是第一哲学"有其更"神秘"的形而上学方面，那是终点，这里讲的是起点。因为这里要讲的，只是理性产生时就不止于语言，还有其他非语言的因素。

**问**：那么，美感作为四要素集团的 DNA 组合，也是"理性内构"？

**答**：非也。它是"理性融化",而非"理性内构"。我曾说过,所谓"以美启真",并非就是"真"。"真"必须经过概念、语言、逻辑的思维,才能得到。在逻辑、概念、推理和数学中,并不能夹杂着这些 DNA。这些 DNA 只是对认识底层起着某种牵引、范导、影响的作用。所以人工智能的机器能战胜国际象棋冠军,就是因为它能不受任何感性的影响,以穷尽所有逻辑可能性来作出判断。人做不到。

**问**：看来你还是非常推崇人工智能这样的逻辑、理性的发展,而那种不可言传、不可思议的神秘心理,一向为你所排斥。

**答**：因为那是个体的一种特殊感受,并没有普遍必然的客观性,所以在秩序感、形式感等感受中和默会知识中,要注意排斥这种所谓"神秘真理"的感受。Kant 当年就如此,坚决拒绝了当时极为风行、时髦的召灵术。

**问**：你又特别强调秩序感、形式感随时代变迁而发展,今天的秩序感、形式感便不同于一百年前,而这又与理性、逻辑、语言的发展有密切关系,所以它们是相互作用和相互影响的。

**答**：这意味着形式感、秩序感和美感都与语言、数学、科学所标志的理性是相互促进、相互作用的。总之,由婴幼儿的拍打入睡到劳动号子减轻体力负担,到今天高科技的异常快捷时空感、速度感、造型感使生活丰富舒适,等等,都与"理性内构"有关系。在前面的答问中,便专门谈了秩序感,今天讲的很多是重复。可见,一方面"以美启真",另方面,理性又给情感以形式而形成审美。这里，我抄一段旧作："最关键的一点是，给情感赋予形式，这才是人类的情感，不然就是动物性的情绪，上次讲（音）乐以饰哀，就是给悲哀这种自然产生的情感以普遍性的形式，'长歌可以当哭'。已经多次说过了，它已不是个体情绪的宣泄，而是有群体共同感的心理秩序，其中就有非概念的理性化。古人特重丧礼，不但在行为、秩序、动作的'礼'中建立外在的等差秩序、社会制度，而且也在悲哀、伤痛、感怀的'乐'中建立人的内心情感、精神形式。'礼'本来就是从'乐'（巫舞活动）中发展和建立起来的，这就是我称为原典儒学的'礼乐论'"。[1]

**问**：你的伦理学中讲的"理性凝聚"是否也如此？

**答**：否。伦理道德是凸显理性对感性的绝对主宰和控制，此之谓"凝聚"。"理性内构"而非"理性融化"中的秩序感、形式感，仍然是为了追求明晰的概念的逻辑认识，它们只是起点或过渡而不停留于自身（这点以前着重讲过），它才是认识论。以前也反复讲过："情""感"都不能也不应直接干预理性的思维过程，上面所说的这些只是表明，人的理性思维过程不能完全统摄于机器，如此而已。

**问**：总括起来，"人类如何可能"、"人兽之分"仍在理性，这理性仍是一种情理结构。

**答**：然也。

**问**：所以，概括起来，你的

[1] 《中国哲学如何登场？》，上海译文出版社，2012年，第135页。

"理性内构"主要几点便是：一，理性主要表现为语言、逻辑与数学等等；二，应注意默会知识和秩序感、形式感等非语言因素在形成和发展理性中的作用；三，同时也注意理性对它们的反作用，以及其相互作用，即概念语言、明晰知识对默会知识、秩序感、形式感的规范和制约和后者的适应、冲撞与突破；四，人的智力（intelligence）包括一、二、三，其中语言、逻辑等明确占统治或指导地位；五，这一切都是由百万年制造、使用、改进、创新工具的实践活动所萌发、所形成、所发展，它们都是历史的产物。

**答**：然也。

**问**：这样似乎审美的意义就在于其中，没有独立价值了？

**答**：不然。理性内构（认识）与理性融化（审美）中虽都有理、情，都有秩序，但如前所一再说明，两者的位置、比例、分量、结构从而其秩序、其产物、成果便大不一样。审美中的理性如我在五十年代美学讨论中所说，它有如水中之盐，已完全看不见（即不认识）但感咸味（却有感受）而已。审美本身对于塑造人性心理有重大价值，即情理结构不能归结为理智、认识、理性和道德，而应包括感知、情感在内，有助于人的整个身心发展的审美。如这次未能讲到的"美学是第一哲学"的终点，即"天地境界""孔颜乐处"的生活态度，等等。

**问**：你所重视的是一头一尾，头是理性的开端。就是说，理性一开始就混杂着感受、直觉而与审美相关。尾，就是包含理性又超越理性的天地境界，也与审美有关。你在《审美形而上学》中已经提到了。

**答**：这也是为了消除C.P.Snow讲的"两种文化"隔绝问题。"Heidegger承认并强调意识在原始阶段可以得到'技进乎道'的本生(Ereignis)快乐,我以为即使在被科技机械统治的今天,科学家们、工程师们仍然可以在他(她)们的发展、创造和制作中得到这种快乐。它不只是智慧的愉快,而且是人生的满足。包括参透宇宙奥秘所引发的神秘或神圣感。这正是实用理性与乐感文化的交汇之处,最先体现在制造—使用工具的操作使用中建立起的度的感受和认识,发展而为'义'、为'善',为'以美储善'和'以美立命'"(《关于"美育代宗教"答问》)。

但总之,如我以前所认为,哲学认识论到今天在Wittgenstein穷尽语言探索后,大体已归属于认知科学、心灵哲学并由脑科学的介入,而成为科学研究范围,除理性来源、想象、默会知识、自由直观等或尚有哲学置喙之地外,其他已非哲学认识论或哲学话语所能和所应干预。本书认识论之如此简薄,亦以此故。但此认识论仍有其特点,特点在于,它承继、张扬和发展中国传统以行动为起点,提出"度"、"序(秩序感、节奏感及各种形式感)"、"势(物质性、力量性、潜在性、变易性。待展开)"、"阴阳"、"经权(待展开)"、"以美启真"、"情理结构"等概念和范畴,认为它们具有人类普遍性,将构成世界哲学的重要组成部分。

2015年

## 几个要点

1) 从"人类如何可能"回答"认识如何可能",认为数百万年以上使用—制造工具以维系生存-生活是产生人类的必要条件(即不如此不能生存),使用—制造工具的多样性(动作形态、姿式、种类等等)是辅助这必要条件的充分条件,正是在这种生存活动中产生了"实践中的理性"(秩序性、规律性=合理性),并进入意识,逐渐形成"实用理性"(pragmatic reason),产生任何动物语言所无有的语义,并向两个方向发展:伦理命令(由指令而规范到"天理、良心")和技能保存(由动作而操作到口诀、直觉),这两者都是具有"以一驭多"的抽象性的感性特征,而两者的交错又独立的发展,产生了以人类语言为成果和代表的文化心理结构和各不相同的个体的情理结构,这就从根本上区别于和脱离了族类近邻黑猩猩们的动物世界。

2) 从而,我不认为人类语言乃由基因突破所造或出于生物的演化。人类语言不仅负载着而且开拓着人类劳动实践的生存活动的主体性(subjectality)、主观性(subjectivity)和人际关系即主体间性的历史经验。"鼓天下之动者存乎辞"(《周易》),它以轻便的储存器(声音和文字),保存、交流和传递(代代相传),使人类具有了文化的历史和历史的文化。

3) 历史三性(具体性、积累性、偶然性)对人类认识至为重要，历史性的语言使人类漫长的某些经验的理性原则对后世人群和个体变为"先验"(transcendental)和"超验"(transcendent)。因之，何谓"理性"？理性乃是在以制造—使用工具的群体生产、生活实践为基础的日常生活中，最先以肢体动作、手势语言[1]而后以发声语言，最后形成以概念为基本单位的"思维"，将适应于生存—生活而在实践活动中可重复、可模仿、可修改变易的秩序(order)、形式(form)保存下来，不断在使用中巩固、更新、发展，并使其**自身**可以延伸、开拓，此之谓理性。可见，理性远不只是概念、语言和思维，而是包括在人的自觉意识中的肢体动作、视觉感知等等因文化渗入而产生不同于动物和机器的一切智能(intelligence)，其中包括某些直觉。

4）其中，颇值重视的是，"实践中的理性"具有情感，特别是达到"度"的成功，更充满乐观的喜悦。$A \neq A\pm$（度，恰到好处）既是操作层 $A=A$，$A \neq \bar{A}$ 的目标，也是存在层的基础，从而具有本体性。语言—思维也由稳定性、恒常性、因果性进入到实体性、因果性、交互性（阴阳五行、辩证法），并产生非操作层所能干预的情感－信仰，此即巫术

[1] "在大多数原始社会中都并存着两种语言：一种是有声语言，另一种是手势语言。""在这样一个时代中，在那时，手与脑是这样密切联系着，以致手实际上构成了脑的一部分。文明的进步是由脑对于手以及反过来手对于脑的相互影响而引起的。""在原始人的语言中到处见到的动词的极端专门化，原来是原始人智力活动中手的动作所起作用的自然结果。用手说话，这在某种程度上就是用手思维，因而，这些'手语概念'的特征必然在思维的口语表现中再现出来。"（[法]列维·布留尔《原始思维》，丁由译，商务印书馆，1981年版，第153—155页。）

和宗教，亦"礼"、"乐"的源起。尽管这一切可能有动物基因作为潜能，但主要仍然是在上述人类独有的生存活动中文化心理结构—情理结构的现实实现。

5）从而，操作层与存在层的情理结构的异同颇值注意。前者经由逻辑、算术和数学的巨大而独立的发展，到今日人工智能及其前景的展望，一再证实"工具本体"（使用—制造工具的操作层实践）对存在层（人类文化历史的存在）的基础性质，正是前者普遍必然和独立发展，决定性地规定、制约和影响着人的存在层的生存和生活，对人类文化心理结构以及个体情理结构产生根本性的作用和影响。但也如同其他超生物的产品一样，今天的人工智能也仍然只是人的非有机生物体的巨大展拓，即人工智能仍然只是机器，只是工具，它不可能替代和主宰人类，逻辑、数学制造不出有生物漫长演化基础和久长人类历史培育的人的感情，即不可能有人的各种且个个不同的个体情理结构，人工智能缺少人类的文化心理的历史结构体。个体的人不能战胜 AlphaGo，正如人不能跑过汽车一样，不是缺陷，而是优长。人工智能虽有某种"创造"能力，如 Alpha – Zero，却由于缺乏人的情感、感知、想象、直觉等各种偶然性的心理因素的介入，即缺乏人性能力，而不可能替代人的创造性的变易、革新和发展。

6）所以，我的认识论虽然非常赞同不能将逻辑、数学与心理经验不作区分或混为一谈如旧心理主义，因为它们已由经验变先验（无需心理事实的可验证性），是历史建立的"先验"

(transcendentae)理性，但又仍然反对"反心理主义"。因为心理与大脑神经元突触活动（即我所说的大脑生理中人所造成的"通道"、"途径"、"结构"）相关，它远远大于逻辑—数学的领域和功能，也远远大于语言的领域和功能。历代的艺术-诗意-审美的特征证实着这一要点。例如，人工智能由于没有审美要素四集团（感知、想象、理解、情欲）的感性偶然性的介入，便难能有默会知识和创造出某些独特的形式感、秩序感，尽管这些人类产品都可以最后由逻辑-数学计算出和设计出，但它仍无法替代它们的产生，人工智能更无法替代人的整个心灵、意识（含潜意识）亦即人的情理结构。

7）这也正是个体创造性的领域。"以美启真"源于此，而为动物所无有。从原始的石斧纹饰、贝壳项链到今日各种娱乐艺术，人类这种"装饰"性的审美活动，正是人的存在成功的自觉生命感的展现。审美四要素集团即感知、想象、理解、情欲的复杂交错作用，成为这种自身生命肯定感和与宇宙自然的协同共在感，便远非操作层的逻辑以及数学所能统辖，相反，却可能是它们以及诸科学发明的启示点。"以美启真"和"美学是第一哲学"的巨大课题颇待今后详加探讨。

8）在实在论和实证论争论中，仍然站在实在论一方，认为有不依存于人的、不可知的物自体的存在，但这是一种情感-信仰，而非科学能证实，从而人的认识不能是反映-发现论，而是创造-发明论。这一方面是实用理性不同于实用主义和实证论之所在，另一方面除较遥远未来智能芯片植入人脑与神经元接通将产生不可预测的后果外,它对人类未来持乐观主义,强调奋起立命的伦理态度。

9)认识论即将由各门具体科学学科如脑科学、认知科学、心灵哲学(分析哲学与脑科学相结合的发展)、人工智能科学等等的实证研究所替代,拙认识论只是提出:动(使用—制造工具为基础的人际生存和生活)→度(情理结构的确认)→"以美启真"(个体创造性)以及数、序、势、经权等抽象要点,认为这才是真正具有世界普遍性的中国人的哲学。西方的形而上学追寻那超时空不可感知的Being,中国的形而上学探求历史的人的Becoming。历史也永远在Becoming中,《周易》的简易就是指它不是玄奥难通的精神形上,而是那人类生存延续中那活生生的不易的变易,即历史和命运。哲学认识论将是探究人(人类、国家、个体)的命运的哲学存在论的重要部分。[1]

2018.8 增补

---

[1] 何以我将伦理学置于认识论之前,何以伦理学的"理性凝聚"在认识论"理性内构"之先?因为捕获中大型动物的生产活动和分享食物的生活活动所要求的秩序、规范最重要,所谓形式逻辑的同一律、矛盾律首先产生和适用在此处,这也是人类实践中的首要创造。原始人群的扩大(黑猩猩群体不超过50)更需如此。我以为,思维规范来源于此伦理规范,并由存在的确定感(安全性)、秩序感而转化为语言—思维的确定性、秩序性(语法)等等。认识中记忆的挪移开始人类认知的自觉想象,开启了感性与理性的桥梁设建。

# 附 录

此三附录原拟置放《存在论纲要》，后转思置《认识论纲要》亦无不可，既补其薄，使三书平衡，且展示八十年代由主要讲述认识论之"康德书"转进存在论之历史印痕，下接《存在论纲要》。

李泽厚 2018.5.25

# 六十年代残稿

P.5

## 1.2 认识如何可能只能由人类如何可能来解答

"人是思维（或有理性）的动物"和"人是制造工具的动物"是关于人的两个最有名的定义，其实，秘密却在于二者的统一。历史具体地分析"实践"这一基本范畴，正是揭开这个秘密从而理解人的本质的关键。

### 1.21 [人由猿进化而来]使用工具[的活动是"社会存在"的基础]

人由猿进化而来。[实验证明(Köhler)：猿猴在特定的人为条件下，可以使用并且"制造"工具以获取食物。但在一般自然情（树上生活的种族生存条件）下，猿猴没有必要和可能来大量进行这种活动。]实验室的例证说明，作为人类祖先的猿类有使用工具的生物学的潜在可能性，这种生物学的可能性要变为历史的现实性，得经由自然进化的漫长洗礼。具体地说，这就是：由于生存环境的改变（如丛林缩小使某一部分猿类下地营生，以致最后迁居地面），使猿类前肢愈来愈多地从事于切割、挖掘、捕捉动作的活动，也就是说，愈来愈多地从事于使用工具的活动，即原来是少量的、偶然的、辅助性的猿类使用工具的活动，这时由积累而变成大量的、必然的、根本的活动动作，终于引起体态上和机能上的重大改变：直立行走，大拇指与其余四指不向特化方面发展而变得日益灵活有力，也就是人手的形成，"这乃是从猿到人有决定意义的一步"(Engels)。"有决定意义的一步终于完成了：手变得自由了"(Engels)。猿类前肢从攀援、爬行等等活动中解放出来逐渐成为使用工具的专职器官，意味着它开始利用自然本身的力量、性能以作用于自然，意味着开始对自然的支配和改造。[黑格尔说，"工具保存下来，而直接的享受却是暂时的并会被遗忘。人因自己的工具而具有支配外部自然界的力量，然而就自己的目的来说，他却是服从自然界的。"列宁指出，这是"黑格尔的历史唯物主义的萌芽"(《哲学笔记》)。马克思说"要认识已经灭亡的身体组织，必须研究遗骨的构造；要判别已经灭亡的社会经济形态，研究劳动手段的遗物有相同的重要性。划分经济时期，不是做了什么，而是怎样去做，用什么劳动手段去做。劳动手段不仅是人类劳动力发展程度的测量器，而且是劳动所在的社会关系的指示物"(《资本论》)。正如石器、铁器等等指示着人类社会的一定历史时期和发展阶段一样，在还没有人造工具，还不能制造工具的人类起源的太古时期，作为这种指示器的"遗骸"，就恰恰是刚刚形成的人类的双手（东非人或南方古猿）。]"手不仅是劳动的器官，它还是劳动的产物"（Engels），人手正是由于这种"已消失在太古的本能状态中的劳动"即使用天然工具的活动所产生、所造成的。这种使用工具的活动——最早的劳动一实践（"动物性的本能的劳动形式"《资本论》）正是使人脱离动物界的根本因素，"手的专门化，意味着工具的出现，而工具意味着人所特有的活动，意味着人对自然界的有改造意义的作用，意味着生产"（《自然辩证法导言》），"当人们自己开始生产他们所必须的生活资料的时候，

P.6

他们就开始把自己和动物区分开来"（《德意志意识形态》），"人类恰恰就在对象世界的加工中才作为一个族类来现实地证实自己"（《经济学-哲学手稿》），"只有人才能在自然界上面打上自己的印记……而人之所以做到这点，首先和主要的是靠着手"（《自然辩证法导言》）。以形成人类双手为标志的使用天然工具的劳动实践活动，使地球上开始出现一种不同于任何动物群体的生物种族存在。这种存在，名之曰"社会存在"。这是这一范畴最原始最简单的含义。原始的、动物性"本能状态"似的使用天然工具的劳动活动，是实践的最早形态，是产生社会存在的基础。

## 1.22 实践理性

[工具所以能成为上述的指示物,只是因为它首先标志着、指示着一定历史时期人类劳动实践。由人手的形成所标志的使用天然工具,人类起源时期的最重要的结果和特征,就在于正是这种最原始的实践劳动活动使人从动物界区别开来,开始和逐渐成为"有理性"的动物,这个理性首先出现在这种原始的劳动实践中,由使用工具的活动所提供、所生发。]

### [1.21 实践中的理性]

使用工具的劳动活动之所以不同于其他任何活动,是由于工具成了使用者的器官,成了添加在他先天肢体上的后天肢体,使他的肢体和器官向广大世界无限地伸延,从原始的石块、木棒到今天的起重机、显微镜、加速器、宇宙飞船。"……劳动者直接占领的东西,也不是劳动对象,而是劳动手段。这样,自然物自身也成了他的活动的器官,被附加到他自己的身体器官之上,不顾《圣经》的教训,延长了他的自然的肢体。"(《资本论》)人类起源时期的使用工具的活动,不但使肢体活动得到了直接的延长,更重要的是,它以使用工具活动的多样性的根本特点(天然工具的多样性;各种不同性能不同形状的木棒、骨器、石器;把持式样的多样;操作动作的姿态的多样),从根本上打破了任何生物种族的既定肢体、器官和能力和特殊性、固定性、狭隘性等等自然局限,开始对现实世界造成极为多样和广泛的因果联系,这是任何生物的既定的肢体、器官，无论是锐牙利爪飞腿双翼和任何其他的动作活动，无论是飞是走是捕是攀等等，所完全不能比拟的。所有生物这些活动都只能把自己的活动及活动的肢体、器官约束在、局限在、固定在若干狭窄的因果联系中，特定的因果联系变成本能性的东西，一代代遗传下去，所以动物"只依照它所属的物种尺度来生产"，"动物和他的生活活动直接是一个东西"（《经济学-哲学手稿》）。唯有使用工具、利用工具，才可能使活动的肢体器官和肢体器官的活动做出适应大量的多样的因果关系的动作。现实世界的各种各样的物质属性和因果关系，通过这种多方面的大量的使用工具的活动动作日益被揭示出来。使用工具的活动使工具这些本来与主体无关的自然物展示和发挥出它们的某些自然属性和效能来引起活动对象的某种改变，从而，[各种各样的]自然物（首先是作为工具使用的那些自然物）的许多属性——几何的（形状、面积、体积等等）、物理的（重量、硬度、锐利度等等）、

化学的（可燃与否等）属性就开始作为某一因果链中的环节而被客观地使用着、利用着、选择着；这样，经历了种种尝试错误的漫长时期以后，在使用工具的劳动实践中，毕竟产生、保存、积累和巩固了一定量的合规律性的使用工具的活动动作，即主动选择和利用客观规律（因果关系）的动作。这也就是说，客观世界

的规律性、因果关系出现在、保存在这种劳动实践之中,这即是实践中的理性。这种理性不再仅仅是狭隘既定的原生物种族肢体活动中的规律性,而是以后天习得的使用工具的活动操作为中介展开来的、有着扩展的无限可能的整个自然界的规律和因果性,实践正是以这种客观世界本身的无限理性作用于客观自然,从而使它服从于自己,为自己所支配和改造。在这里,主体－客体有了真正的意义。动物的生活活动与其对象是同一个东西,是受同一个既定的先天的自然规律(因果性)所决定,主客体之分毫无意义。实践中的理性突破了这个先天既定的限制:一方面,不再是原动物生物的既定活动,而是具有无限可能的普遍必然的使用工具的实践操作,它构成了支配自然、改造自然的强大力量,它面对着和区别于自然界,形成主体。可见,正是使用工具的实践操作活动,正是由此而获得的实践中的理性,使主体——人类的"种"——具有了普遍的现实性和现实的普遍性,(康德的先验统觉的"我"不过是唯心主义的苍白折射罢了),具有了自由。另一方面,不再是消费欲望的事物,而是广阔的客观自然规律本身,构成了与实践相对应、相区别和相互作用的客体对象。于是,不再是主客混然一体的生物适应环的生活活动,宇宙中开始有了理性的实践。

因为有实践中的理性,才可能有理性的实践,即合规律性的、具有普遍必然的实践,即实践理性。实践理性是宇宙中最强大无比的、活生生的、无限向前扩展着的主体——人的力量,它是社会存在的根本内容，是一切思维、符号、理知的现实的物质基础。

## 1.23 动作思维

这种实践中的理性，即保存在使用工具活动中的客观因果联系及规律性，由于反复出现不断达到主体目的而得到强化和巩固，同时它又不断改进而定型化和简化，日益摆脱各种特定时空条件环境的偶然性和独特性，日益成为解决许多任务的概括的手段和技能。实际上，它乃是从各种特殊中抽取、概括出来的一般化了的某一因果联系（某一客观规律）的主观式样，亦即是对现实客观世界规律的主观反映，只不过这一反映是以动作活动的形式，还不是语言符号形式表现出来罢了。通过这种动作形式，将已知的因果联系应用到新的事物上去，以一种定型了的揭示因果联系的动作活动，以解答面临的课题和任务，而这也就是"思维"——进行分析、综合、预测因（工具、活动）果（所要达到的目的）以解答问题。[1]

在这里，动作是思维的物质承担者即外壳，这也就是思维的最原始的形式：动作思维。它与一般使用工具活动动作的区分就在于，它是从后者中逐渐[简化和]提取出来，有

---

[1] 太古时期这种思维方式当然无从寻求，儿童心理学可以提供一些重要的旁证。在幼儿能用表象或概念进行思维之前，首先是通过大量的动作（抓、摸、摆弄、敲打等）活动来把握事物和对象，来揭示事物的关系和属性，逐渐这种动作也比较地定型化、简化而成为认识事物、了解客观因果联系的主观手段和方式，儿童用动作认识了、"思考"了和解决了某些课题，但还远远不能事先"在心中"想好或用语言表达出来。幼儿这种状态也许重视了人类起源时期的某些情景。

更少的盲目性和尝试性，有更多的概括性和目的性，从而它已开始成为客观因果联系和规律的主观反映模式，在形式上具有简化、熟练和定型化的特征，它们常常是对实际的使用工具的活动及过程的简要的模拟和描写，最后可以成为象征性的符号结构，如手势语。

也就是从这里，与动物从意识上开始分道扬镳，动物不断巩固其条件反射，保存其特殊意识，成为本能；起源时期的人类则不断摆脱这种特殊性的纠缠，进行提取、概括、巩固和发展具有客观内容从而具有普遍性的意识。

P.8

[1.23 社会意识]

1.24 原始语言

手势语尽管占有重要地位，但它并不是、也没有成为最早的语言。语言一开始就是发声的。因为，作为群居动物的猿猴原来就有用以交际（可传递信息）和表情的声音信号，如呼喊等等，但由于他们并不具有客观地反映世界因果联系等内容，不具有语义[内容]，不成其为语言。在使用工具的劳动活动中，而特别是在动作思维的活动中，一定的声音材料（语言、音节）与这些活动日益建立一定的条件联系，这就使原先这些声音材料开始获有新的性质，不再只是表情的或交际的特殊信号，而逐渐成为一定动作形态的代表符号,从而具有了语义[内容]性质。随着这种情况的发展,语音逐渐替代动作,成为思维的外壳即物质承担者。动作思维的形式让位于语言思维的形式。言语将动作缩拢起来,变为真正思想上的行动。而它由于以一种轻便的物质外壳(只须发出声音)代替了笨重的物质外壳(动作姿态),这就大大地更便于进行概括和抽象,更便于相互交往了。这种最早的系统的信息结构,是原始的语言,也是最早的抽象思维,就"抽象"一词的最广义而言。所以,"在语言中只有一般的东西"、"任何词都已经是在概括"(《哲学笔记》)。

原始语言是极为粗陋简单的,陈述、命令、指谓混在一起(如句子词,Sentence-word),对客观事态的反映(陈述、指谓)与主体的需要、要求(命令、表情等)两个方面都有,它一方面不断把原始经验中各种混沌的东西确定化,抽取概括起来,把经验在群体中保存起来传递下去;另一方面不断地相互交际传达情感和要求需要,把全体更好地组织起来协同活动。

原始语言的产生意味着从猿到人的第一个飞跃;由物质、实践(使用工具的劳动活动)到意识认识(动作思维和原始语言)的飞跃的完成,意味着无论在物质上或意识上,已开始出现一种区别于[所有生物]所有动物的高级生命——人。人的根本特点就在于经历这第一个飞跃之后,立即进入由意识到物质(制造工具)的更伟大的飞跃中去,而开始有意识有目的的社会性的生产。

## 1.25 符号与礼仪 (Symbol and Rite)

无论是动作思维，或者是原始语言，它们虽然起源于使用工具的劳动活动中，但是它们二者的真正的发展和成长却只有在最原始的意识形态的狂热活动中，即在最早的[符号]礼仪魔法等活动中才能实现。

原始的礼仪魔法等活动，是人类最早的也是最重要的符号活动，相对于社会存在（使用工具制造工具的活动），它只是复现这种活动。它主要不是直接作用于自然，而是作用于主体自身（人），具有意识－反映的性质。它也就是最原始的社会意识形态。

**P.9**

这种符号活动的内容和功能有两个方面，一个方面主要是对表现在使用工具的劳动活动和过程中的因果联系客观规律等经验的记忆、保存、巩固、熟悉和交流，这是认识－思维－科学的方面；另一方面，则是激励和表达情感，并通过协同动作把原实践活动中松散的不定型的群体逐渐牢同地组织起来，以规范、命令、支配、调整和统帅个体的实践活动，这是组织－规范－艺术的方面。这种符号活动的表现形式是混为一体的歌－舞－戏剧，即礼仪 (rite)、魔法 (magic) 以及随后的图腾 (Totem)、禁忌 (Taboo)、神话 (myth)、巫术 (witchcraft) 和宗教……等等。它们并不是实际的生产劳动操作活动，[也不直接作用于生产，]本质上是一种符号的活动,上述的动作思维和原始语言就是它的首要组成内容和部分,但它比实际生产劳动具有更集中的社会特征。这种符号活动的生物学前身,可能即是动物为其生存需要如锻炼肢体器官或者维系群居生活而有的游戏(play)本能,但符号活动的根本特征,却恰恰在于它集中地显现着区别于动物群体的社会性。

符号活动本质上是超生物种族自然性能和超个体的"集体意识",它具有极大的权威性。正是通过这种符号活动,使个体的实践活动服从于这个集体,个体不再是为自己的生存而活动,他的活动是集体生存的一部分,是集体意识支配、统帅、组织下的活动,从而是有意识有目的的活动,这个意识和目的是符号活动所给予和提供的。这样,就在根本上与动物区别开来:个体生活表现为集体生活的一部分,个体的生物学的自然存在和活动具有了社会性质,不是为个体动物性的生存而生产,而是为集体生存而协同合作地生产。这样,不管个体主观心理上意识到这点与否,客观上,人就是社会关系的总和。真正的人类诞生了。"人将自己的生活活动本身作为自己意志和意识的对象。……有意识的生活活动是人与动物的直接区别,正因为此,他是一个族类的存在,或者正因为他是一个族类的存在,他才是一个有意识的存在,这就是说,他自己的生活活动对于他是一个对象。"(《经济学-哲学手稿》)

可见,作为人类特征的制造工具,并不是指个体的某种偶然发现,而是指作为社会要求和集体意识而组织群体进行的有意识有目的的社会生产活动,这才是真正的人类的劳动实践。个体猿猴也可以制成工具，但它不可能是有意识有目的通过语言、符号向一定群体提出并由群体承担的社会生产活动。所以这种并无一定普遍必然性质的个体经验也就不能保存起来传递下去，而成为一种没有历史必然性质的偶然活动罢了。

P.10

### 1.3 实践产生主体的认识结构：纯粹理性

普拉太哥那有句名言：人是万物的尺度，但他不知道人何以是万物的尺度。康德哲学的一个重要贡献，是指出了人们认识所以可能是由于主体有一套所谓"先验的"认识结构，但康德没有也不可能说明这套认识结构是如何来的。相反，康德把主体认识结构的根本来源——客观世界当作是不可知的"物自体"，这就为以后种种反理性主义、从叔本华到海德格尔开启了大门。其实，人所以能是万物的尺度，正在于只有"人类能够按照任何物种的尺度来生产，并且到处适用内在的尺度于对象"(《经济学－哲学手稿》)。而主体所以能够认识世界，是以长期的历史实践为基础，从上述原始人类的社会意识活动开始，逐渐将自然客观规律移入而化为即积淀（积累沉淀）为主体自身的逻辑－心理结构。主体凭这套结构去认识外物掌握外物，就是纯粹理性。所以，以形成人手为标志的使用工具的劳动实践不但为直立行走从而为脑量（思维）和发声器官（言语）的发展提供了生理学的先决条件，而且它通过动作思维、原始语言和社会意识形态为所谓["先验"的]"纯粹理性"的发展提供了根本基础。因之,[所谓"先验"就只是,第一,]这套认识结构是从人类起源时期开始积淀,不断保存在社会意识形态中,使新生一代在出生后便面临和接受的结构系统。[(参看 Whorf 论语言)]它是个体进行认识的先决[和前提]条件。[它对任何个体以至集团来说是"先验"的。]其次,由于人手的形成和使用符号的活动开始后在大脑中枢神经结构上的某种生理学的变化,作为它的物质基础,[这当然是先验以至先天的,]这将由明天的生理学来证明。从而,[所谓"先验"]所谓"纯粹理性"的主体认识结构既然是积淀的产物,是人类历史的成果,是客观规律的主体化,就不可能是先验的一成不变的,[固定不迁的,]相反,它将随着人类劳动实践和符号活动的发展而不断发展和改进。通由实践,客观构成了主体,主体又用客体自身的规律去认识和把握客体。人是万物的尺度乃由于实践是认识的基础,这才是唯物主义的一元论,而不是唯心主义或二元论。[实践论是人类学的唯物主义。]

这套认识结构主要有下列三种:

### 1.31 感性认知

作为感性认识的起点的感觉材料(Sense-data),不再只是直接作用于行动反应的信号,而成为指示一物的符号(symbol)。这即是说,对象不再只是引起主体反射活动(动作)从而实际与主体并未分割的东西，而成为"超功利"的客观"存在"，即可静观的对象，亦即感觉材料本身成为注意—认知的对象。它反映并暗示某种存在物。它作为个体认识的起点，乃是集体实践的成果。

所以，Sense-date 并不是认识的起点，而毋宁是一构成物。这种构成最基本的形式是时间与空间。

时间与空间的观念是客观物质运动形式经由实践操作活动（人类漫长时期）而产生的前后顺列（时）与上下左右顺列（空）在主观心理中的积淀。

除了 Sense-data、时空观念而外，一些最基本的几何—数学公理，如两点之间连线最短等，也属此范围，即它们是由实践操作与感性环境相互作用而形成的积淀。它们适应于人类生活的周围客观世界。而由于这一世界是整个宇宙的一部分，所以非欧几何尽管不再以此等公理为原则，但却有与之相对应的一套。

总括起来，感性认知的积淀是经验的、综合的。

## 1.32 逻辑与数学

与上不同，逻辑与数学的根本因素是操作本身的性质和形式。它们是必然的，分析的。

逻辑基本规则（矛盾、同一、排中），表现了劳动实践中的操作活动本身所要求的相对稳定性：这样做就这样做（A=A），这样做就不不这样做……等等，这是人类赖以生存的实践操作最最基本的法则和要求。

数理逻辑中的折取（∨）、合取（∧）、否定（-），以及数学中的最基本的形式，加（+）、减（-）、等于（=），和最基本的定律，如联合律、交换律、分配律，均同此，都是实践操作活动最基本的一些形式和规律，经由长期（多少万年）积累而沉淀为主体认知的理性形式。

逻辑和数学的这些最最基本的性质，后来就由实践中操作动作的本性而变为思维的本性，好像它们是思维自身的性质、规则、习惯和要求。

逻辑和数学中当然还有大量内容不属于上述范围，它们毋宁属于1.31的范围，从而是经验和综合的，如数数的动作（数学的基础）、量词以及归纳法等等。

### 1.33 辩证法

"辩证法的规律是从自然和人类社会的历史中抽引出来的"(Engels)。这是人类发展到高级阶段才逐渐抽象提取出来的客观世界最一般的根本规律，它不受1.31（实践操作与感性环境）和1.32（实践操作本身性能）的局限，经由亿万年整个人类的检验而积淀为一种高级的认识形式和方法。[这个过程在今天尚远未完成，对绝大多数人来说，辩证法最多是一种外在的假说和理论。（其中，因果观念是积淀的完成形式，这与1.32有关。但也仍然有人怀疑它不过是主体的一种愿望、习惯、假设而已。）]它们在漫长的社会意识中经历过荒诞和素朴的阶段，如一分为二的中国的阴阳概念，因果律的原始意识，等等。它是必然的、综合的。

### 1.34 纯粹理性的幻影

以上三项都是由实践活动而积淀为人类独有的纯粹理性，以此为形式和方法，人逐渐获得认识上的自由，但也由于客观规律变为主观结构后，就产生出一种形而上学的神秘幻影：例如，人的因果观念本是经由实践中的因果关系来自客观世界、客观世界作为整体的宇宙（即存在）当然就本不在此因果律的范围之内，但当纯粹理性将它也当作自己的对象时，于是幻影产生了：不可避免地出现了第一动因、上帝、物自体等问题。一切认识即都是人的认识，离开这个认识的客体究竟如何也只是纯粹理性的幻影，因为人的如此这般的认识是归根结底来源于如此这般的客观世界的。

（原刊《中国文化》2011年第2期）

[**附记**] 原稿首页页眉我曾以铅笔注明："写于60年代，前四页不见了。与政治攸关、'文革'中撕去。"此文收入本书时，删去与全文主旨无关、但当时必写之"批修"、"批资"三小段，读者如对所删有兴趣，可查阅《中国文化》2011年第2期《中国哲学登场》中华书局版(2014年)。

2018.5.25

# 人类起源提纲（1964）

## 一　人类起源不只是古人类学问题，它也需要从哲学上去探讨

大家都说，人之区别于动物、人的社会实践之不同于动物的活动，在于人有自觉的能动性（毛泽东），即人是有意识有目的地进行活动的。于是，这里就有一个问题：人所特有的劳动是从制造工具开始的，但作为普遍必然性的制造工具的活动，已有某种目的、意识的自觉活动在内，那么是否人的意识（认识）先于人的劳动（实践）呢？某些古人类学家强调人脑的决定作用，也可说是这种观点的科学表现。而这，是我所不同意的。

## 二　应该重视双手的形成

许多古人类学家强调直立行走是人类形成中的关键性环节。我觉得似乎更应该注意的是，猿类前肢从原来的攀援、爬行的器

官，逐渐演化为使用工具的专职器官。即由于专门从事于把握天然工具去挖掘、切割、获取食物和防卫自己等活动以维持生存，从而引起的形态学上的一系列变化，其中重要的是前肢逐渐形成拇指与四指的相互对立和辅助的人手。双手的逐渐形成，标志着多种多样使用工具活动的历史成果。这种大量的、广泛地继而成为普遍必然地使用天然工具（树枝、石块等等）以维系生存的活动，应是人类开始区别于猿类的原始劳动。它已经是"生产"所必需的"生活资料"（制造工具则是生产所必需的生产资料）。它是"动物性质本能的劳动形式"（《资本论》）。

动物在实验室或自然条件下也使用甚或"制造"工具，但它们只是偶发性的（不是大量的，不可缺少的）或单一性的（少数工具或使用方式），在维系其族类生存中不占主要地位。在从猿到人的进化史中，使用工具的活动却有"量变成质"的巨大含义，所以它才产生了猿类所没有的人的双手。

## 三 工具的重大意义

"……劳动者直接占领的东西，也不是劳动对象，而是劳动手段。这样，自然物自身也成了他的活动器官……"（《资本论》）"……要判别已经灭亡中的社会经济形态，研究劳动手段的遗物有相同的重要性"（同上）。"工具保存下来，而直接的享受却是暂时的，并会被遗忘。人用自己的工具而具有支配外部自然界的力量……"

(列宁《哲学笔记》中所摘引的黑格尔的话,并评注说"黑格尔的历史唯物主义的萌芽"。)

动物的生活活动是以其特定生理形态、性能所规定了的肢体活动来与外界联系,因之,动物所能"利用"、"掌握"的因果联系和自然规律,就不能不局限在、束缚在某些既定的范围内,并且一代代地固定下来,成为传给后代的本能性的活动。所以,"动物只依照它所属的物种的尺度来生产"(马克思:《经济学-哲学手稿》)。"动物和它的生活活动直接是一个东西"(同上)。"动物不对什么东西发生关系,而且根本没有关系。对于动物说来,它对他物的关系不是作为关系而存在的"(马克思、恩格斯:《德意志意识形态》)。这些都指出,动物以其天生的既定肢体作用于外界以维持生存,只能适应环境,而不能改造世界。

工具的出现突破了上述生物种族的局限,各种自然物日益成为原生物既定肢体的"延长"。这"延长"主要不是肢体由于使用工具而变得更有能耐而已;这里出现的是质的变化,即使用工具的活动的多样性的特点(天然工具如各种不同形状、不同性能的木棒、骨器、石器的多样,把持式样、操作姿态、动作的多样),从根本上打破了任何生物种族的既定肢体、器官、能力的特殊性、固定性、狭窄性,开始对现实世界造成极为多样而广泛的客观因果联系,这是任何本能动作(击、跑、跳、攀……)所完全不能比拟的。尽管那些生物本能性的活动,看来技巧如此高超,但它毕竟只是一种或有限的几种既定动作,远远不能跟以工具为中介所创造的具有无限多的可能性活动相比拟，相匹敌。"最低级的野蛮人的手也能做几百种为任何猿类所模仿不到的动作"（恩格斯：《自然辩证法》）。所以，使用工具的活动开始标志着"能按任何物种的尺度来生产"（《经济学-哲学手稿》）。即开始运用客观的自然物质规律和力量以作用于自然界。这样，现实世界多种多样的物质属性和因果联系，通过这种以工具为中介的劳动活动，日益被揭示出来，成为其他生物族类所不可能获有的超生物的经验。工具的各种属性——几何的（形状、面积、体积等等）、物理的（重量、硬度、锐利度等等）——作为各种因果链中的关键环节（如作为切、割、挖、掘以获取食物的原因）被大量使用着、利用着和选择着。日积月累，就愈发突出出来。如前所述，动物的生活活动与其对象是受同一个自然律所支配，主客体之分毫无意义；楔入工具之后，情况便大不相同：产生了主动利用自然本身规律并具有无限扩展可能的改造自然的强大力量，它面对自然和区别于自然（客体）而构成主体。这就是主体性或人类学的本体存在。

## 四　动作思维与原始语言

由于不是生物本能活动，运用工具的双手活动迫切需要视觉的自觉配合。这种配合只有通过长时期的后天经验习得才能获有和巩固。对双手使用工具活动的注意，实际意味着对自己的活动、动作的自觉意识萌芽。即开始对自己的劳动（实践）有了原始的表象以至记忆。这种意识萌芽为以后制造工具提供了主观方面的前提,即为提供目的表象(工具的形象观念)准备了条件。

与此同时,使用天然工具和制造工具总先是由个体所不断发现和实践的,由于其他个体模仿而在群体中传达交流开来。这种原始劳动活动由于获得成功并由个体传达到群体,便得到不断强化和巩固。日积月累,它们日益摆脱个体活动的环境和条件的各种偶然性、独特性以及动作中的尝试性,而趋向定型化和简化,并逐渐成为解决一系列某个方面任务的概括手段——技能。对这种定型化和简化了的动作技能不断进行模仿、操练和运用,以便在群体之中保存、熟悉、巩固和传给下代,这种动作形式实质上乃是客观世界的因果联系(规律)的最初主观反映样式(即在技能中保存了客观因果规律和形式),只不过这一反映样式是用动作,而不是用言语表现出来罢了。通过这种动作形式,将已知的和概括了的因果联系应用到未知的新事物上,预测因(工具和活动)果(所要达到的目的),以揭示、解决面临的课题和任务。这实际上具有思维的性质或功能,是一种动作思维。[1] 它最后可以发展简化为一套象征性的符号结构,并成为用以传递经验的交际手段,如手势语。在语言的双重内容(作为客观经验的贮存而构成语义与作为传达交流所必需的语音或符号形式)中,我更重视前一方面。这一方面便正是与所谓"思

---

[1] 儿童心理学也许能提供原始思维形式的某些旁证。在幼儿能用表象或概念进行思维之前,最先是通过尝试性的动作,其后是通过动作的某种定型化的形式,来揭示事物的关系和属性,以解决、认识、"思考"某些课题的。

维"相联系的。

手势语虽可能在人类起源时期及原始人类中占有重要地位，但它还不成为最早的语言。发声言语也是起源极早的。古人类学关于南方古猿脑模外表形态的研究（认为与语言有关的区域有分化性的扩展）也可说明这点。作为群居动物的猿类本有用以交际和表情的声音信号或言语（如呼喊），但由于它们不具有客观地反映自然因果联系等语义内容便不成其为语言。只有在原始劳动活动中，在动作思维的活动中，一定的声音材料（言语、音节）与这些活动逐渐建立条件联系，使原先这些声音材料开始获有反映客观因果的内容和性质。即是说，随着这种动作与语音的条件联系的发展，语音具有了语义，成为动作的相应符号，便逐渐代替动作。动作思维的形式逐渐让位于言语思维的形式。言语将行动收拢起来，变成真正思想上的行动。由于它以一种极轻便的物质外壳（声音）取代笨重的物质外壳（动作、姿态），这就极大地便于交往传达和进行概括。这也就是人类真正的语言。客观事态的陈述与主体的要求、命令两个方面都包括在内，如句子词（sentence word）。它一方面把原始经验中的各种混沌的东西不断地确定化，抽取概括出来，使经验在群体中能够保存下来和传给下代；另一方面又不断地相互交际传述，运用它把群体更好地组织起来，协同活动。不是主体或对象，而是中介——使用工具活动的各个方面，大概是原始语言的中心内容。而对工具及使用工具活动的自觉意识的萌芽，通过原始语言便成为群体的最初的、朦胧的共同意识。

## 五 制造工具

制造工具是由个体自发的、偶然的、零散的活动逐渐变为群体有意识有目的的实践活动的。经历了由使用天然工具到动作思维、原始语言（意识萌芽）进而由果（即为达到目的如获取食物）推因（使用工具的活动和工具），从而提出目的表象（工具）的过程。目的与意识一样，在这里已经不是动物的本能需要（食物），而是中介（工具）自身。这就使作为主体的人在心理上也开始与动物相区分。它正是主体的人在客观实践上与动物相区别的心理对应物。可见原始劳动（使用工具的活动）仍然是第一性的。但由于原始意识和目的的产生，也就使原始劳动向真正的人类劳动——制造工具迈进。从这时开始，"劳动终末时取得的结果，已经在劳动过程开始时，存在于劳动者的观念中，已经观念地存在着了"（《资本论》）。总之，偶发地、个别地、短期地使用工具，不可能诞生自由的双手；偶然地、自发地、个体地制造工具，也不可能诞生真正的人。制造工具既需要有使用天然工具的活动作为客观方面的基础，也需要有萌芽形态的原始语言和目的意识作为主观方面的前提。它经历了一个由物质（使用工具的本能性的劳动实践）到精神（原始语言、意识）再到物质（制造工具）的过程。

"随着完全的人出现，又产生新的因素——社会"（《自然辩证法》），在使用工具、制造工具的实践基础上，动作思维、原始语言日益成为巫术礼仪的符号工具，建构起了根本区别于动物的人类的原始社会。

（1964年稿，原载《李泽厚哲学美学文选》，
湖南人民出版社，1985年，长沙）

# 八十年代主体性哲学论纲系列（1980—1989）

## 康德哲学与建立主体性的哲学论纲（1980）

### 一

研究哲学史可以有两种角度或方法。一种是历史的，即从历史的角度来研究哲学思想的内容形式、体系结构、来龙去脉，搞清它们在历史上的地位、作用、影响以及它们社会的、时代的、民族的、阶级的根源或联系，包括考据、文字的训诂、说明等等。这种研究方法以传授知识为主，可能是研究哲学史的主要方法。但是，也可以有另外一种哲学的角度或方法，即通过研究哲学史或历史上某些哲学家来表达某种哲学观点。用中国的古话说，前者是"我注六经"，后一种是"六经注我"。克罗齐说，一切历史都是当代史。其实在某种意义上，更加可以说一切哲学史都是当代哲学史。用这种角度看一下康德哲学，看看它能为当代马克思主义哲学提供些什么东西，这是我感兴趣的问题。我在《批判哲学的批判——康德述评》一书中对此曾提出一些看法，现在作点简略而粗陋的说明。

最近国内关于人道主义和人性论的讨论比较热烈，就从这个问题谈起。

人性是什么？现在许多人都同意人性不能等于阶级性了（毛泽东时代一般认为人性就是阶级性），这很明显，因为阶级社会在整个人类社会中只占很短暂的一段，从阶级社会发生前的几十几百万年，到阶级社会消灭后的"共产主义"，都是无阶级社会。阶级性没有了，人性却仍存在。

人性是否等于动物性呢？人性是否就是吃饭、睡觉、饮食男女呢？现在我国以及西方常有人把人性等同于这种动物性或人类某些原始的情欲（如性、"侵略"等等），认为人性复归就是回到这些东西。这是我不同意的。人性恰恰应该是区别于动物而为人所特有的性质或本质，这才叫人性。这种人性或人的本质在阶级社会中被严重异化了，甚至使人沦为动物性。如马克思《一八四四年经济学－哲学手稿》中所指出，劳动的异化使人在吃喝等动物性的活动中才感到自由。这种"自由"并非人性。

人性是否等于社会性[1]呢？很多说法都把人性看

[1] "社会性"、"社会的"在这里是在其普通含义上使用的。不是用马克思早年使用的原义，例如在《一八四四年经济学—哲学手稿》中，"社会"是指一种人与自然相统一的理想，"社会是人同自然界所完成了的、本质的统一，是自然的真正交融，是人的实现了的自然主义和自然界实现了的人本主义"，这种意义上的"社会性"、"社会的"倒相当于本文所说的"人性"、"人的"。

作社会性。但"社会性"这个概念并不很清楚,究竟什么是社会性?是群体性吗?动物也有群体性,在某些动物群体中,也有某些组织、分工、等级甚至某些"道德行为"、"利他行为",如牺牲个体以保存群体等等。人性并不能等同于这种本能式的"社会性"。

那么,社会性是否即某种社会意识呢?但我们知道这种社会性经常被解释成某种脱离感性又支配、主宰感性的纯理性的东西。与其说它是人性,还不如说它是强加于人的神性。这种理性(社会性)倒恰好与前述那种异化了的感性(动物性)成了对应,把人性了解为、归结为这种异化了的社会性[如宗教观念、禁欲主义,人成为生产的奴隶、机器(如计算机)的附庸等],正如把人性了解为、归结为本能、自然性(如原始情欲、纵欲主义,人成了消费的奴隶、广告的俘虏等等)一样。它们实际都不是人性。

人性应该是感性与理性的互渗,自然性与社会性的融合。这种统一不是二者的相加、凑合或混合,不是"一半天使,一半恶魔",而应是感性(自然性)中有理性(社会性),或理性在感性中的内化、凝聚和积淀,使两者合二而一,融为整体。[1] 这也就是自然的人化或人化的自然。

人性就是人与物性、与神性的静态区别而言。如果就人与自然、与对象世界的动态区别而言,人性便是主体性的内在方面。就是说,相对于整个对象世界,人类给自身建立了一套既是感性具体拥有现实物质

---

[1] 与此相对立的是劳动的异化,它既是感性的异化,又是理性的异化。劳动的异化是其他各种异化(如技术异化、心理异化)的根源。

基础（自然），又是超生物族类、具有普遍必然性质（社会）的主体力量结构（能量和信息）。马克思说得好，动物与自然是没有什么主体和客体的区别。它们为同一个自然法则支配着。人类则不同，他通过漫长的历史实践终于全面地建立了一整套区别于自然界而又可以作用于它们的超生物族类的主体性，这才是我所理解的人性。

康德哲学的功绩在于，他超过了也优越于以前的一切唯物论者和唯心论者，第一次全面地提出了这个主体性问题，康德哲学的价值和意义主要不在他的"物自体"有多少唯物主义的成分和内容，而在于他的这套先验论体系（尽管是在唯心主义框架里）。因为正是这套体系把人性（也就是把人类的主体性）非常突出地提出来了。现在的问题是要分析康德所提出的问题。康德哲学是由认识论、伦理学和美学与目的论三个部分即三大《批判》所组成。下面就这三个方面简单地谈一下。

二

（甲）康德认识论的特点在于他提出了从时空感性直观到纯粹知性概念（范畴）的认识形式。他认为人类先验地具有这一套认识形式，才能把感觉材料组成知识。如果没有这套主体的认识形式，我们就不可能得到普遍必然的科学知识，也就是说不可能认识客观世界。这个看来似乎是荒谬的先验论，实际上比旧唯物论从哲学上说要深刻，从科学上说要正确。近代科学已经证明，认识并不像旧唯物论所理解的那样,是一种从感觉、知觉到概念的循序渐进的单线简单过程。不是那种被动的、静止的、镜子式的反映。

实际上,从感觉一开始,就有一整套主观方面的因素在里面。在动物那里,感觉器官对外界事物的接受、反映,就是和生物过程的整体活动连在一起的。中枢神经的调节对感觉器官经常具有支配性甚至决定性意义,这是一个有输入输出的反馈系统。离开了这一点,把感觉孤立起来,这是幼年时代的生物学和心理学。动物尚且如此,进到人类以后,情况更为复杂。这种神经中枢的支配性能,包括先天遗传因素在内,受着人类劳动实践活动和社会历史的巨大影响。

马克思指出过,人的五官感觉是"全部世界史的成果"。罗伦兹(K.Lorenz)也指出,从动物到人,从认识器官到思维形式,都是机体在适应环境的交互作用中形成和产生出来的(参阅《在镜子背后》)。我的《批判哲学的批判——康德述评》一书反复强调的是,使用工具、制造工具这种基本的(当然这只是基本的而不是全部的)人类实践活动(这种活动随着时代的进展而日益扩大范围和内容),对塑造和形成人的整个心理结构和过程,例如对"自觉注意"和"想象"的形成,起了决定性的作用。使用工具和制造工具是人的实践活动不同于任何一种动物生活活动的根本分界线所在。[1] 正是工具延长了人

---

[1] 尽管某些动物也能使用、制造工具,如黑猩猩,但作为普遍必然性的基本生存活动(不是偶发性或特定范围条件下的产物),却为人类所特有。动物的这种活动恰好证明人类具有了产生它的生物学上的前提(潜在可能性),如同动物群体性的"道德"行为是人类伦理道德的生物学潜在前提一样。但是,罗伦兹等人的社会生物学观点,我是不同意的。

类的非自然的肢体，人的双手作为使用工具的专职器官，与工具一起构成了超生物的肢体，它们的活动是超生物的行为，这种行为才是人的真正超生物存在的基础。可见(超生物的)存在先于(超生物的)视听，此即实践先于感知。

从感知器官说，人的运动器官大概也是最先具有人化性质的器官，随后才有视、听等器官的人化。同时也才有言语及其器官的人性内容，也就是说才有语言、思维的出现和发展。所以，不是感觉材料(sense datum)或语言结构，而是实践活动，才应该是认识论的起点。人类一切认识的主体心理结构（从感觉知觉到概念思维等等）都建立在这个极为漫长的人类使用、创造、更新、调节工具的劳动活动之上。多种多样的自然合规律性的结构、形式，首先是保存、积累在这种实践活动之中，然后才转化为语言、符号和文化的信息体系，最终内化、凝聚和积淀为人的心理结构，这才产生了和动物根本不同的人类认识世界的主体性。从哲学上提出这个问题，在今天，对科学认识论和儿童心理学、教育学都有重要意义。例如，它告诉我们，人类的学习行为不同于动物的学习行为，人类从儿童时代起学习所得到的智力结构不能等同于巴甫洛夫所说的"信号的信号"。这种智力结构是一种符号性的能力，它一方面是实践操作活动内化的成果，同时其中包含非演绎、非归纳的理性直观能力（这也就是爱因斯坦讲的自由创造的能力，我称之为"自由直观"）。而信号的信号却仍然是信号，二者有根本区别。

数学是人类特有的认识工具，它的根源是什么，始终是一个富有哲学意义的谜。康德把数学与他的先验感性论联系起来，并在范畴篇里先量后质（与黑格尔正相反）加以论述，这是很有道理的。无论从人类原始认识史说，或者从现代科学认识论说，通过数学对客观世界的量的抽象和把握，正是鲜明体现主体性特征的人类认识方法，是把人和动物在认识上根本区别开来的重要标志之一。《批判哲学的批判——康德述评》曾认为，数学的根源不是分析或归纳，而是人类基本实践活动即使用工具的原始操作某些因素和形式（如次序、关系、排列）的抽象化（如可逆、恒等、交换等等）。人的实践操作本身就是创造形式的活动。自然界本身在其自在形式中是一种无形式的物质。正如马克思所说，"劳动是活的、塑造形象的火；是物的易逝性、物的暂时性，这种易逝性和暂时性表现为这些物通过活的时间而被赋予形式。"[1] 人的理性正是这种内化了的形式建构。在这个形式建构的物质（实践）和符号（理性）的两种活动中，都有美学的方面（立美）。所谓人的智力结构中的"自由直观"也正是从这里生发和发展起来的。数学的建立和发展与人类从基本实践活动中获得的美学能力和自由直观是分不开的。并不脱离感性而又大不同于感性的自由直观，在数学以及其他科学发现、发明中起了巨大作用。这是创造心理学所应研究的问题。

当代著名心理学家皮阿惹说出了部分真理，他强调了"内化"问题，反对逻辑实证论把逻

---

[1]《马克思恩格斯全集》第46卷上，第331页。

辑当作分析，也反对确谟斯基把逻辑归纳为深层理性结构。皮阿惹指出，逻辑与数学来源于某些实践操作。但他没有从人类实践这样一种历史总体角度来考察问题，没有把使用工具这一极为重要的因素放置和估计到原始操作活动中去，没有把心理学和人类学（即社会历史总体）结合起来，提到人性－主体性的哲学高度。

那么，这是否又回到《唯物论史》作者郎格的陈旧生理学观点呢？不是。这是要求在社会历史总体的人类学基础上来建立认识论，来解释生理－心理结构，而不是相反。二十世纪的认识论几乎为反心理主义所独占，例如上世纪新康德主义的马堡学派，本世纪的胡塞尔（欧陆）、语言哲学（英美）等等，与它们相对应的是20世纪极为发达的物理学、控制论、电子计算机等科技部类。但下一世纪呢？从遗传密码、大脑结构到人体特异功能（如中国的气功），是否正在开辟另一个无比灿烂的科技前景呢？今天的哲学认识论为什么不为通向未来而高瞻远瞩鸣锣开道呢？为什么不可以反"反心理主义"呢？

（乙）总之，不能把实践等同于五官感知或语言活动，也不能把实践看作是几乎包罗万有甚至文化批判也在内的主观活动，应还它以具体的客观历史的规定性，揭示它的主要内核，这才是真正的实践观点。我之所以不嫌重复再三强调使用和制造工具，原因即此。现在讲马克思主义实践论的很多，对这点重视都不够。但从马克思早年的《费尔巴哈论纲》到恩格斯晚年的《从猿到人》，恰好贯彻了一条科学地、客观地规定实践的主线，这一条主线正是马克思、恩格斯所确立的唯物史观。唯物史观是马克思主义哲学的核心和主题。[1] 唯物史观就是实践论。实践论所表达的主体对客体的能动性，也即是历史唯物论所表达的以生产力、生产工具为标志的人对客观世界的征服和改造，它们是一个东西，把两者割裂开来的说法和理论都背离了马克思主义。

唯物史观离开了实践论，就会变成一般社会学原理，变成某种社会序列的客观主义的公式叙述。因为脱离了人的主体（包括集体和个体）的能动性的现实物质活动，"社会存在"、"生产方式"便失去了它本有的活生生的活动内容，失去了它的实践本性，变成某种客观式的环境存在，人成为消极的、被决定、被支配、被控制者，成为某种既定生产方式和上层建筑巨大结构中无足轻重的沙粒或齿轮。这种唯物史观是宿命论或经济决定论，第二国际之类的马克思主义理论就是这样。另一方面，马克思主义的实践论如果离开唯物史观，也就脱离了历史具体的人类物质生产的客观规定性（归根到底，人类毕竟是靠这种活动才存在和发展的啊）。实践失去了历史具体地使用、创造工具和物质生产这一基本方面，便可以走向唯意志论和主观唯心主义。实践被理解为一种纯主观力量，便经常变成了意识形态性的文化、心理、道德。"西方马克思主义"

---

[1] 对人类总体的伟大历史感构成了黑格尔的辩证法的灵魂，黑格尔的"精神"的逻辑运动，只是人类史发展的唯心主义的倒映，所以把黑格尔的唯心主义辩证法颠倒过来的结果，正是以人类历史发展为中心课题的历史唯物主义。

的某些理论,如法兰克福学派的"批判理论"以及卢卡契早年在《历史与阶级意识》一书提出的实践观点就是这样。[1]"四人帮"时期甚至以前,中国某种夸大主观能动性的实践论也具有相似的地方。"离开这种历史规律来空谈人的实践,实际会把这种所谓实践建立在非历史的心理需求上,不是经济(生产方式)而是心理(主观需求)成了历史的动力"。[2] 我所强调的人性主体性,恰好不是这种唯意志论,而是建立在客观历史规律基础上的。它不同于动物性,也不同于一般的社会性,而是沉积在感性中的理性,它才是真正具有活力的人性。

我以为只有在这种基础上来讲"人性",才能与其他的人性论、人道主义区别开来,我叫它为人类学本体论的实践哲学,也就是主体性[3]的实践哲学。从哲学史的角度看,这种哲学可追溯到康德,他用唯心论的方式提出了作为主体性的课题。

## 三

(甲)康德在某些方面比黑格尔高明,他看到了认识论不能等同也不能穷尽哲学。黑格尔把整个哲学等同于认识论或理念的自我意识的历史行程,这实际上是一种泛逻辑主义或唯智主义。

---

[1] 所以本文也不同意南斯拉夫实践派的观点。
[2] 参看《批判哲学的批判——康德述评》第9章。
[3] 人类学本体论与主体性二词在本文中基本通用,但前者更着眼于包括物质实体在内的主体全面力量和结构,后者更侧重于主体的知、情、意的心理结构方面。二者的共同点在强调人类的超生物种族的存在、力量和结构。这也就是人类主体性的两个方面。

这种唯智主义在现代受到了严重的挑战，例如像存在主义即使没有提出什么重大认识论问题，却仍无害其为哲学。人为什么活着？人生的价值和意义？存在的内容、深度和丰富性？生存、死亡、烦闷、孤独、恐惧等等，并不一定是认识论问题，却是深刻的哲学问题。它们具有的现实性比认识论在特定条件下更为深刻，它们更直接地接触了人的现实存在。人在这些问题面前更深切地感受到自己的存在及其意义和价值。把一切予以逻辑化、认识论化，像黑格尔那样，个体的存在的深刻的现实性经常被忽视或抹掉了。人成了认识的历史行程或逻辑机器中无足道的被动一环，人的存在及其创造历史的主体性质被掩盖和阉割掉了。

黑格尔这种泛逻辑主义和唯智主义在今天的马克思主义哲学中留下了它的印痕和不良影响。它忽视了人的现实存在，忽视了伦理学的问题。在黑格尔那里，伦理学是没有地位的，不过是他的认识论和逻辑学的一个环节罢了，因此个体存在的主体性就丢失了。列宁在《哲学笔记》中说，"实践高于（理论的）认识，因为实践不仅有普遍的优点，并且有直接现实性的优点"。实践就其人类的普遍性来说，它转化为人类的逻辑、认识结构；另一方面，实践总是个体的，是由个体的实践所组成、所实现、所承担的。个体实践的这种现实性也就是个体存在，它的行为、情感、意志和愿望的具体性、现实性。这种现实性是早于和优于认识的普遍性的。在这里，存在主义说存在先于本质，康德说本体高于现象，都具有某种合理的意义。人的本质不应脱离人的存在,成为某种外在的主宰势力。所以,哲学可以包括认识论,也就是说包括科学方法论,像现在西方的科学哲学、分析哲学,我们讲的自然辩证法、辩证唯物论都属于这一范围,它们曾经构成哲学的一个重要方面。但哲学又并不完全等同于它们。哲学还应包含伦理学和美学。

(乙)康德在伦理学方面也突击了主体性问题。它远远超过了法国肤浅的功利主义。可以举一个例子。假设一个伟大的科学家,或者说,就是爱因斯坦吧,为了救一个老人而牺牲了自己,并且正是他要写完相对论的时候,某家失火,他去救火,救出了一个残废的、碌碌无为的老人或坏人而献出了自己的生命。这符合不符合道德?用一个可以对人类作出巨大贡献的人的生命,换取一个无贡献甚至有害于人类的人的生命,用功利主义的观点看,是不必要这样做的,这种牺牲是无价值的,不道德的。而在康德的伦理学看来,就必须这样做,这样做好像是某种"绝对命令"。正是在这种"绝对命令"中,才显出道德的尊严和它的无与匹敌的力量。当然,这个例子也仍有一定的抽象性,在现实生活中,是从历史具体的时代、社会、阶级、民族、集团的利益、要求和实际情况来作出伦理学的道德决定和自觉选择,常常不是仅依据抽象的形式原则或并不存在的先验普遍性。但这里主要涉及的是具有普遍性意义的心理结构形式、理性能力的教育、塑造和继承性问题。

康德的解释是唯心主义的。但如果从人类学本体论的实践哲学看,它的价值和意义在于:这是对个体实践要求树立主体性的意志,这是要求个体应有担负全人类的存在和发展的义务和责任感。这样一种责任感和道德行为作为人类主体的意志结构(心理形式),表面看来似乎超越任何时代、社会、民族的具体功利之上,好像是先验的能力,其实却仍然是历史的成果、社会的产物。即使是心理形式、意志结构的继承性也如此。这种意志结构是人类理性的凝聚。它使个人和人类一致起来,因之也就好像具有超乎任何集体或个体的因果规律或功利效应,并从而具有无比崇高的性质而激动人心,由此而产生的道德感情才是"敬畏":只有人类才有的自觉的理性感情。这样一种伦理行为和理性感情便与基于本能的动物牺牲个体、保护群体根本区别开来了。中国古话说,"太上立德",[1] 个体存在的这种一次性,在这里显示出它的无比光辉。而这却只有通过人的自觉有意识的理性建构才存在。这属于建立人的主体性的范围。这是在人的实践、行为、活动、情感、愿欲等感性中的理性凝聚(如同在认识论的感性直观中有理性内化一样),这才是真正的自由意志(与认识论中的自由直觉相对应)。

所以,看来似乎是某种纯形式的原则,康德的伦理学却比功利主义的伦理学更深入地接触到道德的本质,接触到人类主体性行为的核心和通由道德教育以建立意志结构的重要性。哲学所以不仅是认识

---

[1] "太上有立德,其次有立功,其次有立言。虽久不废,此之谓不朽"(《左传·襄公二十四年》)。德与功本应统一,但可以有分裂和矛盾。

论或科学方法论,还应包含主体的理想、意向和责任感,通过伦理学所建立起来的人的自由意志的主体性,这一点更明白了。

这样,以前纠缠不清的所谓"道德继承性"问题也好理解。道德继承性不会是具体内容的继承,内容随时代、社会、民族、阶级具有极大差异甚至对抗。但也不只是语言外形式的继承,不只是借用或沿袭道德的名词和概念。实际上继承的应是这种人类心理结构(理性凝聚)的内形式。尽管内容可以是历史具体地决定于社会、时代、民族、阶级,但正是这种形式原则却构成不断发展、累积的人类的伦理学本体。

(丙)《批判哲学的批判》曾提出"大我"(人类集体)[1]与"小我"(个体自我)问题,认为具有血肉之躯的个体的"我",历史具体地制约于特定的社会条件和环境,包括这个个体的物质需要和自然欲求都有特定的社会历史的内容。看来是个体具体的人的需要、情欲、"存在",恰好是抽象的,不存在的,而看来似乎抽象的社会生产方式、生产关系却恰好是具体的历史现实的、真实存在的。永恒不变的共性也许只是动物性,不同的生存、婚姻、美味、爱情都具体地制约和被决定于社会环境和历史。康德、黑格尔早就指出,单独的个体是动物性,客观性、理性都来自群体社会。应该说作为动物,人的个体存在的价值、意义、独特性、丰富性并不存在,所有这些恰恰是人类历史的财富和产物。因此,哲学—伦理学所讲的个体主体性不是那种动物性的个体,

---

[1] 参考卢卡契"集体的主体"、"超个体的主体"等提法。

而刚好是作为社会群体的存在一员的个体，包括他的各种心理建构也如此。普遍的心理形式也仍然来自人类历史的总体。

个体与群体、小我与大我到目前为止具有某种有时甚至是严重的矛盾和冲突，这需要作具体的分析。概括说来，个体的小我大量被湮没在整体的大我中等等现象，是迄今为止的人类史所经历的过程。所以一方面，如果把马克思主义等同和归结为人道主义、个性主义，便是肤浅的；另一方面，如果把唯物史观当作一成不变的庸俗决定论或结构主义（反人道主义），也是谬误的。东西方目前有关的一些讨论有其具体历史的合理内容：在东方是反对封建官僚，在西方是对资本社会中各种异化的抗议，它们都要求人从"物"的奴役压迫和束缚下解放出来，要求人掌握自己的命运，成为自己实践活动的真正主宰，因此都提出了人的存在价值和意义问题。马克思主义伦理学不能也不应回避或贬斥这些问题，相反应该研究这些问题，应该看到个体存在的巨大意义和价值将随着时代的发展而愈益突出和重要。个体作为血肉之躯的存在，随着社会物质文明的进展，在精神上将愈来愈突出地感到自己存在的独特性和无可重复性。

重视个体实践，从宏观历史角度说也就是重视历史发展中的偶然。从黑格尔到马克思主义，有一种对历史必然性的不恰当的、近乎宿命的强调，忽视了个体、自我的自由选择并随之而来的各种偶然性的巨大历史现实和后果。我一方面反对非决定论观点，因为，无论如何，从原始社会到今天，从农业小生产到工业大生产，生活在进化，物质文明在成长，其中确有不以个人意志为转移的历史法则，否认这点是不符合事实的。但是，另一方面也要看到人类中任何个体自我的实践都是在主动地创造历史，其中充满大量的偶然因素。注意研究这些偶然因素，才能更深刻地理解强调作为个体的人的伦理学主体性的意义所在。[1]

四

康德哲学的第三个方面是关于美学和目的论的。康德在美学上的一个重要贡献，就是他在《判断力批判》所指出的：把审美愉快和动物性的官能愉快和概念性的理智认识区别开来。所谓官能愉快，是由感官获得愉快而判断对象为美，审美愉快作为具有主观普遍必然性的人类享受成果（感性）不是这种性质，它是先判断对象为美，而后得到愉快。这就是说审美愉快不是感官被动的感知、接受、反映，也不是理智的抽象逻辑的认识。它是人类主体多种心理因素、功能[感知、想象、情感（包括意向、愿欲等等）、理解]活动的结果。

---

[1] 伦理学主体性的另一个方面是作为个体的存在价值、意义在于人与人的交往关系与和谐共存。人的伦理学本质在于"社会化了的人类"（马克思：《关于费尔巴哈的提纲》），被权力、金钱、技术异化了的现代资本主义世界中孤独的个体，要求回到充满人情味的伦理关系之中，所谓"人性复归"并不是回到动物的原始世界。在这方面，保留着氏族传统的孔子仁学，以亲子之爱为辐射轴心的伦理观念和实践理性，提供了一份可资借鉴的历史遗产，这个遗产至今仍部分地保存在十亿人口的中华民族的文化心理结构之中。也许，它将来在建立人类的伦理学主体性方面仍然可以发挥或贡献出自己的某种作用。

康德把它叫审美判断。这种"判断"的形式结构是将来应由更成熟的审美心理学来研究和发现的科学课题。从哲学角度说，这里重要的是，它相对于客体世界的人化自然，形成了人化自然的主体。

美作为自由的形式，是合规律和合目的性的统一，是外在的自然的人化或人化的自然。审美作为与这自由形式相对应的心理结构，是感性与理性的交融统一，是人类内在的自然的人化或人化的自然。它是人的主体性的最终成果，是人性最鲜明突出的表现。在这里，人类（历史总体）的东西积淀为个体的，理性的东西积淀为感性的，社会的东西积淀为自然的。原来是动物性的感官自然人化了，自然的心理结构和素质化成为人类性的东西。"它的范围极为广泛，……吃饭不只是充饥，而成为美食；两性不只是交配，而成为爱情。"[1] 马克思说："男女之间的关系是人与人之间的直接的、自然的、必然的关系。在这种自然的、类的关系中，人同自然界的关系直接地包含着人与人之间的关系，而人与人之间的关系直接地就是人同自然界的关系，就是他自己的自然的规定。因此，这种关系以一种感性的形式、一种显而易见的事实，表明属人的本质在何种程度上对人说来成了自然界，或者，自然界在何等程度上成了人的属人的本质。因而，根据这种关系就可以判断出人的整个文明程度。"[2] 性欲成为爱情，自然的关

---

[1]《批判哲学的批判》（修订本），第439页，台湾风云时代出版公司，1990年版。

[2] 马克思：《一八四四年经济学－哲学手稿》，第72页。

系成为人的关系,自然感官成为审美的感官,人的情欲成为美的情感。这就是积淀的主体性的最终方面,即人的真要方面和主要内容。[1]

如果说,认识论和伦理学的主体结构还具有某种外在的、片面的、抽象的理性性质,那么,只有在美学的人化自然中,社会与自然、理性与感性、历史与现实、人类与个体,才得到真正内在的、具体的、全面的交融合一。如果说,前二者还是感性中内化的或凝聚的理性,那后者则是积淀了理性的感性;如果说,前二者还只表现在感性的能力、行为、意志中的人与自然的统一,那么后者则表现在感性的需要、享受和向往中的人与自然的统一。这种统一是最高的统一。也是中国古代哲学讲的"天人合一"的人生境界。这是能够替代宗教的审美境界,它是超道德的本体境界。[2]

美的本质是人的本质最完满的展现,美的哲学是人的哲学的最高级的峰巅。从哲学上说,这是主体性的问题。从科学上说,这是文化心理结构问题。政治经济学是马克思当年所着重研究的有关唯物史观的基本学科。在现代科技高度发展的社会,文化心理问题却愈来愈迫切而突出,不是经济上的贫困,

---

[1] 与前面伦理学相联系,"天行健,君子以自强不息"的儒家进取精神,以对待人生的审美态度为特征的庄子哲学,不否弃生命的中国佛学-禅宗和执著于美好理想和不屈情操的屈骚传统,它们构成了中国美学灵魂。它们对建立起新时代的审美哲学亦应作出自己的贡献。可参阅拙作有关中国思想史和中国美学的论著。

[2] 中国哲学的"天人合一"的重要观念,去掉其农业小生产的被动成分后,是可以为未来哲学提供资料的。

而是精神上的贫乏、寂寞、孤独和无聊,将日益成为未来世界的严重课题。马尔库塞提出了这方面的大量现象,但他的弗洛伊德性欲理论和主张"革命"的社会方案是不能解决问题的。哲学不是实用药方,马克思主义不仅是革命的哲学,而更是建设的哲学,建设物质文明和精神文明的哲学。它应该高瞻远瞩,走在前方,除了继续研究物质文明的问题外,也应该抓紧着手探究和理解文化心理问题,注意使科学与道德、物质文明与精神文化、集体普遍性的制约与个性多方面的潜能……统一融合起来。

这可能是唯物史观的未来发展方向之一。不仅是外部的生产结构,而且是人类内在的心理结构问题,可能日渐成为未来时代的焦点。语言学是二十世纪哲学的中心,教育学——研究人的全面生长和发展、形成和塑造的科学,可能成为未来社会的最主要的中心学科。这就是本文的结论。而这,也许恰好就是马克思当年期望的自然主义=人本主义,自然科学和人文科学成为同一科学的伟大理想。

(1980年稿,原载《论康德黑格尔哲学》,上海人民出版社,1981年)

## 关于主体性的补充说明（1983）

根本没想到，为纪念康德《纯粹理性批判》出版200周年而写、发表在一个相当冷僻地方的拙文《康德哲学与建立主体性论纲》，居然会引起许多反响。这似乎显示我们民族的青年一代渴望在哲学人文学科领域有大的建树和开拓，以回答世界向何处去的挑战。但该文只不过是一个初步提出问题的意向论要，这里也仍然只是补充提纲。

### 一 何谓主体性

上篇《论纲》首先碰到的疑难和欢迎是关于"主体性"这个概念的，其中包含有某些误解，应该澄清一下。如《论纲》的小注中所标明，我用的"主体性实践哲学"相当于"人类学本体论"，也接近卢卡契晚年提出的"社会存在的本体论"概念，即以作为主体的人（人类和个体）为探究对象。因之，"主体性"概念包括有两个双重内容和含义。第一个"双重"是：它具有外在的即工艺－社会的结构面和内在的即文化－心理的结构面。第二个"双重"是：它具有人类群体（又可区分为不同社会、时代、民族、阶级、阶层、集团等等）的性质和个体身心的性质。这四者相互交错渗透，不可分割。而且每一方又都是某种复杂的组合体。从这种复杂的子母结构系统中来看人类和个体的成长,自觉地了解它们,便是《论纲》提出"主体性"概念的原因。

从而,需要简要明确一下这四层含义的关系。《论纲》认为这两个双重含义中的第一个方面是基础的方面。亦即,人类群体的工艺-社会的结构面是根本的、起决定作用的方面。在群体的双重结构中才能具体把握和了解个体身心的位置、性质、价值和意义,否则将是一个空洞的抽象。文学家塑造的荒岛上的鲁滨孙也必须以群体历史的遗产——各种工具和物件来作为自己生存的出发点。人首先需要肉体生命的维持,才能从事于其他事务。从而社会群体的生产实践是人类的第一个历史事实。这就是我在《论纲》和《批判哲学的批判——康德述评》中之所以再三强调以使用、创造工具来规定"实践"的原因。可见,《论纲》所提出的"主体性",与让·沙特的"主体性"概念有很大的差异。沙特的主体性纯指个体,《论纲》要讲的"主体性"首先是指人类群体,沙特的"主体性"大讲精神,《论纲》的主体性先讲物质的实践。

尽管《论纲》强调这个作为基础的外在工艺-社会的客观结构是历史的原动力,是构成人类主体性的本质现实。它需要由社会学、经济学、未来学来作出现代科学的仔细研究,但《论纲》的主题却是对人类本体的第二个方面,即提出作为主体性的主观方面的文化-心理结构问题。之所以突出提出这个课题,不但是因为它本身具有相对独立的巨大意义,例如在西方社会中,心理-文化危机、精神苦恼不断赶上有时甚至超过经济、政治等物质问题的危机，强烈地困扰着人们，而且还因为这一方面是与第一个客观方面牵制联系在一起，而彼此影响着的。所以也才有建设两个文明（物质文明与精神文明）的马克思主义的提法。之所以联系康德哲学提出这问题，则是由于正像黑格尔的宏伟历史感与人类外在客观历史进程有关一样，康德的贡献主要是在主体性主观结构方面。马克思对黑格尔作出了扬弃改造的范例。今天似乎该轮到我们对康德作工作了。

作为主体性的主观方面的文化心理结构，也有着集体的和个体的两方面或两层次，《论纲》给予这两方面以同样的重视。

然而，首先又毕竟是作为"大我"——人类群体的文化心理结构问题。在《论纲》中，是把它作为人类总体或历史整体的成果来对待的。与物质生产一样，我仍然坚持，如果没有集体的社会意识的活动形态，即如果没有原始的巫术礼仪活动，没有群体性的语言和符号活动，也就不可能有区别于动物的人的心理。个体心灵固然有其动物生理的基础上的差异性，但这种差异性仍然只有通过社会意识的渗入和人类心理结构的形成，才展示出它的丰富性和多样性的个性特征。从而，关键和困难在于，如何去了解、剖析这种自然性与社会性、生物和历史、群体与个体、理性与感性……的交融统一，如何认识和对待其中群体的规范和个体的自由。《论纲》正是这样提出"主体性"的课题的。

群体规范表现为普遍形式的建立。与物质文明中的物质工具正相对应，在精神生产中，这就是符号工具即语言（包括原始人群的手势语、发声语言以及其他各种人为语言、艺术语言）的创造。语言是本世纪西方各派哲学（从逻辑实证论到分析哲学，从现象学到解释学，从结构主义到科学哲学）的基本"硬核"。语言被公认是人的"根本"。维特根斯坦的赫赫声名，基础也在这里，他直接抓住了这个根本。

但语言真是人类的根本吗？唯唯，否否。维特根斯坦本人，早就指出有语言不能谈论的东西，有抛开梯子才到达的彼岸。它们才应该是"根本"，尽管这个"根本"在维氏看来只能是形而上学的对象。但维氏后期却强调了语言不能离开人的现实日常生活。可见，现实日常生活高于语言现象，它更是"根本"。维氏把它（现实日常生活）看作"实践"。维氏认为语言只有在"实践"中即在日常生活的应用中才获有其意义。[1] 这就使他大大地高出于卡尔纳普和一切分析哲学家。于是有人认为，维特根斯坦与马克思完全一致，都认为社会生活在本质上是实践的。[2]

事情果真如此吗？唯唯，否否。日常生活确乎是"实践"，其中主要包括使用物质工具和符号工具（语言），而且两者处在不可分离的行为活动的整体中。正如早就有人论证过的，人的活动总离不开人的意识，人的现实物质的生产实践活动也总是有意识、有目的、有语言参与的活动。于是要区分这两种"实践"，两种"生

---

[1] 萨丕尔－乌尔夫(Sapir–Whorf)理论已经强调语言决定文化和思维，维特根斯坦和其他一些人则强调语言创造客体、决定感知。例如，中国语言中的有关亲属的名称不同称谓，可以影响人们行为模式和亲疏关系。

[2] 参看鲁滨斯坦《马克思与维特根斯坦》，1982。

产"，两种活动就似乎成了鸡生蛋蛋生鸡的永无休止的徒劳争论。其实不然，马克思所证明的正是，现实物质的生产活动（社会存在）是原始的，第一性的；运用语言的符号活动（社会意识）是从属的，第二性的；[1] 前者才构成"实践"的真正内核和基础。

我是从人类起源来论证这一问题的。正如并不是鸡而是两栖类爬虫先生出蛋来一样，古猿在使用工具和偶发性制造工具的长期的"原始劳动"（最早的"实践"）中产生了意识和语言，然后才有原始人群有意识有目的有语言参与的使用和制造工具的劳动活动。从而，"原始劳动－意识、语言－人类劳动"便是这个从猿到人的全程。物质生产的实践是根本，是基础，它历史地和逻辑地领先了一步。这种"领先"的实质就在：第一，它把客观活动所发现的众多因果规律等等通由经验移入、保存、积累在语言、符号的系统即文化之中。它给语言以语义，形成了世代相传的人类知识。第二，它给个体心理以语言的深层结构和能力形式（甚至大脑生理中的遗传印痕）。它是主体性的人性结构的根本动力。

这种主体性的人性结构就是"理性的内化"（智力结构）、"理性的凝聚"（意志结构）和"理性的积淀"（审美结构）。它们作为普遍形式是人类群体超生物族类的确证。它们落实在个体心理上，却是以创造性的心理功能而不断开拓

[1] 波格丹诺夫："人们在生存斗争中只有藉助于意识才能结合起来，没有意识就没有交往。因此所有形形色色的社会生活都是意识—心理的生活。……社会性和意识性是不可分离的。社会存在与社会意识按这两个词的确切含义来说是等同的。"列宁："人们是作为有意识的生物互相交往的，但由此决不能得出结论说，社会存在与社会意识是等同的。"（均见《列宁选集》第2卷，人民出版社1972年版，第329页。）

和丰富自身而成为"自由直观"(以美启真)、"自由意志"(以美储善)和"自由感受"(审美快乐)。普遍心理的结构形式和个体心理的创造功能便是人性主体性所要探究的基本课题,也是《论纲》及本文的主题。

## 二　以美启真

我高度评论皮阿惹,他在儿童心理的微观领域内几乎重复了马克思、恩格斯上世纪在人类历史的宏观领域中的发现。即并非先验的内在理性,也非逻辑、语法自身,而是实践操作活动才是所谓人的智力、理性、思维的基础和来源。物理经验知识和逻辑数学知识都应追源到操作活动。近些年国内介绍研究皮阿惹已经风行起来,这里不必多说了。总之,是实践操作而不是感知活动或语言活动才是认识论的基础和起点。[1] 皮阿惹再次证实了马克思的哲学观点。

这里要指出的倒是皮阿惹的弱点:他只注意了操作结构或形式本身,而没有充分研究和论证使用工具在实践操作活动中的地位和作用。皮阿惹强调论证了由理性的内化所构成的智力结构或思维形式(逻辑、数学等等),这种结构形式的超

---

[1] 实践也有感知,为什么感知觉不是出发点和基础?好些人搞不清这个基本问题,正如好些人认为先有需要(吃、喝……)才去生产,因而需要比生产应更根本更是出发点一样,这是由于他们没重视任何需要、感知的具体存在和发展状况,恰好是被历史地决定于具体社会实践和社会生产的条件和水平。例如原始人的感知和需要就不同于现代人的感知和需要。感知或需要的共性只是动物性或并不存在的观念抽象。具体的感知、需要却都是被社会实践所制约和决定的。

经验因果的普遍性，包括守恒、可逆、部分之和等于整体等等，确乎是实践操作本身性能（而不是经验对象的规律）的内化。但是，为什么动物的生存活动没有形成这种内化的理性？动物可以有某种归纳或演绎的经验行为，[1] 但没有逻辑、数学和真正有普遍语义的语言。抽掉使用工具便不能说明这个根源问题。因之，皮阿惹从吮奶（人与动物所共有）来开始他的论证，便正是其论点走入生物学化（例如把儿童教育主要看作顺应生物的自然发生过程等等）的必然结果。我主张一方面要提倡从人类学角度探究原始劳动经由社会意识（巫术礼仪）而提炼出思维形式（逻辑形式、语言文法、认识规律）的历史过程，其中包括像"自觉注意"、想象、类比等思维特征和功能的产生和发展诸问题；另方面要注意从教育学角度探究儿童在使用物质工具和符号工具以建立起思维形式的心理过程，其中包括像不同形体、色彩的物质和符号工具在唤起和培育自觉注意、想象、类比诸功能中的作用和影响诸问题。

尽管儿童由使用物质工具进到使用符号工具之后，尽管人类的社会意识取得观念体系的地位之后，它本身便具有不依附于前者（使用物质工具的活动）的相对独立发展性质，但它之所以能不断发展，就人类整体说，却又仍然在最终意义上有赖于外在的工艺－社会结构方面的物质发展。思维形式、逻辑结构、认识方法的变化，归根到底建筑在工艺－社会结构的发展变化上。也就是说，工具

---

[1] 恩格斯："……归纳、演绎……是我们和动物所共有的。"《马克思恩格斯选集》第3卷，人民出版社1972年版，第545页。）

的丰富化、多样化、复杂化的历史进程（工艺的提高、科技的发展）所展示揭露的客观世界和因果关系的极大增多，使思维形式、逻辑结构和认识方法也不断细密、精确和丰富。就个体心理说，它日益丰富地提供为普遍思维形式所不能具有的独特的个体知识（personal knowledge），亦即使人拥有理性渗入的感性的自由直观，从而反过来推动普遍形式本身的发现与发展。即是说，个体使用符号语言之外的感性活动仍然是这种直观的重要基础。

正因为重视使用物质工具的活动，确立它在整个实践中的基础地位，这就极大维护了感性在认识中的重要意义。这就使认识论不仅要重视和研究人类的理性内化（普遍性），而且也要重视和研究个体的自由直观（独特性）。前者构成一般形式的智力结构，后者便是创造心理。

"自由直观"（即创造直观）由于包含理性的积淀，所以包含美的问题。它既不是理性思辨，不是形式推理；它也不是感性经验，不是单纯直感。它似乎类似康德的"理知直观"，即理性又直观，但并非只有上帝才具备。它似乎不可分析，却又仍然来自生活、实践。它常常具有某种诗意的朦胧、不可言说的多义，却拥有突破现有思维格局和既定经验的巨大力量。爱因斯坦把它叫做"自由的创造"，它不是逻辑的归纳或演绎，它不是纯理性的东西，而总与个体的感性、情感、经验、历史以至气质、天赋有关。这正是机器人所永远不可能具备的。

它到底是什么？还不清楚。哲学只是提出问题，希望未来的科学来作出回答。这里所可能说的只是，它可能与美学相关：对客体合规律性与主体合目的性相统一的主体感受可能是开启对客观世界的科学发现强有力的途径，例如对类比、同构、相似等强烈敏感、直观选择和自由感受便是与科学的真有关的。自由并非任意，美学和艺术中享有的自由正是科学中可以依靠和借用的钥匙和拐杖。无怪乎海森堡说，"美是真理的光辉"。彭加勒说，[1]"发明就是选择。选择不可避免地由科学上的美感所支配"。而爱因斯坦和好些理论物理学家都是那么爱好音乐。[2]

这便是主体性在认识论上的两大方面：理性的内化的普遍智力结构和自由直观的个体创造能力。

### 三　以美储善

如果说，认识论所要探究的智力结构是理性的内化；那么，伦理学所探究的意志结构便是理性的凝聚。

伦理学领域中始终有伦理相对主义与伦理绝对主义的分歧和争论。前者强调并无"放之四海而皆准"、"贯通古今而不变"的伦理道德标准。一切道德、伦理、观念、风习都随社会、时代、地

---

[1] 加勒讲的"理智美"在实质上正好与感性相关：它把概念、理智变成了感受。
[2] 马士·库恩："许多数学家和理论物理学家都酷爱音乐，其中有些人曾经难于决定搞科学还是搞音乐。"（《科学革命的结构》）完全失去感性经验作为工作刺激力的数学家和理论物理学家在音乐中得到了最大的补偿。

域而不同或变迁，它们的根源也依存于具体现实的经济、社会、政治、文化种种条件。杀俘虏，"借人头"，食老弱……如此等等，在特定的历史环境中（如原始部落中）便都是道德的，也没有人会为此感到心理上的"不安"。从而道德总是与特定人群的功利、幸福、需要相联系，这派理论确乎能实证地具体论证和解答了许多现实的道德现象和伦理准则。它的实用性很强，所以也日益流行起来（如各种职业伦理学）。它所遵循的是以特殊性为特征的内容原则。

伦理绝对主义注意的是，在这种种变迁差异之中，却似乎总有某种未变的共性在，强调伦理学的"应该"（Ought to）不可能从事实（is）中推导出来。道德从而被看作是先天的良知良能、先验的至上命令或不可定义的客观性质。它之所以具有无比强大和超越现实因果的崇高力量，正在于它有这种使人必须屈从的普遍性质。从而道德是并不依存或根基于功利、幸福、需要、快乐的。这派理论确乎更为准确和更为深刻地抓住了道德行为的本质特征，把道德自律所带来的意志因素突出地标示了出来。它所遵循的是以普遍性为特征的形式原则。

这问题的争论仍将继续伸延。从主体性实践哲学看，它涉及主体性在意志结构方面的承继性问题。如果说，通过语法、逻辑、数学等等思维形式，人类将内化的理性承继下去，世代相传，超越现实的具体因果链条而构成主体的智力结构；那么，通过体育、德育（道德训令、伦理规范、历史故事）等社会制约和锻炼形式，人类便将理性的凝聚培育起来，继承下去，也超越现实的具体因果，而成为主体对待世界、处理人生的意志结构。所以道德的继承既不是事实、内容的继承，不同社会、时代、地域、阶级确乎各有不同的道德，它们之间经常对立而冲突。道德继承也不只是语言的继承。语言的戒令如"勿……"之所以能有力量，除了它标志外在的社会规范的约束和要求（这只是古典外在仪式的延续）之外，它的"自律"作用（内心语言）仍然必须通过内在心理的培育塑造才能实现。所以不能停留在语言的层次上，而要由语言转到心理，正如智力结构的情况一样。

可见，对意志心理结构的培育塑造，就主要还不在于去培养某种服从遵循外在规范的伦理态度或行为模式（虽然这也需要，但并非真正意义上的道德），而主要在于去培养自我立志去选择的能力。道德正在于自己决意如此行动，从而自己负责。作为伦理道德的核心自由意志正在于，它标志主动选择。不是外在的环境、条件、规范、要求，而是由自己自觉自愿地选择了、决定了自己的作为，这就是道德。这似乎只是形式原则，但如果联系塑造人性的实证研究，这种人类主体性的普遍结构就将不再是先验命令或抽象原则、空洞形式，而将充满着社会的（人类）和心理的（个体）的发生学的内容。这对了解人类普遍伦理原则和培育个体意志有重大的意义。

从人类总体的发生学角度说，自律意志原是从"他律"（社会规范）所移入，它表现为对原始巫术礼仪、宗教、法律的外在服从和恪守。在这过程中，社会群体束缚、抑制、克服、控制了个体的各种欲求。放纵个体以违背、破坏、损伤这种规约，就成为恶。与此相对应，作为维护人类整体存在的行为（实践）就成为超越一切的"善"。"善"之所以拥有如此崇高的绝对权威，它的无条件性和至上地位都来源于此，即来源于维护人类总体的生存和发展。它在现象上呈现为各种伦理相对主义所描述的具体规约和道德律则。

就个体心理说，这种总体对个体的束缚、抑制等等，就包括对个体自然性生存和欲求在内的限定。所以，自然性本身并非恶，屈从于它才是恶，这也就是所谓意志力薄弱或道德沦丧。但重要的是，通由漫长的历史过程，个体将本是外在束缚的群体规范日渐移入，"积善成德"，成为内在自身的自觉命令，即道德自律。于是"善"就好像纯然起源于自身或似乎来自"良知"、"本心"了，而忘记了它最初本是由外在规范所要求的理性的凝聚。正如内化的理性本由外而来，但逻辑、语言似乎成为人的本性一样；理性的凝聚也是这样。它们也由外而内，但成为自觉意志之后，就好像出自"本心"，无待乎外了。其特征是要求凝聚理性以摈除感性或种种非理性的干扰，从而能自由地主宰自己的行动。但它对个体正如对人类来说一样，也有一个由外而内的培育过程。

自由意志表现出超越现实因果的主动选择的特征。"明知山有虎，偏向虎山行"，"知其不可而为之"，便使将来似乎不是由现在决定，而是倒过来，现在为将来决定。所以，它不表现客观的因果，而表现为主体的目的。这就使人的伦理行为最充分地体现了它的不同于自然界的主体性的力量。它不是简单地服从因果必然性的现象,而是在主体的目的性中显现出本体的崇高,显现出主体作为本体的巨大力量和无上地位。是人去征服自然,改造世界,这中间有多少因违反规律性的崇高的牺牲啊,然而人类实践正是这样才开拓着自己的宏伟大道的。未来并非给定,而是创造的。

人不同于机器人,也在于此。行为是由自己选择,生活是由自己负责,命运是由自己决定,并不是被外在程序所机械地规定好了的。

所以,机械唯物论、弗洛伊德以及结构主义的无主体的决定论便经常是反伦理学的、悲观主义和宿命论的。

但沙特等人的个体绝对自由,则如康德一样,作为空洞而抽象的纯形式,经常失去真正实践的意义。因为主动选择和自由意志的意义就正在于:你的选择和意志将在何种程度和性质上符合于最高的"善",即符合于人类总体的具体存在和发展。如我在五十年代所认为"在人类以前,太空无所谓美丑,就正如当时无所谓善恶一样。"[1] 个体的良知、上帝都不是善的根源。从而这种选择和意志就依然受着特定的社会、时代、地域、阶级等各种条件的制约,它们将仍然是具体的。是生是死,是面迎是逃避……将由你作出是否符合于趋向这个最高的善的自我选择。这方面,伦理相对主义提供的理论是值得参考的。区别在于,我们从主体性实践哲学出发,不把这

[1]《美学论集》,第59页。

种选择归因于外在的他律,而重视自律的自由、意志的培养,即人类所长久积累起来而移入心理的理性的凝聚。之所以说"凝聚",在于指明它是某种集中起来的纯理性能力。因为只有这样,才可能克制和战胜那基于生理本能具有强大冲力的自然感性和具有同样力量的非理性情绪和观念。战胜死亡的恐惧、情欲的动荡、生活的苦恼、人生的烦闷、存在的空虚……该是多么不容易。然而就在这里,显示出理性凝聚的力量和人的尊严、善的光耀。这却是被伦理相对主义的庸俗决定论所忽视了的。但正是它,构成主体性的本体价值。

从外在情况看,伦理规范和人的自由在随着时代的变迁、社会的进步,在不断地扩大和丰满。古代由家庭到国家便曾有过忠孝的矛盾;而由国家到社会,由狭窄社会到世界公民,便正是在生活多样性的迅速发展、选择的可能性急剧增多中,使个体的历史责任感和自觉存在意识将变得日益深沉和分外严肃。

所以这远不只是一个外在的道德规范问题。它的动力既然不能像神学家那样归之于上帝,那就只能靠人性的培养。这种能超越生死的道德境界的培育,既不依赖于"对上帝的供献"或"与神会通"以获得灵魂的超升和迷狂的欢乐,那么就只有在通由与全人类全宇宙相归属依存的某种目的感(天人合一)中吸取和储备力量。"民吾同胞,物吾与焉","仁即天心",在这种似乎是平凡淡泊的"存吾顺事,殁吾宁也"中,无适无莫,宁静致远;必要时就视死如归，从容就义，甚至不需要悲歌慷慨，不需要神宠狂欢。中国传统是通过审美替代宗教，以建立这种人生最高境界的。正是这个潜在的超道德的审美本体境界，储备了能跨越生死不计利害的道德实现的可能性，这就叫"以美储善"。

## 四　哲学何处去

善的领域，理性的凝聚和道德世界的特征之一，是对感性欢乐的轻视和排斥。然而人总是感性物质的生存物，它总要归宿到感性中来。圣洁的宗教也终于要以感性形象和象征来展示自己，这也表明与黑格尔的绝对精神的历程相反，审美可以在宗教之上。审美的特征正在于总体与个体的充分交融，即历史与心理、社会与个人、理性与感性在心理、个体和感性自身中的统一。这不再是理性的一般内化，不再是理性的集中凝聚，而是理性的积淀。它不再是一般压倒个别，而是沉积着一般的个性潜能的充分培育和展现。自由审美可以成为自由直观（认识）、自由意志（道德）的锁匙。从而理性的积淀—审美的自由感受便构成人性结构的顶峰。关于美的议论，过去已经讲了不少，这里不再复述。总之，在主体性系统中，不是伦理，而是审美，成了归宿所在：这便是天（自然）人合一。而这个最终的"天人合一"却又是建立在物质现实的自然人化（改造内外世界）的基础之上的。不是个体的精神而是工艺科技的物质工具的力量，才是人类和个体发展的基础，是人类社会结构和个体心理结构的存在和发展的基础。既必须具有冷静的对社会发展的客观历史的科学分析，又同时具有主动创造历史的伦理主张；既包括对过去的回顾和总结，也包含对未来的追求和渴望。而它对人的（人类的和个体的）命运的探索正由于包括对主体性建构的了解在内：外的（工艺社会的）建构与内的（文化心理的）建构。后者的重要性将日益突出，所以我强调说，教育学（人的全面培养）将成为下个世纪的核心学科。

如果说，对人类宏观历史的把握在十九世纪成为哲学的真正背景，出现了像黑格尔、马克思、法国社会学派、英国人类文化学派等大师或思潮，与此相应的是社会革命和民族独立浪潮开始兴起的话；如果说在二十世纪，西方哲学为语言学所统治，以维特根斯坦为标志，人们力求从语言来探求人或人的本质，与此相应的是逻辑－信息论、科技工艺的发展的话；那么，下个世纪与生理学、遗传工程等充分发展相适应，教育学、心理学将继历史学和语言学走上哲学的祭坛。无论是维特根斯坦或是解释学（加达默尔），今天都已经从语言走向生活、实践，正预示着这一点。所以，不是如哈贝默斯把教育作为推行政治改良的途径，也不是如马尔库塞把审美作为政治革命失败后的避难所，中国的马克思主义将在论证两个文明建设中把美学－教育学即探究人的全面成长、个性潜能的全面发挥作为中心之一。这里，不是必然、总体来主宰、控制或排斥偶然、个体，而是偶然、个体去主动寻找、建立、确定必然、总体。这样，偶然和个体就避免了荒谬和焦虑，在对超越的追求中，获得了历史性，正是这历史赋予偶然和个体以意义和结构（亦即总体和必然）。可见，心理诸结构作为人类学本体，是在社会基础上，个体感情中的历史超越，所以它才不是经验的因果而成为超感性的自由。

因之，目前资本主义世界中的科学哲学、分析哲学、结构主义等等可说是无视主体性本体的冷哲学（方法哲学、知性哲学），而沙特的存在主义、法兰克福学派等则可说是盲目夸张个体主体性的热哲学（造反哲学、情绪哲学），它们都应为主体性实践哲学所扬弃掉。现代思潮中的悲观主义、反历史主义和反心理主义也将被抛弃。人与自然、社会与个体、情感与理智、历史与心理、理想与现实的悲剧性的冲突和分裂应该被克服，为弗洛伊德所发现的个体生物性的存在和为存在主义所发现的个体精神性的存在的巨大对峙应该消除。回到感性的人，回到美，回到历史，将与个体的全面成长相并行。哲学并不许诺什么，但它表达希望。它是科学加诗。上帝死了，人还活着。主体性将为开辟自己的道路不断前行。

（1983年稿，原载《中国社会科学院研究生院学报》，1985年第1期，北京）

## 关于主体性的第三个提纲（1985年）

### 一

如人们所见到，哲学不断从各种具体学科中抽身隐退。即使是在哲学的传统领域如认识论、伦理学和美学中，也如此。认识论已经或将很快为思维科学、发生认识论、科学方法论等标准科学所替代。伦理学为各种具体的职业伦理学所淹没。美学分化为审美心理、艺术历史、科技美学等各种专门学科。

但是，意识形态却不会终结。具有诗的本性的哲学仍将不断探询自己的问题，包括在上述领域内遗留着的哲学层的问题。

这些问题随时代而迁移。从笛卡儿到康德，也包括培根和黑格尔，近代哲学以处理主客二元的认识论为主题。20世纪哲学，无论是杜威、胡塞尔、海德格尔、维特根斯坦，都又以浑然一体的人生－世界来取代主客二元，以本体来置换认识。

那么，什么是这个新的本体？本世纪的哲学回答是语言。"语言是存在的寓所"（海德格尔），"语言是我们的界限"（维特根斯坦），"没有语言之后的实在"（罗蒂 Richard Rorty）……但这是否仍可以看作是前述认识论主题的变形和延伸呢？关于认识（思维与存在的关系）的思维哲学变而为关于认识的认识（元认识）的语言哲学？当然，不完全可以。至少像后期的维特根斯坦、海德格尔等人所讨论的"语言"，有远远超出认识的东西。

因为，谁都知道，语言不能消解哲学的根本兴趣——关于人的命运的关怀。保尔·利科(Paul Recoeun)认为，"人即语言"，"人是由词即语言所构造的，这语言是对人说的，而不是人说的。"但人就是语言吗？语言能区别动物与人，能指示人将走向哪里（机器？动物？超人？）吗？

二

语言是公共的，人却是个体的。语言是人造就的共性符号，人却是感性血肉的现实个体。

作为感性的现实生存物，人活着。人活着首先是靠吃、靠弄到食物而不是靠交谈、靠语言。人必须首先感性地活着，即必须吃饭、睡觉、性交，而后才能有体验、情绪、意识、认识。一切如何高远深邃的情感、理解、意向、境界，都最终建筑在这个个体感性现实的生存基础之上。如果不相信上帝，语言也建筑在这个基础之上。实证地说，语言中的语义是由原始人类在觅食因而使用—制造工具的群体生存过程中获得的。这样，它才区别于动物的本能性的信息语言。

可见，使用—制造工具的实践、生活，在逻辑上也在时间上先于、高于语言、交谈。如果哲学总是"从头说起"，那么，这个

"头"应该就在这里。

维特根斯坦把语言游戏看作是生活方式,从日常社会生活中来探究、追询语言,也表现了有比语言更根本的东西。

其实,马克思主义哲学的要点即在这里,即把生活、实践当作比语言更根本的东西,并且以使用—制造工具的实践,当作社会生活的基础,把这当作人的本体存在;所以马克思主义哲学是社会存在的本体论(卢卡契),或人类学本体论亦即主体性实践哲学。前者过分侧重理性、社会、群体,不能提出心理本体问题。

可知,这个本体首先是物质的社会力量或社会的物质力量,即人掌握工具、科技进行生产活动的现实。没有它,整个人类不再生存。一切人类文明、文化无法存在或延续。这就是《批判哲学的批判——康德述评》和前两个提纲所提出的主体性的客观方面:人类本体的工艺-社会结构。

这个结构的具体形态、历史过程以及各种生产方式、经济基础、上层建筑、国家、法律、文化、家庭、意识形态等等,是经济学、政治学、社会学、文化学等等科学研究的对象,这也就是唯物史观的科学层面。唯物史观的哲学层面只在肯定这个本体的领先地位,包括指出它对人类有比语言更为根本之所在。马克思主义哲学要与其他哲学相较量和区别,即在这里。这里还有大量工作需要做。经过马克思,才可能超越马克思。

三

　　以先进工具和现代工艺为社会生产力特征的西方，却苦恼着它们的非人性统治。大工业生产携带而来的各种异化，使人们憎恶和否定这个本体的存在。沙特以个人主义的生来自由反抗异化，哈贝默斯以交往合理化来消除由生产合理化（技术理性）所产生的异化，批判学派以劳动、家庭、性等日常生活的微观批判来作为社会变革的主题和动力……这似乎仍然是上一阶段激进的革命意识和意识革命（文化批判、阶级自觉）的表现形式。它们仍然只把哲学当作批判的武器，而不是建设的诗情。

　　其实，消除异化，提出文化—心理结构即人性建设的工作才是重要的。

　　人性就是我所讲的心理本体，其中又特别是情感本体。对应于主体性的客观面的工艺-社会结构的本体，它是主体性的主观面。这在《批判》和上两个《提纲》中都讲过了。

　　十九世纪至今的反心理主义，是以普遍性的先验逻辑和语言，来取缔粗陋幼稚的经验因果的心理学哲学。但心理本体论并不是经验科学，也不以经验的心理科学作基础。它是哲学，是从本体所理解和把握的作为历史积淀的感性结构。无疑，落实在感性结构中的人类历史是它的经验基地。

　　从而，这个感性结构之所以是本体，正因为它已不是生物性的自然存在,而是对有限经验的超越。它是人之所以为人的内在依据。

这个依据本是历史的,正如它的对应面——工艺——社会的本体一样。所以,它是人自己建立起来的。从微观说,弗洛伊德的发现是这转化的一种预告。从宏观说,马克思发现了历史是在悲剧性的二律背反进程中。这两者使心理本体积淀了悲剧感的情感音乐,海德格尔则以死的威胁加重了这音乐。这三位提出的恰好是人的三大基本问题:生、性、死。心理本体的人性建构与它们直接相关。

## 四

而这个人性建构即我指出的内在自然的人化。如《批判》和两个提纲所说,它表现为理性的内化(认识结构)、理性的凝聚(意志选择)和理性的积淀(审美能力)。

对它们的具体研究属于科学领域,把它们当作本体来承认,是哲学的事情。

所谓本体即是不能问其存在意义的最后实在,它是对经验因果的超越。离开了心理的本体是上帝,是神;离开了本体的心理是科学,是机器。所以最后的本体实在其实就在人的感性结构中。只是这结构是历史地建构起来,于是偶然性里产生了必然。现代科学和人文学科不断触及或指向于它。确谟斯基的语言深层结构,列维·施特劳斯的先验人脑，容的集体无意识……都似乎在指示着这个本体的存在或这个存在的本体性。只是它仍在幽暗处所。

## 五

譬如说：科学地探究人性普遍性心理形式如何历史地建立，例如通过文化人类学对原始巫术礼仪活动的研究，由伦理要求而产生认识规范，来确定"一"（形式逻辑的同一律）"二"（阴阳矛盾的辩证观念）"三"（建构模型的立体的"度"、实用理性的"中庸"）的思维模式，便将是极有兴味的工作。

譬如说：科学地探究只有在多样化的生活、实践中才能涌现出的个体性的直观感受、类比把握和综合同构，从而出现个体性的自由直观（即与上述普遍心理形式相对立的创造理性），又是一件极有兴味的工作。

譬如说：科学地探究人如何在劳动、实践中支配、控制自身的自然，如何战胜疲劳、恐惧、饥饿、性冲动，如何从劳动、实践中获得自主(Self-master)意志即目的性，人不再是自然（包括外在自然与内在自然）决定。从而不再是过去决定现在，而成为自由意志者，即由将来决定现在，由目的性引导因果性，由选择替代决定论，总之如何建构自己意志力量的心理形式"太上立德"、"所学何事"以区别于动物，这也是极有兴味的工作。

于是，是否可以假定：人类群体的使用－制造工具的生产性活动给动物性的人的机体创造了新框架，在这框架里激烈地改造着人的生物性情欲、意向和各种反射。以后，这种具体的改造内容随各个个体的死亡而消失了，但这框架本身却日渐以变化和生长的物态化形态（文化）遗存下来，并通过巫术礼仪的教育传给下一代。最后终于积淀出像纯粹意识和创造直观（认识论）、意志力量（伦理学）以及超越因果、功利的人生态度（美学）。

## 六

但这一切都不能解决现代人深切感受的个体自身的存在意义问题。

生是偶然获得的，死却必须缠人。把死看作像生一样的一个事实（沙特），很不准确。死是生的必然，是只有一次的我的限定的表现。如何超越它？同样，生是偶然地被抛掷在这个世界里，我是荒谬、无聊（有我没我，差不太多）和无家可归（我是什么或什么是我，难弄清楚）。……这些并不是科学形态的认识论、伦理学、美学的危机，而是感性存在中的本体危机，是感性感受到自己无法超越这有限存在的危机。通俗地说，亦即是人必然要死，从而人生意义、生活价值何在的危机。

语言无法消除这危机，它只嘲笑这危机，因为语言可以抽象地长存，而人却是要死的。语言可以展示超越的神(Who speaks)，却不能挽救感性生存的人。但也正是语言使人吃了禁果，才感受到这危机。如果像庄子倡导的无知无识的猪式生活，倒不会有这危机。但人并不能那样生活。

工具（使用—制造工具的活动）也无法消除这危机。因为它只能影响造成此危机的客观诸因素，如创造或消除现代社会的科技异化、劳动异化等等。

于是，只有注意那有相对独立性能的心理本体自身。

时刻关注这个偶然性的生的每个片刻，使它变成是真正自己的。在自由直观的认识创造、自由意志的选择决定和自由享受的审美愉悦中，来参与构建这个本体。这一由无数个体偶然性所奋力追求的，构成了历史性和必然性。这里就不是必然主宰偶然，而是偶然建造必然。在社会存在国际化、偶然机遇因素极大增加、命运感愈益加重的现代人生中，在多样化生存的五光十色的路途中，在自由时间极大丰富、交往大于生产、语言重于劳动、分工带来的残缺限制大量减少的生活中，个体自由地参与心理本体的建设便显得突出和重要。因为交往需要真正的情感，否则，交往也将异化。语言亦然。

这一建设仍然是两个方面：普遍性的文化心理结构形式的发展变化，和个体自身作为本体动力的不断确认。在这一建设中，个体属于生物性的种种，从各种本能冲动到无意识层，通过个体的自由创造而进入本体，心理本体由之而生长得非常强壮。二十世纪文艺已开始表现出这一点了。因之，个体的社会性和自由都不是抽象的，既不是生来就有，也不即是社会关系的总和。作为感性血肉存在物的个体，其外在和内在的社会性和自由是历史的生成。它是自然的人化和人的自然化。

这是活生生的现代人生。人如完全沉浸在普遍性的形式中，将是中性的机器人，与机器人相应的是官僚统治。人如果完全是精神的个体，则人生的确是不可解的荒谬，出生就是谬误。而人如果只是感性，那人就只是动物而已。

所以，重要的是感性的重建（参见《美学四讲》）。它是一种由外而内和双向进展的形式建构（making form）。这就是心理本体论的目标。

## 七

从而，这里不仅是自然的人化，而且还有人的自然化。

自然的人化就内在自然说，是人性的社会建立，人的自然化则是人性的宇宙扩展。前者要求人性具有社会普遍性的形式结构，后者要求人性能"上下与天地同流"。前者将无意识上升为意识，后者将意识逐出成无意识。二者都超出自己的生物族类的有限性。前者主要表现为集体人类，后者主要表现为个体自身，它的特征是个体能够主动地与宇宙-自然的许多功能、规律、结构相同构呼应，以真实的个体感性来把握、混同于宇宙的节律从而物我两忘、天人合一。

例如，从中国的气功到人体特异功能，也许显示着另一个隐秩序世界。当它成为下世纪或廿二世纪的科学课题之前,从哲学上予以把握,即属于人的自然化,即人自身的感性存在与宇宙"玄妙"节律的同构扩展。"与天地参"在这里有了非常具体的另一种含义。

## 八

这个含义可能即是审美的最高层次,即所谓天地境界的审美状态。许多神秘的东西可以在这里找到出处。

这也就是生命力(living force)。这"生命力"显然不是生物性的,而正好是超生物性的,但又仍然以生物性个体的现实生存为基地。

只是这个体已经是积淀了理性的感性重建,是具有人生境界的人性感情(自然的人化),而又与宇宙节律相并行的感性同构(人的自然化)。

这才是伟大的生。中国古典传统的庆生、乐生、"天地之大德曰生"、"生生之谓易",才有其现代的深刻意义。

## 九

这样,生活即是艺术,无往而非艺术。专门的艺术家和专门制作以供人被动观赏的艺术品将逐渐消失……

但是，艺术作品又将成为伟大的见证。在艺术创造和欣赏中，个体心灵超越了时空，在这同样是不可重复的艺术个性中体认到那个本体。梅隆·庞蒂说：艺术把我们引向了一个意蕴的世界，在此之前，这个意蕴是不存在的。从而，工具理性（Max Weber）与非理性情欲（Frend）的分裂、价值与事实的分裂，将成为过去。人文学科与自然科学的统一（Marx）的中心将是教育学。这是科学。

诗的方面则是心理（情感）本体论的哲学。尽管它只是主体性实践哲学（或人类学本体论）的一个方面，而且在今天它也许是次要的方面。

但它是人生的诗、历史的诗、科学的诗。超越的本体即在此当下的心境中、情爱中、"生命力"中，也即在爱情、故园情、人际温暖、家的追求中。"人是一种概念，脱离了爱情，这概念极短促"（Camus：《鼠疫》），它是丰富而多元的，包括爱情单一，也将失去色彩。只有多样化的生活、实践，才是把握偶然性、实现人本身、消除异化、超越死亡、参与建立人类心理本体的真实基地。

这是关于主体性的第三个提纲，但远远不是最后的提纲。

（1985年稿，原载《走向未来》1987年第3期，北京）

## 第四提纲（1989年）

一 "人活着"是第一个事实。"活着"比"为什么活着"更根本，因为它是一个既定事实。

(1) "人活着"首先是指人的动物性机体的生存运转（从出生到衰亡），其次是指人意识自己在活着。

(2) 选择死（不活着）总是极少数人；作为族类，人类生存着，所以说"人活着"是第一个事实。

二 "人活着"是什么意思。

(1) 是被扔入的，即不是自己选择被生下来的。活不是人的选择和决定，它只是一个事实。为什么不选择不活，正如人被生下来似乎是神秘的（就科学说，这是生物的种族延续）一样，生下来就有一种继续活的要求（就科学说，这是生物本能），存在于人的有意识和无意识之中。

(2) 是活在一个"与他人共存"的"世界"里，这可能就是Heidegger说 to be with others, with in-the-world, 这也不是自己（个体的人）所选择和决定的。

(3) "与他人共在"即共同活在这个世界中，就是日常生活：

everyday life(Wittgenstein) 或 everydayness(Heidegger)。这也就是 Karl Marx 讲的社会存在。"人活着",过"日常生活",首先就得吃饭、穿衣等等,即食衣住行。马克思讲过,人生下来不能选择生产方式。

三 可见,"人活着"的第一个含义,是人如何在活着,即人如何食衣住行的。

(1)所谓"第一个"含义,是指"如何活着"比"为什么活"要优先。也就是说,"活着"比"活的意义"、"非本真"的存在比"本真"的存在要优先。从而,要先把后者悬搁起来看"人活着"——人如何在活着。

(2)马克思的唯物史观正是如此,它说明人如何在活着,在这一点上正确地和重要地区别了人与其他动物。这也就是以使用-制造工具为核心和特征的人的劳动实践活动所构成的工具-社会本体。是这种活动,而不是语言,更不是内心体验,才是"人活着"和"如何活"的根本。

其实,Heidegger 也承认使用工具是一个基本事实(《Being and Time》),非常重视"非本真"的"沉沦的"现实日常生活。其实,Wittgenstein 也承认 language game 的根基是 our acting,它不是真、假问题(《On Certainty》);认为日常生活、生活形式是语言的根基。

四　那似乎无穷尽的、恒等的、公共化的时间从而也是"第一义"的。它的普遍必然性(Kant)实乃客观社会性(见《批判哲学的批判——康德述评》第三章),由此历史和历史性才有一种客观的和"必然的"意义。

五　语法(语言)逻辑(思维)也是人"与他人共在"(亦即人类群体生存)在这世界中的需要、规范和律令。它与自然本无关。

所以,先有伦理,后有认识。认识规则(语法、逻辑)是从伦理律令中分化、演变出来的。这一点至为重要。

这才保证了认识有指向未来的能动性格。认识、人生、现实(reality)才不是 present at hand,而是 ready to hand。

这也才使认识内容(经验知识)成为权力(M.Foucault)。

没有与人无关的知识／权力,正如没有与人无关的自然一样。这涉及"自然的人化"。

"自然的人化"有双向进展,即工具－社会世界和心理－文化世界。简称之曰:客观的工具本体和主观的心理本体。

"为什么活"(活的意义),产生在后一世界中。

原来被悬搁的问题在当今凸现,标志一个新纪元:"人如何活"(人能活下去)大体已经或快要不成问题,所以对它提出强大的质疑。

尽管质疑,却仍要活着,这怎么办?

六　于是提出了建构心理本体特别是情感本体。

人因依附在、屈从在"人活着"而必需的工具本体和客观社会性的重压下，从而寻找被"遗忘"了、"失落"了的"自己"来询问活的意义，提出 death、care、dread……但如果具体地脱开了客观社会性即"与他人共在"的食衣住行的具体生活（工具本体）和积淀下来的心理本体，这些问题实际不能回答。"真实的存在在于意识到不存在的可能性"（Heidegger），如果存在完全脱开具体的上述两个本体，人将是动物性的生存，便没有"意识到"之类的问题。另方面，尽管生命意义、人生意识完全脱开生命、人生，将是现实的 and/or 语言的悖论，但生命、人生毕竟又不等同于人生意识、生命意义。食衣住行、客观社会性以及心理积淀等等，并不等于个体那不可重复和走向死亡的有限存在。"人活着"、"如何活"以及别人的"为什么活"，都不能决定、主宰或等同于我的"为什么活"或我在活着的意义。这就是目前的问题。

七　生命意义、人生意识不是凭空跳出来的。

人没有锐爪强臂利齿巨躯而现实地和历史地活下来，极不容易。不容易又奋力"活着"，这本身成为一种意义和意识。这"活着"是"与他人共在"和活在一个世界里，这便是"人情味"（人际关怀)和"家园感"的形上根源。关键正在这里:"为什么活"、活的意义诞生在"如何活"的行程之中。

八　这也就是中国哲学的传统精神。

儒学为主、儒道互补,以"乐"和"生生不已"为人生要义和宇宙精神,这也就是我的人类学历史本体论(亦即主体性实践哲学。此处"主体性"即人类本体,因无论从本体到认识,均无与人类无关或完全对峙的客体)。

人类学历史本体论要求两个乌托邦。外的乌托邦:大同世界或"共产主义"。内的乌托邦:完整的心理(特别是情感)结构。可以有一种新的"内圣外王之道"。

"活着"没有乌托邦是今日的迷途。回归上帝(真主)或寻找Being,都是在构建内在乌托邦。

朱熹评说佛家,"只见得个大浑沦底道理,至于精细节目,则未必知"[1]。这对今日的Heidegger等人也适用。这个"精细节目",就是对心理本体特别是情感结构的具体探讨。

这结构有其根源、来由、演变,它即是"人性",或称心理积淀。艺术和艺术史如我的美学所认为,是展示这人性中情感结构的具体对应物。集过去、现在、未来于一体的"本真的"时间,就保存在、储蓄在这里。它虽仍具有公共的积淀性格,但对它的建构却可以具有建构上帝同样

[1] 《朱子语类》,中华书局版,第1029页。

的虔诚。

九　因为人毕竟总是个体的。

历史积淀的人性结构（文化心理结构、心理情感本体）对于个体不应该是种强加和干预，何况"活着"的偶然性（从生下来的被扔入到人生旅途的遭遇和选择）和对它的感受，将使个体对此本体的承受、反抗、参与，大不同于建构工具本体，而具有神秘性、不确定性、多样性和挑战性。生命意义、人生意识和生活动力既来自积淀的人性，也来自对它的冲击和折腾，这就是常在而永恒的苦痛和欢乐本身。

十　所有这些涉及命运。

宗教信仰命运，文艺表达命运，哲学思索命运。
人性、情感、偶然，是我所企望的哲学的命运主题，它将诗意地展开于二十一世纪。

（1989年2月于北京皂君庙，原载《学术月刊》1994年第10期）